古典文獻研究輯刊

四　編

潘美月・杜潔祥　主編

第 13 冊

《後漢書》引《尚書》考辨

蔡根祥　著

國家圖書館出版品預行編目資料

《後漢書》引《尚書》考辨／蔡根祥著 — 初版 — 台北縣永和市：
花木蘭文化出版社，2007〔民96〕

序 2+ 目 2+176 面；19×26 公分
（古典文獻研究輯刊 四編：第 13 冊）
ISBN：978-986-6831-23-2（全套精裝）
ISBN：978-986-6831-06-5（精裝）
1. 後漢書－研究與考訂 2. 尚書－研究與考訂
622.201 96004369

ISBN - 9866831065

9 789866 831065

古典文獻研究輯刊
四 編 第十三冊
ISBN：978-986-6831-06-5

《後漢書》引《尚書》考辨

作　　者　蔡根祥
主　　編　潘美月　杜潔祥
企劃出版　北京大學文化資源研究中心
出　　版　花木蘭文化出版社
發 行 所　花木蘭文化出版社
發 行 人　高小娟
聯絡地址　台北縣永和市中正路五九五號七樓之三
　　　　　電話：02-2923-1455／傳眞：02-2923-1452
電子信箱　sut81518@ms59.hinet.net
初　　版　2007 年 3 月
定　　價　四編 30 冊（精裝）新台幣 46,500 元

《後漢書》引《尚書》考辨

蔡根祥 著

作者簡介

蔡根祥字本善，號社松，廣東中山人。民國四十五年生於澳門。高中畢業後來台升學，以第一志願就讀國立台灣師範大學國文系。修業完成，獲分發台北市蘭雅國中任教。考上師大國文研究所碩士班，以論文〈《後漢書》引《尚書》考辨〉完成碩士學位。經陳新雄老師推薦，應聘赴韓國釜山東亞大學校中語中文系。返台攻讀台灣師大國文研究所博士學位。以〈宋代《尚書》學案〉論文畢業。先後任教於崇佑企業專科學校、台北工專，再轉任高雄師大國文系，復改任經學研究所副教授迄今。曾受聘為國立編譯館國中國文教科書編審委員，對中學國文教材有所鑽研。除《尚書》之外，對群經、諸子、文字學、聲韻學、訓詁學、語言學、方言（粵語）、書法等皆有涉獵研究，現在所任教之課目亦與前述專長相同。曾發表相關論文數十篇。

提　　要

　　本論文乃根據東晉末、南朝劉宋間范曄所著《後漢書》，以書中所引用有關《尚書》之文辭語句，以考辨其中所顯示《尚書》之種種情形。文中除分別註明、考辨《尚書》文句字形、意義、說法、家派等之外，尚有主要考辨之論題三：

　　其一：可以據此考辨范曄所用之《尚書》學，其文本及其《尚書》學淵源與家派。根據本論文之考辨，范曄之《尚書》學，承其祖范寧之學，主用鄭玄之說。

　　其二：可藉《後漢書》所引《尚書》文辭語句，對應《後漢書》成書之時間，以考偽《古文尚書》之出世年代。蓋范氏大儒，《後漢》巨著，若其中引《尚書》之文，未見偽古文之跡，則偽古文其時尚或未成；抑或有之，亦必不為學者所信也。今考《後漢》全書確未見偽《古文尚書》文句與學說，以此知其時偽古文尚未顯於世而為學者所用也。

　　其三：可考東漢《尚書》學之情狀及傳授源流，並《尚書》之相關著述。

目

錄

自　序

　　昔讀韓愈〈進學解〉，謂「周誥殷盤，詰屈聱牙」，初不明所云，及披閱《尚書》經文，始知言之非虛。夫《尚書》之所以難通者，在歷劫諸多故也。蓋《尚書》有七難：秦之火一也；漢博士之抑古文二也；馬、鄭不注古文逸篇三也；魏晉之有僞古文四也；唐《正義》不用馬鄭用僞孔五也；天寶之改字六也；宋開寶之改《釋文》七也。（語出段玉裁《古文尚書撰異序》）七劫之中，又以《僞古文》之影響爲最鉅，歷代學者，均奉僞本以爲典正，於史於文，其失彌遠。本篇之作，即據《後漢書》引《尚書》之文，一以證《僞孔本》出世之較確切年代，再則理明范氏《尚書》學之所從出入，俾爲研考《尚書》者之一助也。嘗聞之師謂：學問之研究，若機械之運旋；而機旋之轉則賴各零件之配合，失一則運轉不得其正矣；故爲學初不求務遠，當實事而求是。本文倘能爲《尚書》學中之一零件，亦所望也。

　　幼僑居澳門，未識國粹。弱冠負笈蓬萊，就讀師範大學，受業於諸先生門下，始略通一二焉。駒隙四載，出爲人師，深感教然後知不足，古人誠不我欺，乃復發憤進研究所深造，冀一窺宮室之富焉。平居常以「觀五千年歷史長流，逐樂中國；效七十歲從心所欲，仰止先賢」自許，雖志大材疏，然不敢以駑資自棄也。而《尚書》之學，實極難通，幸蒙　許師勉誨諄諄，提示大綱，曉諭宏旨，察疏補漏，方勉成斯文爾。雖然，猶恐學植孤陋，疏失罣漏之處，尚不克免。補舊出新，敢俟來者；弘識君子，幸指教焉。

七十三年六月　蔡根祥謹識於
國立臺灣師範大學國文研究所

凡　例

一、本篇所引《後漢書》文句，據虛受堂刊《後漢書》集解本。

二、本篇分立各條，首錄《後漢書》引《尚書》之文，以粗體字書之；次附按語，
　　以中明體書之。

二、本篇各條按語所引《尚書》原文，據《十三經注疏本》。

四、本篇每條引句，依《後漢書》原文之先後為序。

五、本篇所引《尚書》之文，包括今文二十九篇、〈今文泰誓〉、逸《書》、《尚書
　　大傳》，及《洪範五行傳》。

六、本篇《尚書》篇目名稱，仍二十九篇之舊。

七、司馬彪《續漢志》引《尚書》文，附錄篇末。

八、本篇有關假借字聲韻之考訂，古聲以蘄春黃季剛先生古本聲十九紐為準。古
　　韻分部，則依段玉裁古音十七部諧聲表為準。

第一章 導 言

（一）《後漢書》與《續漢志》

《後漢書》，宋范曄撰。曄字蔚宗，順陽人，車騎將軍泰少子也。少好學，博涉經史，善屬文，能隸書，曉音律。初爲彭城王義康冠軍參軍，嗣爲尚書吏部郎，後因忤義康，左遷宣城太守。不得志，乃廣集學徒，窮覽舊籍，刪眾家之《後漢書》爲一家之作。累遷太子左衛將軍，掌禁旅，參機密，後因彭城王義康被黜事，與魯國孔熙先謀，欲傾宋室，事發伏誅，年僅四十八。（詳見《宋書》本傳）

後漢之名，范氏所自命，《宋書》本傳載其〈獄中與甥姪書〉云：「既造後漢，轉得統緒。」范曄於獄中書嘗敘其作《後漢書》之大略曰：「詳觀古文著述，殆少可意者。班氏最有高名，既任情無例，不可甲乙辨，後贊於理近無所得，唯志可推耳。博贍不可及之，整理未必愧也。吾雜傳論，皆有精意深旨，既有裁味，故約其詞句。至於循吏以下及六夷諸序論，筆勢縱放，實天下之奇作；其中合者，往往不減〈過秦〉篇。嘗共比方班氏所作，非但不愧之而已。欲偏作諸志，《前漢》所有者悉令備；雖事不必多，且使見文得盡；又欲因事就卷內發論，以正一代得失，意復未果。贊自是吾文之傑思，殆無一字空設，奇變不窮，同含異體，乃自不知所以稱之。此書行，故應有賞音者。記傳例爲舉其大略耳，諸細意甚多。自古體大而思精，未有此也。」其言自負特甚，然一代史才，爲後世所論定；梁剡令劉昭《後漢書》注〈補志序〉云「范曄《後漢》，良誠跨眾氏」，劉知幾《史通》雖嘗指摘一二，然亦有「簡而且周，疏而不漏」之稱，王應麟嘗歎曰「史裁如范，千古能有幾人」，蓋皆有識之言也。

范曄獄中書云「本未關史書，政恒覺其不可解矣」，其著《後漢書》，始于左遷宣城太守時。〈本傳〉云：「元嘉九年冬，彭城太妃薨，將葬，祖夕，僚故並集東府。

曄弟廣淵時爲司徒祭酒，其日在直，曄與司徒左西屬王深宿廣淵許，夜中酣飲，開北牖，聽挽歌爲樂。義康大怒，左遷曄宣城太守。不得志，乃刪眾家《後漢書》爲一家之作。」是其爲《後漢》始于元嘉九年（432）。〈本傳〉又云：「二十二年（445）九月，征北將軍衡陽王義季，右將軍南平王鑠出鎮，上於武帳岡祖道。曄等期以其日爲亂，而差互不得發。」於其年十一月徐湛之上表發其事，上捕之入獄，經二旬而戮於市；自元嘉九年至元嘉二十二年，前後十三載，即《後漢書》著述之期限也。

《史通·古今正史篇》云：「至宋宣城太守，乃廣集學徒，窮覽舊籍，刪煩補略，作《後漢書》，凡十紀、十志、八十列傳，合爲百篇。會曄以罪被收，其十志亦未成而死。」以是而言，曄卒時其書未成也，其未成者，志也。至於紀傳則先成矣，紀傳之贊即爲明證。范氏獄中書未言志有十，今史通以爲十者，考獄中書云「嘗共比方班氏」，又曰「前漢所有者悉令備」，且言多以班書爲據；班書百篇，而范氏紀傳共九十，其志十，合成百篇之數，與前漢相應，亦或然也，且李賢注〈帝后紀〉十皇女下云：「沈約、謝儼傳，范所撰十志，一皆託儼搜撰。」此言今《宋書》雖不載，要之亦可佐證。范氏嘗爲《後漢書》作志，今可考見者有五：〈百官志〉見《後漢書·皇后紀》，〈禮樂志〉、〈輿服志〉見〈東平王蒼傳〉，〈五行志〉、〈天文志〉見〈蔡邕傳〉，又《南齊書·文學傳》「檀超掌史職，議立十志，百官依范曄合州郡」，是范氏作志之明證。

今本《後漢書》有八志三十卷，乃梁剡令劉昭，取司馬彪《續漢志》補之。補志序云：「迺借舊志，注以補之。」又曰：「分爲三十卷，以合范史。」唐章懷太子李賢，注《後漢書·紀·傳》，而〈志〉仍用劉昭注。宋眞宗乾興元年（1022），孫奭奏請合刻云：「伏見《晉》、《宋書》等，例各有志，獨茲《後漢》，有所未全，其《後漢·志》三十卷，欲望聖慈許令校勘雕印。」自是以後，刊刻《後漢書》者皆奉以爲式，遂成今本《後漢書》。本文就范曄《後漢書》所引《尚書》之文加以考辨，而司馬彪《續漢志》三十卷中所引《尚書》文辭之考辨，置之附錄。

（二）范曄之《尚書》學

范曄《後漢書》引《尚書》之文，其可考辨者，約有三端：其一，可以考范曄所用《尚書》之本及其《尚書》學；其二，可借《後漢書》所引《尚書》及《後漢書》著成時間，以考《僞古文尚書》之出世年代；其三，可考東漢《尚書》學之情狀，及《尚書》之傳授源流。此三者，著作斯篇之要旨也。茲先述范曄之《尚書》學。

《宋書·范曄傳》云：「少好學，博涉經史，善屬文。」於其《尚書》所學，究

主誰家，並無說明；歷代先儒前輩，亦無論及者。《晉書・荀崧傳》云：「時方修學校，簡省博士，置《周易》王氏，《尚書》鄭氏，《古文尚書》孔氏……乃上疏之『……世祖武皇帝應運登隆，崇儒興學，經始明堂，營建辟雍，鄉飲大射，西閣東序，河圖祕書禁籍，臺省有宗廟太府金鏞故事，太學有石經古文，先儒典訓，賈、馬、鄭、杜、服、孔、王、何、顏、于之徒，章句傳注眾家之學，置博士十九人……』。」又《隋書・經籍志》載永嘉以後，今文歐陽、大小夏侯《尚書》並亡。以此考之，東晉《尚書》之學，乃仍西晉之舊，三家今文並亡，所存唯鄭氏與古文孔氏耳。其所謂古文孔氏，非今之偽孔傳本，即劉師培所謂曹魏中葉所出之偽《尚書》孔傳也。（見《劉申叔全書》《尚書》源流考〉一文）。

　　今考范曄論贊及序所引《尚書》之文，其義多與鄭玄《尚書》說合。今舉數例，以見一斑。

（1）〈袁紹・劉表列傳〉贊曰：「闚圖訊鼎，禋天類社。」

　　按：〈堯典〉云：「肆類于上帝，禋于六宗。」此云「禋天社類」者，即𥳑括〈堯典〉之文。考「禋于六宗」之說，眾家紛紜：伏生《大傳》云「萬物非天不生，非地不載，非春不動，非夏不長，非秋不收，非冬不藏，禋于六宗，此之謂也」；《漢書・郊祀志》引歐陽、大小夏侯說云：「六宗者，上不謂天，下不謂地，旁不謂四方，在六者之間，助陰陽變化，實一而名六。」《續漢志》劉昭注引賈逵曰：「六宗謂日宗、月宗、星宗、岱宗、河宗、海宗」；〈堯典〉釋文引馬融曰：「萬物非天不覆，非地不載，非春不生，非夏不長，非秋不收，非冬不藏，此其謂六也」；《周禮・大宗伯疏》引鄭玄云：「六宗禋與祭天同名，則六者皆天神，謂星、辰、司中、司命、風伯、雨師也」；今本偽孔傳曰：「所尊祭者其祀有六，謂四時也、寒暑也、日也、月也、星也，水旱也」。綜考諸說，《大傳》、馬融以為六宗為天地四時，三家今文以為在天地四方之中，實一而名六；賈逵以為三辰河海岱，偽孔用〈祭法〉之說，以為天文氣候水旱之屬，皆非所謂天也；惟鄭玄以為「六者皆天神」，即所謂「禋天」之義。此云「禋天」，即用鄭康成說。

（2）〈南蠻列傳序〉云：「其在唐虞，與之要質，故曰要服。」

　　按：〈禹貢〉云：「五百里要服，三百里夷，二百里蔡。」此所云「與之要質，故曰要服」者，即解〈禹貢〉要服之義也。考《史記・集解》引馬融曰：「蔡，法也；受王者刑法而已。」又《尚書・釋文》引馬云「夷，易也」。《詩・齊譜正義》引鄭玄云：「要服於周為蠻服，其邸當夷服，在四千里之內。」《尚書正義》引鄭

玄曰「蔡之言殺，減殺其賦」。考今僞孔傳云「綏服外五百里，要束以文教」，又曰「守平常之教事王者而已」，又曰「蔡，法也」，則明用馬融之說。而此文以「要服」置於〈南蠻西南夷列傳〉中，與康成云「要服於周爲蠻服」同義，是即用鄭玄之說也。

（3）〈西羌傳〉云：「西羌之本，出於三苗，羌姓之別也；其國近南岳。及舜流四凶，徙之三危，河關之西南羌地是也。」

按：〈堯典〉云：「竄三苗于三危。」此云「舜流四凶，徙之三危」者，即用〈堯典〉之義也。考《尚書正義·禹貢》「三苗丕敘」下鄭玄引《地記書》曰：「三危之山，在鳥鼠之西，南當岷山，則在積石之西南。」又《禹貢·釋文》引馬融曰：「析支在河關西。」今范曄云「三危」在「河關之西南羌地」，又曰「濱於賜支，賜支即〈禹貢〉之析支」，則所謂「河關西南」即三危所在，亦即與鄭玄之「鳥鼠之西，南當岷山，則在積石之西南」同地，然則范氏用馬融、鄭玄說可知矣。

（4）〈梁冀傳〉：「論曰……何救阻飢之危。」

按：〈堯典〉云：「棄，黎民阻飢，汝后稷，播時百穀。」考《史記·五帝本紀》云：「棄，黎民始飢，汝后稷，播時百穀。」〈周本紀〉云：「弃，黎民始饑，爾后稷，播時百穀。」徐廣曰：「今文《尚書》云『祖饑』，故作始饑；祖，始也。」《詩·釋文》引馬融曰：「祖，始也。」《詩·周頌·思文正義》引鄭注曰：「俎讀曰阻，阻也。時，讀曰蒔。始者洪水時，眾民阨于飢。」徐廣明言今文作祖，故《史記》以詁訓代經字作始，馬融亦用今文解，而鄭注以俎讀曰阻，解作阨。此云「阻飢之阨」者，即明爲鄭玄之說也。

且〈鄭玄傳〉論曰：「自秦焚六經，聖文埃滅。漢興，諸儒頗修藝文；及東京，學者亦各名家。而守文之徒，滯固所稟，異端紛紜，互相詭激，遂令經有數說，章句多者或乃百餘萬言，學徒勞而少功，後生疑而莫正。鄭玄括囊大典，網羅眾家，刪裁繁誣，刊改漏失，自是學者略知所歸。王父豫章君每考先儒經訓，而長於玄，常以爲仲尼之門不能過也。及傳生徒，並專以鄭氏家法云。」考其對康成推崇備至，以爲「學者所歸」；又其祖范甯專以鄭氏家法傳授生徒，家學相傳必矣；范甯卒於晉安帝隆安五年，時曄年僅三歲，然范甯之子、曄之父范泰，卒於元嘉五年，且曾任太學博士、國子祭酒（見《宋書》本傳），當承其家學；曄幼受庭訓，傳其家學理所當然，故其學亦宗鄭氏。由是而言，范曄《尚書》學

說所據，必爲鄭玄《尚書》說矣。

（三）今本《僞古文尚書》出世之年代

　　《僞古文尚書》出世之年代，歷來眾說紛紜；今欲以《後漢書》引《尚書》之文以證其出世之年代；若《後漢書》果及引二十九篇以外二十五篇僞作之文，則《僞古文尚書》當較《後漢》成書爲早，或有同時，如此則《後漢書》著述之時間，即爲《僞古文尚書》出世之下限；若未引及，則《後漢》成書當較《僞古文尚書》爲早，或有同時，如此即可據以定《僞古文尚書》出世年代之上限也。前輩諸儒，於此略有數說，今臚列其端，然後分別辨之：

（1）王肅說

　　丁晏《尚書餘論》一卷，力主其說，並廣搜證據以論之。丁氏云：「王肅《家語》後序云：『孔安國字子國，天漢後，魯恭王壞夫子故宅，得壁中《詩》《書》，悉以歸子國。子國乃考論古今文字，撰眾師之義，爲《古文論語訓》十一篇，《孝經》傳二篇，《尚書》傳五十八篇，皆所得壁中科斗本也。』又載孔衍上書云：『魯恭王壞孔子故宅，得古文科斗《尚書》《孝經》《論語》，世人莫有能言者。安國爲之今文讀而訓傳其義，又撰《孔子家語》。既畢，會值巫蠱事起，遂各廢不行。光祿大夫向以爲其時所未施行之故，《尚書》則不記於別錄，《論語》則不使名家也。』《尚書·孔安國序》亦言孔壁古文書及傳《論語》《孝經》，皆科斗文字，承詔作傳，定五十八篇。朱子嘗謂大序不類西京文字，亦不是孔安國作，眞不刊之論。其言受詔作古文書傳，乃子虛烏有子談，正與後序一類。因悟《古文書傳》與安國《論語注》、《孝經傳》，俱係一手僞書，特于《家語》後序著其篇目，又僞造《尚書》孔序，彼此牽綴，以實其言，冀取後人之信。《家語》本肅所僞撰，則此《古文書傳》，亦肅所私造，而托名安國者也。」（見《古文尚書孔傳》始見於王肅《家語》後序爲一手僞書節）丁氏並詳舉王肅注書多同《孔傳》之實例，見「王肅注書多同《孔傳》，始見於唐《陸氏釋文》」，「王肅注書多同《孔傳》，再見于唐《孔氏正義》」，「王肅私造古文以難鄭君，並《論語》《孔注》，皆肅一手僞書」，「古文《尚書傳》與王肅注多同，唐孔穎達實親見之，備載於疏，足徵《書傳》爲王肅私造」，「古文書皆綴集而成，非王肅不能作，肅注自《釋文》《正義》外見於他書所引者，多與孔傳同，明爲一手綴輯」，「王肅注《尚書》皆今文無古文，然肅注實有涉及古文者，共詳其說」諸節。又云：「晚出古文皆綴集逸書而成，其文雅密，非梅氏所能爲也。微肅之學非而博，未易構此。肅注《尚書》，又與之合，故知出于肅手無疑也。」（以上均見《尚書餘論》）

丁晏之外，惠棟、王鳴盛亦疑之。惠棟《古文尚書·考五子之歌》「亂其紀綱，乃底滅亡」下注云：「哀六年，〈夏書〉曰：『惟彼陶唐，帥彼天常，有此冀方，今失其行，亂其紀綱，乃底滅亡。』《正義》曰：『賈逵以爲逸書，解爲夏桀之時。』賈傳古文而言如此，則梅頤之誕可知。……王肅注《家語》，亦以「今失厥道」，當夏太康時。又《左傳·正義》曰：『案王肅注《尚書》，其言多是《孔傳》，疑肅見古文，匿之而不言。』《經典序錄》云：『肅注今文，而解大與古文相類，或肅私見孔傳而匿之。』據此二說，故棟嘗疑《僞尚書》王肅撰也。」王鳴盛《尚書後案》〈後辨·辨陸德明釋文〉條下云：「王肅注全本，德明時尚在，彼實親見之，故所解大與古文相類。即今日予輩從群書采得之王注，亦皆與僞古文相表裏。然則不知是王肅僞造二十五篇，合三十三篇爲之傳，而又別自注二十九篇，以掩其迹耶？抑皇甫謐竊取王注以造僞孔傳，又于《世紀》自引之以實其言耶？二者必居一于此矣。」

（2）鄭沖說

章太炎主其說。章氏與吳承仕論《尚書·古今文書》第二書云：「所論僞孔傳作於何人？昔人或疑爲鄭沖，或曰王肅。肅之說與僞孔既有異同；沖在魏世，與何晏同纂《論語集解》，而孔氏《論語訓說》，世所不傳，獨於斯時見之，疑《論語訓說》與《尚書傳》皆沖所託也。沖年最老壽，逮晉世爲三公；三體石經之立，正沖所親見者，其多所采摭亦宜。肅卒於甘露元年，亦在石經立後；《論語集解》引肅說已多，肅之視沖則行輩爲先，故僞傳亦多取肅義。肅善賈馬而薄鄭氏，今僞書文字顧有異於馬同於鄭者，宜必沖所定也。」

（3）皇甫謐說

梅鷟《尚書考異》首發其端。《尚書考異》卷一云：「論其時歲，則先漢之古文，實爲安國之家傳；而東晉之古文，乃自皇甫謐而突出。何者？前乎謐而授之者，曰鄭沖、曰蘇愉、曰梁柳，而他無所徵也。沖又受授之何人哉？沖、愉等有片言隻字可考證哉？此可知其書之杜撰于謐而非異人一也。後乎謐而上之者曰梅頤，而頤乃得之梁柳，柳即謐之外兄，此亦可知謐之假手于柳以傳，而非異人二也。至其作《帝王世紀》也，凡《尚書》之言，多創一紀以實之；此其用心將以羽翼是書，而使之可以傳遠，則其情狀不可掩矣，尚何疑哉？」閻若璩《尚書古文疏證》第十七條云：「愚嘗以梅氏晚出書，自東晉迄今歲次壬子，千三百五十六年，而屹與聖賢傳並立學官，家傳人誦，莫能以易焉者，其故有三焉：皇甫謐高名宿學，左思〈三都〉經其片語，遂競相讚述。況渠實得孔書，載于世紀，有不因之而重者乎？」雖未言僞作之人，然以僞孔本始見皇甫謐也。又王鳴盛亦以爲僞書非王肅即皇甫謐作（說見（1）條）

（4）梅頤說

惠棟《古文尚書考》主其說。《古文尚書考》卷首云：「今世所謂古文者，乃梅頤之書，非壁中之文也。頤采摭傳記，作爲古文，以給後世。」又《辨正義四條》云：「迄乎永嘉，師資道喪，二京逸典，咸就滅亡，于是梅頤之徒，奮其私智，造爲古文，傳記逸書，掎摭殆盡，若拾遺秉而作飯，集狐腋以爲裘，雖於大義無乖，然合之鄭氏逸篇，不異百兩之與中書矣。蓋孔氏既有古文，而梅復造之，鄭自與梅異，非與孔異也。」又劉師培《尚書源流考》云：「《尚書》傳者蓋亦有兩僞本，東晉梅頤所獻《孔傳》，非即《家語後序》所稱之《孔傳》也。」彼雖不言今本僞孔作者爲何人，然以今本繫之梅頤，是其以僞孔本出現于梅氏也。

（5）晉宋之間說

主此說者爲崔述。其《古文尚書辨僞》卷一云：「至其撰書之人，則梅鷟、李巨來皆以爲皇甫謐所作。以余觀之，不然。西晉之時，今文古文並存於世，安能指古文爲今文，而別撰一古文書《尚書》以欺當世。況謐果注此書，必已行世，何以蔚宗猶不之知？又何以江左盛行而中原反無之？然則此書乃南渡以後，晉宋之間，宗王肅者之所僞撰，以駁鄭義而伸肅說者耳。何以言之？《左傳》『亂其紀綱』，舊說以爲夏桀之時，而肅以爲太康之世；〈無逸〉『其在祖甲』，馬鄭以爲武丁之子，而肅以爲太甲之事。今僞經以『亂其紀綱』入〈五子之歌〉，僞傳以祖甲爲太甲，明明祖述肅說，暗攻先儒，其爲宗肅學者之所僞撰，毫無疑義。蓋漢末說經者皆宗康成；逮王肅起，恃其門閥，始好與鄭爲難；其說不無一二之勝於鄭，而荒唐悖謬者實多；但肅父爲魏三公，女爲晉太后，以故其徒遂盛，其說大行。天下之說經者，分爲二派，一宗鄭學，一宗王肅；宗鄭學者黜王，宗王學者駁鄭。適值永嘉之亂，今文失傳，江左學者，目不之見，耳不之聞；又其時俊傑之材，非務清談，即殫心於詩賦筆札，經術之士絕少，但見馬鄭所傳，與今文篇數同，遂誤以爲今文，由是宗肅學者，得以僞撰此書，以攻鄭氏。書既撰於晉宋之間，故至齊梁之際，始行於當世也。」近人戴君仁先生〈古文《尚書》作者研究〉一文，其結論亦以爲出晉宋之間。

（6）宋元嘉以後說

作此說者爲程廷祚。其《晚書訂疑》卷上「晚書見于宋元嘉以後」節云：「然則晚書之出，果何世乎？曰：江左之初，所得者二十九篇之僞傳也，以李顒《尚書集解》知之。五十七篇與傳，不出於梅頤所獻。又嘗自晉大興四年，歷百三十餘年，至宋元嘉之末考而知之。范蔚宗撰《後漢書》，論贊極多，未見有引用晚書者；其〈西羌傳〉中言舜竄三苗，而不言禹征苗事。徐廣《史記音義》釋所載《尚書》，常引皇甫謐之語，而不及孔傳。又裴松之注《三國》，於其文用《尚書》者，率援鄭注爲訓，

間引馬氏,而亦不及孔傳。使其時孔書已出,不容於不見;若見之而不以爲據,則其不信于孔,有必然矣。此三君者,皆終于元嘉之世者也。至松之子駰,爲《史記》集解,則居然引用安國之說,其後屬辭之家辭,稍稍徵引……而晚書之出于元嘉,相與刊削其始末。」

又近代劉師培著《尚書源流考》(《劉申叔先生遺書》),以爲僞孔傳有二,一作于魏中葉,一即東晉梅頤所獻,二者經傳不同(詳見劉氏本文);且云:「凡梅本孔傳與王同說者,均梅襲王,非王同孔;其與王注互異,則係轉襲他書。近儒所疑,說均未當。」其言後出轉精,逾乎前修。吳承仕嘗爲〈尚書傳王孔異同考〉一文云:「大凡王孔異者一百二十五事,同者一百八事,孔無明文者二十三事,王說不可審知者十八事。」若今本《尚書‧孔傳》果眞王肅所僞作,其注說與《孔傳》本何以異者多於同者,此其非王肅所爲之明證。劉師培氏以爲前一僞本出於魏中葉,由是推之,前一僞本當爲王肅之徒所僞作,藉以攻鄭玄之說也。今僞本於前一僞本之說亦多所採襲,亦理然,故其說與王肅同者差半矣。其主鄭沖、皇甫謐、梅頤說者,乃據《正義》引《晉書》曰:「晉太保公鄭沖,以古文授扶風蘇愉,愉字休預;預授天水梁柳,柳字洪季,即謐之外弟也;季授城陽臧曹,曹字彥始;始授郡寸子汝南梅頤字仲眞,又爲豫章內史,遂於前晉奏上其書而施行焉。」考今本《晉書‧鄭沖皇甫謐傳》,無片言隻字及之,且《正義》所引古文傳授之迹,亦不載於今之《晉書》,孤文片語,實未足爲據;又《晉書‧荀崧傳》之東晉元帝時立古文孔氏,又云晉武帝有孔氏之學,是東晉立學,實沿西晉之舊也;即令有古文之傳授,亦劉師培氏所謂前一僞傳本,而非今本僞孔《尚書》及傳也。復以程廷祚《晚書訂疑》卷上「東晉不見有晚書節」云:「二十五篇與二十八篇之傳,皆非東晉所得有也;何以言之?東晉有李顒撰《集解尚書》十一卷,其書所解乃漢之〈僞泰誓〉,又每引孔安國注,此見穎達疏中;若謂渡江之初,孔書已出,則顒爲《集解》時,必無取于〈僞泰誓〉。安國既爲二十五篇作傳,何由復有〈僞泰誓〉之注?此東晉不見僞書與傳之確證也。」其證歷歷,塙然無可疑,實較章太炎鄭沖說,梅鷟皇甫謐說,惠棟梅頤說爲可信也。

今《後漢書》引《尚書》之文,於〈董卓列傳〉論曰:「董卓初以虓闞爲情,因遭崩制之勢,故得蹈藉彝倫,毀裂畿服。夫以剚肝斷趾之性,則群生不足以厭其快;然猶折意縉紳,遲疑凌奪,尚有盜竊之道焉。及殘寇乘之,倒山傾海,崑岡之火,自茲而焚,〈版〉、〈蕩〉之篇,於焉而極。」其云「剚肝斷趾」之事。「崑岡之火,自茲而焚」之句見於今《僞孔尚書》,似范曄引《書》時,實見《僞孔尚書》者;其實不然,分述如下:

　　《僞孔尙書·泰誓》下云：「朝涉之脛，剖賢人之心。」范論云「刳肝斮趾」，與之同事。王鳴盛《尙書後案》云：「斮脛剖心事，古書每與刳孕婦連言。」今古書之述及其事者：

　　《韓非子》卷十五〈難一篇〉：「昔者紂爲炮烙崇侯惡來；又曰：『斮涉者之脛。』」又卷二十云：「王子比干諫而紂剖其心。」

　　《韓詩外傳》：「昔殷紂殘賊百姓，絕逆天道，至斮朝涉，刳孕婦。」

　　《春秋繁露》卷四〈王道篇〉：「殺聖賢而剖其心，生燔人聞其嗅，剔婦孕見其化，斮朝涉之是察其拇。」

　　《淮南子·俶眞訓》：「剖賢人之心。」〈主術訓〉：「斮朝涉者之脛而萬民叛。」

　　桓寬《鹽鐵論》卷二〈非鞅篇〉：「文學曰：『比干剖心。』」

　　劉向《說苑》卷十三〈權謀篇〉：「紂焚聖人，剖王子比干之心。」卷十七〈雜言篇〉：「比干盡忠，剖心而死。」

　　王符《潛夫論》卷一〈賢難篇〉：「比干所以剖心，箕子所以爲奴。」

　　《史記·龜策列傳·褚少孫補傳》云：「聖人剖其心，壯士斬其胻。」

　　《後漢書·孔融傳》：「紂斬朝涉之脛，天下謂之爲無道。」

　　葛洪《抱朴子·外》篇卷一〈君道篇〉：「殷紂剖比干之心而四海疾其虐。」

　　《論語·微子》篇云：「微子去之，箕子爲之奴，比干諫之死。」則比干剖心之說，自古即有之。上述諸條，自戰國韓非至於晉之葛洪，引文皆未稱「《書》曰」。考之諸條文辭，一書中二事均有之者，韓非、淮南；而一文二事連屬者，《春秋繁露》，《史記》補傳；則二事連屬成文，不始於僞孔。又諸條引文中，「剖心」事多作「剖比干之心」，《史記》補傳作「聖人」，《春秋繁露》作「聖賢」，惟淮南與《僞孔本》同；而「斮脛」條，《春秋繁露》作「足」，《史記》作「胻」，韓非無「朝」字，雖同引一事，而文辭互差者，乃其說未有明文故也。若范曄引文爲據《尙書》，明文確句，則必不改「剖心」作「刳肝」，「斮脛」作「斮趾」，可知范氏引文，與前述諸條相若，以其未有明文可據故也。總此數端，范氏所引「刳肝斮趾」非出《僞孔尙書》可知矣。

　　又《僞孔尙書·胤征》云：「火炎崑岡，玉石俱焚。天吏逸德，烈于猛火。」范論云「崑岡之火，自茲而焚」，有與之似者。梅鷟《古文尙書考異》卷二云：「《晉書·袁宏傳·三國名臣贊》云：『滄海橫流，玉石同碎。』又劉琨傳：『火炎崑岡。』（按琨傳今無此語）可見是晉人語。又漢〈董卓傳論〉曰：『崑岡之火，自茲而焚。』」閻若璩《尙書古文疏證》卷四第六十四條云：「司馬法曰：『入罪人之地，見其老弱，奉歸無傷；雖遇壯者，不校勿敵；敵若傷之，藥醫歸之。其以仁爲本如此，安得有

『火炎崑岡，玉石俱焚』，如後世檄文，以兵威恐敵之事？既讀陳琳集，有〈檄吳將士校部曲〉文，末云：『大兵一放，玉石俱碎。雖欲救之，亦無及已。』《三國志·鍾會傳》，會移檄蜀將士吏民曰：『大兵一發，玉石俱碎；雖欲悔之，亦無及矣。』會與琳不相遠，辭語並同，足見其時自有此等語。而偽作者偶忘為三代王者之師，不覺闌入筆端。』惠棟《古文尚書攷》：「《周書·世俘》篇云：『焚玉四千。』」故知《偽孔》古文云「火炎崑岡，玉石俱焚」一語，實魏晉間檄文常用之辭，梅、閻之說，既論定矣。又考《山海經·大荒西經》曰：「崑崙之丘，其下有弱水之淵環之，外有炎火之山，投物輒然。」是崑岡炎火之說，自古有之。復以三國名臣贊以「滄海橫流，玉石俱碎」喻兵戰，則范曄以「崑岡之火」為喻，理亦宜焉，與古者言兵戰曰「兵燹」「戰火」蓋相切合；而偽孔傳以「火炎崑岡，玉石俱焚」以喻「天吏逸德之烈」，義與范曄所引不同，范義近魏晉檄文常語，偽孔則近《山海經》文；重以《後漢書》凡引《尚書》文，謂《書》曰者，未見於《偽古文尚書》，其在伏生二十九篇中者，文辭、義訓、句讀，亦與偽孔《尚書》經傳不同者頗多（詳見本論文第二章至第五章中）。以是觀之，不惟「崑山之火，自茲而焚」一句非出於《偽孔書傳》，亦可見范曄著《後漢書》時，未見《偽孔尚書》也，誠如程廷祚《晚書訂疑》之說（見前）也。

又范曄《後漢書》載諸家文辭，其中引《尚書》之文，雖多仍其師說，不改其字；然范曄刪削眾家《後漢》，獨成一家之言，其於文句之間，亦容或有以己意變易者焉。若范曄曾見《偽古文尚書》，則于載籍中有與之矛盾、參差之處，或未容不加更動，以求順適。今尋《後漢書》引《尚書》之義，非惟未引偽古文二十五篇中語，其於今文二十九篇之分篇情狀，亦與今本偽古文不同：

〈朱浮傳〉載長水校尉備言於帝曰：「唐堯大聖，兆民獲所，尚優遊四凶之獄，厭服海內之心，使天下咸知，然後殛罰。……」

〈張純傳〉云：「遵唐帝之典，繼孝武之業，以二月，東巡狩，封于岱宗。」

〈陳寵傳〉寵上疏曰：「故唐堯著典，『眚災肆赦』；周公作戒，『勿誤庶獄』；伯夷之典，『惟敬五刑，以成三德』。」

〈馬融傳·廣成頌〉云：「故夏戛擊鳴球，載於虞〈謨〉。」

考偽古文五十八篇，除去偽造之二十五篇外，即取今文二十九篇，加以離析為三十三，以合五十八之數，其中〈堯典〉自「慎徽五典」以下，分出〈舜典〉，〈皋陶謨〉自「帝曰來禹」以下，析為〈益稷〉，除去〈今文泰誓〉，復分〈顧命〉、〈康王之誥〉為二，成三十三篇。今〈朱浮傳〉長水校尉之言，以四罪之事，歸于唐堯，，四罪之事於今本《尚書》在〈舜典〉也；〈張純傳〉中明言「二月東巡狩」事在「唐

帝之典」，即〈堯典〉，今巡狩事在〈舜典〉；〈陳寵傳〉以「眚災肆赦」爲〈堯典〉之文，今此句亦在〈舜典〉；而馬融〈廣成頌〉以「戛擊鳴球」爲虞〈謨〉；虞〈謨〉即〈虞書〉之〈謨〉也；今〈虞書〉有〈大禹〉、〈皋陶〉二〈謨〉；今此句不在二〈謨〉之中，而屬之〈益稷篇〉，〈益稷〉古本合〈皋陶謨〉爲一篇，至僞孔始分爲二，是知此「戛擊鳴球」一句，入〈虞書・皋陶謨〉，凡此諸條，其篇目均與今文二十九篇合，而與《僞古文尚書》不同，此不獨可明東漢時書篇分合之情狀，以證僞孔之乖謬，亦爲范曄未見《僞孔古文尚書》之佐證。

　　總而論之，范曄著《後漢書》，《尚書》雖循家學，用鄭氏之說，然若其時眞有今之《僞孔尚書》，范氏亦無由不取，其〈西羌傳〉中亦必採「大禹征苗」事爲說；今遍考《後漢》引《尚書》文，一無蛛迹可尋（如前述），則可推定其時《僞孔古文尚書》未出也。程氏復舉裴松之《三國志注》，徐廣《史記音義》爲佐，其證益明矣。據此則主王肅、鄭沖、皇甫謐、梅頤、晉宋之間諸說，均未允。要之，《僞古文尚書》出于宋元嘉二十二年（445）以後，於理有據。南朝劉宋元嘉二十二年，即《僞古文尚書》出現年代之上限也。

（四）東漢《尚書》學傳授源流

　　《後漢書・儒林傳》論云：「自光武中年以後，干戈稍戢，專事經學，自是其風世篤焉。其服儒衣，稱先王，遊庠序，聚橫塾者，蓋布之於邦域矣。若乃經生所處，不遠萬里之路，精廬暫建，贏糧動有千百；其耆名高義，開門受徒者，編牒不下萬人，皆專相傳祖，莫或訛雜。至有分爭王庭，樹朋私里，繁其章條，穿求崖穴，以合一家之說。」可見東漢經學之盛矣。〈徐防傳〉防上疏曰：「臣聞詩書禮樂，定自孔子；發明章句，始于子夏；其後分析，各有異說。漢承秦亂，經典廢絕，本文略存，或無章句，收拾缺遺，建立明經，博徵儒術，開置太學。孔聖既遠，微旨將絕，故立博士十四家，設甲乙之科，以勉勸學者，所以示人好惡，改敝就善也。專精務本，儒學所先；博士及甲乙科，宜從其家章句，開五十難以試之，解釋多者爲上第，引文明者爲高說；若不依先師，義有相伐，皆正以爲非。五經各取上第六人，《論語》不宜射策；雖有所失，或久差可矯革。」是知東漢雖盛，所盛者多爲章句之學也；夫利祿所在，爭相趨赴。桓榮嘗云：「今日所蒙，稽古之力也，可不勉哉！」（見本傳）正其明證。既以章句師法爲科第，遂使各家師說，時相攻訐，至有博士試甲乙第，爭第高下，更相告言，而至有行賂定蘭臺漆書經字，以合其私文者（見〈宦者列傳〉）。於是乎有石經之立，以爲準則，而各家學者，亦多有考訂之作，如賈逵受詔撰〈歐陽、大小夏侯尚書古文同異〉之卷；

劉陶推三家《尚書》及古文是正文字三百餘事,名曰《中文尚書》;荀爽《尚書正經》。然章句之學,破壞大體,通人或鄙其固,亦多有兼通者,若賈逵家學古文,而以大夏侯教授(本傳),尹敏少習歐陽,後受古文(本傳),許叔重號稱五經無雙(見〈儒林傳〉)鄭玄兼注今古文是也。

《後漢書・儒林傳》云:「中興,北海牟融習大夏侯《尚書》,東海王良習小夏侯《尚書》,沛國桓榮習歐陽《尚書》。榮世習相傳授,東京最盛,扶風杜林傳《古文尚書》,林同郡賈逵為之作訓,馬融作傳,鄭玄注解,由是《古文尚書》遂顯于世。」此東漢《尚書》學之大較也。考東漢諸帝,莫非桓榮之學,榮親授明帝,桓郁授章帝、和帝,桓焉授安帝、順帝,楊秉授桓帝,楊賜授靈帝,代為帝師,恩隆有加,是以東京最盛。東漢《尚學》學之一特徵,即是古文之興起,蓋今文章句學之反動也。《漢書・藝文志》云:「古之學者耕且養,三年而通一藝,存其大體,玩經文而已,是以用日少而蓄多,三十而五經立也,後世經傳既已乖離,博學者又不思多聞闕疑之義,而務碎義逃難,便辭巧說,破壞形體,五字之文,至於二三萬言,後進彌以馳逐。」桓譚《新論》云:「秦延君能說〈堯典〉篇目兩字之說,至十餘萬言,但說曰若稽古三萬言。」《漢書・儒林傳》云:「(張)元故善修章句,為廣陵大傅,守小夏侯說文,恭(秦延君)師法至百萬言。」此今文破壞大體,繁詞冗說之證也。東漢古文諸家,多為精研小學文字之士,(見王國維《觀堂集林》〈兩漢古文學家多小學家說〉),蓋彼等以古文字學之識見,以解《古文尚書》,實事求是,以革今文浮詞妄說之弊也。

西漢元帝時嘗立《古文尚書》(見《漢書・儒林傳》),然旋立旋廢,未能盛行;及東漢章帝詔令群儒選高才生受《古文尚書》,以扶微學,廣異義(見〈章帝紀〉)並詔賈逵撰三家、古文同異,此在上者所提倡也。而杜林得漆書《古文尚書》,常寶愛之,雖遭難困,握持不離身,嘗謂「古文雖不合時務,然願諸生無悔所學。」此處下者之精研也。縱觀東漢一代,歐陽桓氏章句行於朝,而古文之學盛於野也。

今據《後漢書》所載,兼考其他《後漢》諸史(如《東觀漢記》七家《後漢書》及《李賢注》所引)並本論文考辨之論,分列古文及三家傳授源流表如下,其不可表列者條敘之。

（1）《古文尚書》

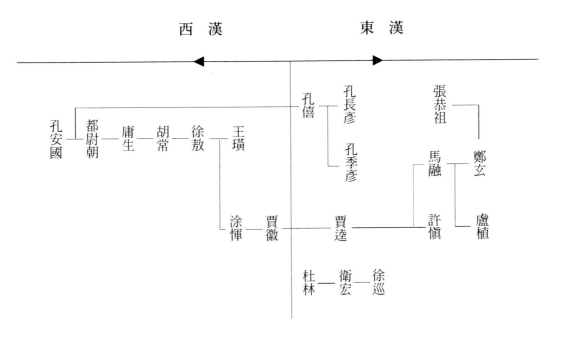

賈逵〈本傳〉云：「父徽，從劉歆受《左氏春秋》，兼通《國語》、《周官》，又受《古文尚書》于涂惲……逵悉傳父業。」

杜林－衛宏－徐巡：〈儒林傳〉云：「（宏）從司空杜林更受《古文尚書》，爲作訓旨。時濟南徐巡師事宏，後從林受學。」

杜林…賈逵…馬融－鄭玄：〈儒林傳〉云：「扶風杜林傳《古文尚書》，林同郡賈逵爲之作訓，馬融作傳，鄭玄注解。」

賈逵－許慎：〈說文敘〉云：「書孔氏……皆古文也。」許沖〈上說文〉表云：「慎本從逵受古學。」

馬融－鄭玄、盧植：〈盧植傳〉云：「少與鄭玄俱事馬融，能通古今學。」

張恭祖－鄭玄：〈鄭玄傳〉：「從東郡張恭祖受《古文尚書》。」

孔安國：孔僖、孔長彥、孔季彥：〈儒林傳〉：「自安國以下，世傳《古文尚書》、《毛詩》。」又曰：「長彥好章句學，季彥守其家業。」

張楷：〈張楷傳〉：「通《嚴氏春秋》、《古文尚書》。」

周磐：〈周磐傳〉：「磐少游京師，學《古文尚書》。」

劉祐：本傳注引《謝承書》：「少備操行，學《嚴氏春秋》、《小戴禮》、《古文尚書》。」

孔喬：〈方術傳〉注引《謝承書》：「學《古文尚書》、《春秋左氏傳》。」

尹敏：〈儒林傳〉：「少爲諸生，初習《歐陽尚書》，後受古文。」

蓋豫－周防：〈儒林傳〉：「師事徐州刺史蓋豫，受《古文尚書》。」

丁鴻－楊倫：〈儒林傳〉：「少爲諸生，師事司徒丁鴻，習《古文尚書》。」

孫期：〈儒林傳〉：「少爲諸生，習《京氏易》、《古文尚書》。」

（2）《歐陽尚書》

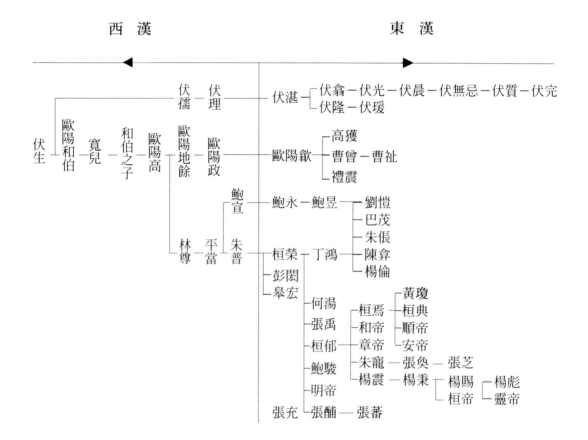

伏湛系：〈伏湛傳〉：「九世祖勝，字子賤，所謂濟南伏生也。高祖父孺，武帝時客授東武，因家焉。父理，爲當世名儒……湛少傳父業，教授數百人。……二子隆、翁；翁嗣爵，卒，子光嗣；光卒，子晨嗣；……卒，子無忌嗣，亦傳家學……，子質嗣；……卒，子完嗣。初自伏生以後，世傳經學。」又曰：「隆字伯父，少有節操……以子瑗爲郎。」

歐陽歙：曹曾、禮震、高獲－曹祉：〈儒林傳〉云：「自歐陽生傳伏生《尚書》，至歙八世，皆爲博士。」又云「平原禮震，年十七。」（震爲諸生）又云：「濟陰曹

曾字伯山，從歙受《尚書》。……子祉，河南尹，傳父業教授。」〈方術傳〉云：「（高獲）少遊學京師，與光武有舊，師事歐陽歙。」

鮑宣－鮑永－鮑昱：〈鮑永傳〉云：「父宣，哀帝時任司隸校尉，爲王莽所殺。永少有志操，習《歐陽尚書》。（鮑宣見《漢書‧儒林傳》）……病卒，子昱；昱少傳父學，客授於東平。」

朱普－桓榮、彭閎、皋宏：〈桓榮傳〉云：「少學長安，習《歐陽尚書》，事博士九江朱普。……臣經術淺薄，不如同門生郎中彭閎，揚州從事皋宏。」

桓榮－丁鴻、何湯、張禹、桓郎、鮑駿、明帝、張酺：〈丁鴻傳〉云：「鴻初與九江人鮑駿，同事桓榮。」〈桓榮傳〉云：「時顯宗（明帝）始立爲皇太子，選求明經，迺擢榮弟子豫章何湯，爲虎賁中郎將，以《尚書》授皇太子。世祖從容問湯本師爲誰。湯對曰：『事沛國桓榮。』帝即命榮令說《尚書》，甚善之，拜爲議郎，入使授太子。」《東觀記》曰：「禹好學，習《歐陽尚書》，事太常桓榮。」〈張酺傳〉：「又事太常桓榮。」

丁鴻－陳弇、朱倀、巴茂、楊倫、劉愷：〈儒林傳〉云：「陳留陳弇，字叔明，亦受《歐陽尚書》於司徒丁鴻。」〈丁鴻傳〉云：「門下由是益盛，遠方至者數千人，彭城劉愷，北海巴茂，九江朱倀，皆至公卿。」

桓郁－桓焉、和帝、章帝、朱寵、楊震：〈郁桓傳〉云：「郁字仲恩，少以父任爲郎，敦厚篤學，傳父業，以《尚書》教授。……永平十五年，入授皇太子（章帝）。……和帝即位，富於春秋，侍中竇憲以外戚之重，欲令少主頗涉經學……宜令郁入授。……郁教授二帝，恩寵甚篤。門人楊震，朱寵，皆至三公。」

張充－張酺、張蕃：〈張酺傳〉：「張酺字孟侯，汝南細陽人也。少從祖父充受《尚書》，能傳其業。……子蕃，以即侍講。」

桓焉－黃瓊、桓典、順帝、安帝：〈桓焉傳〉：「焉字叔元，以父任爲郎，明經篤行，有名稱。永初元年，入授安帝。……永寧中，順帝立爲皇太子，以焉爲太子少傅。……順帝即位，拜太傅，錄《尚書》事，復入授經禁中。……弟子傳業者數百人，黃瓊、楊賜最爲顯貴；焉孫典，傳其家業。」

朱寵－張奐－張芝：〈張奐傳〉：「師事太尉朱寵，學《歐陽尚書》。……長子芝，字伯英，最知名。」

楊震－楊秉：〈楊震傳〉云：「震少好學，受《歐陽尚書》於太常桓郁。」〈楊秉傳〉：「震中子秉，字叔節；少傳父業。」

楊秉－楊賜、桓帝：〈楊賜傳〉：「賜少傳家學，篤志博聞。」〈楊秉傳〉：「桓帝即位，以明《尚書》徵入勸講。」

楊賜－楊彪、靈帝：〈楊賜傳〉：「建寧初，靈帝常當受學，詔太傅三公選通《尚書》桓君章句，宿有重名者；三公舉賜，乃侍講於華光殿中。」〈楊彪傳〉：「彪字文先，少傳家學。」

牟長－牟紆：〈儒林傳〉：「長少習《歐陽尚書》……著《尚書》章句，皆本之歐陽，俗號為《牟氏章句》。……子紆，又以隱居教授。」

宋登：〈儒林傳〉：「登少傳《歐陽尚書》，教授數千人。」

尹敏：〈儒林傳〉：「少為諸生。初習《歐陽尚書》，後受古文。」

鄧宏：〈鄧訓傳〉：「鄧訓子宏，少治《歐陽尚書》。」

劉寬－傅燮：《謝承書》曰：「寬少學《歐陽尚書》。」《後漢・傅燮》：「少師事太尉劉寬。」

徐稺：《謝承書》曰：「稺少為諸生，學《嚴氏春秋》、《京氏易》、《歐陽尚書》。」

廖扶－謁煥：〈方術傳〉：「廖扶字文起，汝南平輿人也。習《韓詩》、《歐陽尚書》，教授常數百人。……太守謁煥，先為諸生，從扶學。」

宗資：《謝承書》曰：「宗資字叔都，南陽安眾人也。少在京師，學《孟氏易》、《歐陽尚書》。」

杜喬：《續漢書》曰：「喬少好學，治《韓詩》、《京氏易》、《歐陽尚書》。」

（3）《大夏侯尚書》

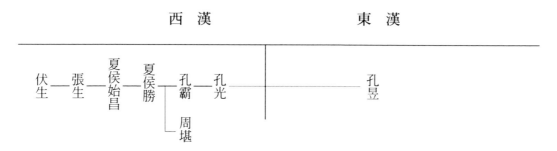

孔霸……孔昱：〈孔昱傳〉：「孔昱字元世，魯國魯人也，七世祖霸，成帝時歷九卿，封褒成侯。自霸至昱，爵位相系……昱少習家學。」《漢書・儒林傳》：「周堪字少卿，齊人也。與孔霸俱事大夏侯勝。」

張馴：〈儒林傳〉：「張馴字子儁，濟南定陶人也。少遊太學，能誦《春秋左氏傳》，以《大夏侯尚書》教授。」

牟融：〈儒林傳〉：「中興，北海牟融習《大夏侯尚書》。」

吳良：《東觀記》曰：「吳良習《大夏侯尚書》。」

宋京－宋意：〈宋意傳〉：「宋意字伯意，南陽安眾人也。父京以《大夏侯尚書》

教授。」

（4）《小夏侯尚書》

王良：〈王良傳〉：「王良字仲子，東海蘭陵人也。少好學，習《小夏侯尚書》，教授諸生千餘人。」

班固：其著《漢書》用《小夏侯尚書》。（說見師大碩士論文〈《漢書》《尚書》說考徵〉，駱文琦）

蔡邕：〈蔡邕傳〉：「邕乃自書冊於碑，使工鐫刻，立於太學門外；於是後儒晚學咸取正焉。」屈萬里先生著〈漢石經《尚書》殘字集證〉，證明石經爲小夏侯之學，則蔡邕學小夏侯可推知矣。

班昭：〈列女傳・曹世叔妻傳〉曰：「昭因上疏曰：『……闢四門而開四聰。』」此爲《夏侯》之學（說見第三章29.條）。而班昭爲班固之娣，當亦習《小夏侯尚書》。

附《夏侯尚書》

楊春卿－楊統－楊厚：〈楊厚傳〉：「楊厚字仲桓，廣漢新都人也。祖父春卿，善圖讖學。臨命戒子統曰……厚少學統業。」陳壽《三國志・益都耆德傳》：「楊統字仲通……代修儒學，以《夏侯尚書》相傳。」

魯丕：〈魯丕傳〉：「陛下既廣納謇謇，以開四聰。」此爲《夏侯》之學也（說見第三章29.條）又曰：「兼通五經，以《魯詩》、《尚書》教授。」

何敞：〈何敞傳〉：「敞字文高，扶風平陵人也。其先家於汝陰，六世祖比干，學《尚書》於晁錯……敞通經傳。」又〈郅壽傳〉何敞上疏理之曰：「臣聞聖王闢四門，開四聰。」此亦《夏侯》之學也（說見第三章29.條）

劉毅：〈皇后紀〉劉毅上書安帝曰：「覽總大麓，經營天物。」以「大麓」作總攬萬機解，是《夏侯》之學也。（說見第二章73條）

周防：立爲博士，則習今文之學，然不知其爲何家派。

《後漢書》無〈藝文志〉，於《尚書》之著錄不詳，今就其書著錄及他書中可考者，列之於下：

《桓君大小太常章句》，桓榮、桓郁（見〈桓榮傳〉）。

《牟氏尚書章句》，牟長（見〈儒林傳〉）。

《尚書雜記》，周防（見〈儒林傳〉）。

《漆書古文尚書》，杜林（見〈杜林傳〉）

《歐陽、大小夏侯尚書古文同異三卷》，賈逵（見〈賈逵傳〉）。

《古文尚書訓》，賈逵（見〈儒林傳〉）。

《尚書訓旨》，衛宏（見〈儒林傳〉）。

《中文尚書》，劉陶（見〈劉陶傳〉）。

《尚書注》，馬融（見〈儒林傳〉）。

《尚書記難》，張奐（見〈張奐傳〉）。

《牟氏尚書章句刪本》，張奐（見〈張奐傳〉）。

《尚書注》，鄭玄（見〈儒林傳〉、〈隋志〉）。

《尚書大傳注》，鄭玄（見〈隋志〉）。

《尚書章句》，盧植（見〈盧植傳〉）。

《尚書正經》，荀爽（見〈荀爽傳〉）。

《石經尚書》，蔡邕、馬日磾等（見〈蔡邕傳〉）。

《尚書注》，張楷（見〈張霸傳〉）。

《蘭臺漆書尚書》（見〈宦者列傳〉）。

第二章　《後漢書‧紀》引《尚書》考辨

1. 所到部縣，輒見二千石、長吏、三老官屬，下至佐吏，考察黜陟，如州牧行部事。（〈光武帝紀〉）

按：〈堯典〉云：「三載考績，三考，黜陟幽明。」此云「考察黜陟」，即檃括〈堯典〉之文。

考《尚書大傳》云：「《書》曰：三歲考績，三考，黜陟幽明。其訓曰：三歲而小考者，正職而行事也；九歲而大考者，黜無職而賞有功也。」又「三年一使，三公紬陟。」《史記‧五帝本紀》：「舜曰：嗟！女二十有二人，敬哉！惟時相天事，三歲一考功，三考紬陟，遠近眾功咸興。」《漢書‧食貨志》云：「三載考績。孔子曰：苟有用我者，期月而已可矣，三年有成。成此功也。三載黜陟。」《漢書‧谷永傳》：「經曰：三載考績，三考黜陟幽明。」《漢書‧李尋傳》：「三載考績，三考黜陟。」《潛夫論‧治期》篇：「上古黜陟明考功，據有功而加賞，按無功而施罰。」《史記》以「遠近」訓「幽明」，而屬之於「庶績咸熙」，是以「三考黜陟」絕句，此歐陽學如此也。《漢書‧谷永傳》以「三考黜陟幽明」為句，與《史記》不同；《漢書‧食貨志》、〈李尋傳〉引作「三載考績」絕句，與《史記》同；李尋師事張山拊，攻小夏侯之學，班固《漢書》、《白虎通》亦用小夏侯，則小夏侯本當作「三載考績」絕句也；然則〈谷永傳〉所引，必《大夏侯》之學無疑矣；《尚書大傳》出伏生，伏生為《今文尚書》之祖，今《大夏侯》絕句與《大傳》同，是《今文》之正本如此。而史公與班固、李尋之小夏侯，則與《大傳》不同。武億《經讀考異》云：「太史公屬讀，必有所自，故漢魏人多祖述之。」孫星衍《尚書今古文注疏》以為史公以「三考黜陟」絕句，乃孔安國古文之說也。考孔安國為武帝時博士，教兒寬，則其與歐陽和伯相去不遠（見《漢書‧儒林傳‧

兒寬傳》），時書博士惟伏生《今文》所傳之說，則孔安國必通《今文》，後得孔壁書，始治古文，並以《今文》讀之，遂有古文之學，則安國古文之句讀，仍多承《今文》，如此則其讀句當與歐陽同，以其時書惟歐陽之學故也。史遷嘗從安國問故，其句讀與《大傳》不同，蓋得之於安國者，然非古文必如此，孫星衍之說未允。又《公羊·隱八年·何休解詁疏》引《書傳》云：「三年一使，三公絀陟」，其文字及絕句，正與《史記》相當，疑伏生傳時本有二說未定，歐陽、張生各從所取，故有三家歧異也。小夏侯旁採別說，故與歐陽同。

又：《僞孔本》以「三考黜陟幽明」爲句，而《訓義》亦同《大傳》；今此引云「考察黜陟」，其句讀實如此，與僞孔不同。

2. **群臣因復奏曰：受命之符，人應為大。萬里合信，不議同情，周之白魚，曷足比焉。**（〈光武帝紀〉）

（1）周之白魚

按：《尚書大傳》云：「太子發升于舟，中流，白魚入于舟，王跪取出俟以燎。羣公咸曰：休哉。」（《太平御覽》卷一百四十六）《史記·周本紀》：「武王渡河，中流，白魚躍入王舟中，武王俯取以祭。」《漢書·董仲舒傳》載董氏對策引：「《書》曰：白魚入于王舟，有火復于王屋，流爲烏。」師古注：「《今文尚書·泰誓》之辭也。」《尚書序·正義》云：「書傳有八百諸侯，俱至孟津，白魚入舟之事，與泰誓事同。」

　　此乃隱括〈今文泰誓〉之辭。考《書傳》、《史記》皆有白魚之事，《漢書》董氏對策引稱《書》曰，而師古即以爲〈今文泰誓〉之辭，《正義》亦以白魚之事爲書傳本有，而與〈泰誓〉事同，其所言則亦指〈今文泰誓〉也。復考〈泰誓〉之篇，本先秦固有，先秦典籍多引其文，即其明證。戰國中葉，其書已亡，故《呂覽》、《韓非》等戰國末年之書，多引《尚書》，獨未引〈泰誓〉之文。又《國語》《周語》下引曰〈大誓故〉，乃〈大誓〉之故訓，非〈大誓〉本經、故知其時當有說〈大誓〉之文，類乎後世書序、書傳之體；而〈大誓〉既亡，說〈大誓〉之書仍流傳民間；及漢興，此等說書之作或流傳未亡，故伏生取以爲《大傳》，史遷攬入《史記》，各以其見取捨，是以兩者所載不盡同辭。漢武末，有好事者，取先秦述太誓之語，更益杜譔之辭，託諸河間女子以售其欺，此即所謂後得〈泰誓〉，今稱〈今文泰誓〉者也（說詳本師〈今文泰誓疏證〉六十五葉，見《高郵高仲華先生七秩華誕特刊》）。師古所謂〈今文泰誓〉、《正義》所謂〈泰誓〉事，即指斯篇。此文唐初猶存，故二人皆能徵引。劉歆〈移太常博

士書〉云：「〈泰誓〉後得，博士集而讀之。」劉向《別錄》云：「武帝末，民有得〈泰誓〉于壁中者，獻之，與博士使讀說之，數月皆起，傳以教人。」（見《尚書‧泰誓序‧正義引》）而劉歆《七略》又云：「孝武皇帝末，有人得〈泰誓〉書于壁中者，獻之，與博士使讀說之，因傳以教。」（《文選》移《太常博士書‧李善注引》）則〈今文泰誓〉出于漢武帝末，未幾即充于學官，於是歐陽、大小夏侯皆取以入《尚書》，傳以教人。然則武帝末以前，引其事者必不本〈今文泰誓〉，以其未出而充學故也。然《漢書》董仲舒對策引稱《書》曰，似為董氏之時〈今文泰誓〉既成書篇者，實則此乃班固據後出〈今文泰誓〉改之耳。陳夢家：「此蓋班固所改，《春秋繁露》引作《尚書》傳，可以為證。」（《尚書通論》五十六葉）其說是也。由是知之，《大傳》、《史記》皆據先秦說〈大誓〉之書為說，董氏對策本之書傳，蓋皆在武帝末以前，時〈今文泰誓〉未出也。今此引「周之白魚」事，在新莽、東漢之間，則〈今文泰誓〉既立于太學，故知所引當為檃括〈今文泰誓〉之辭矣。

（2）萬里合信，不議同情。

　　《史記‧殷本紀》曰：「周武王之東伐，至盟津，諸侯叛殷，會者八百諸侯。」〈齊世家〉云：「諸侯不期而會者八百諸侯。諸侯皆曰：『紂可伐也。』武王曰：『未可。』還師，與太公作此〈太誓〉。」《索隱》云：「此文上下並〈今文泰誓〉。」《論衡》云：「與八百諸侯咸同此盟，《尚書》所謂不謀同辭也。」（《水經‧河水注》引，今本《論衡》佚此節）馬融云：「〈大誓〉云：『八百諸侯不召自來，不期同時，不謀同辭。』」（《尚書‧泰誓序‧正義引》）按《史記》載武王伐紂，八百諸侯會於盟津，《索隱》以為〈今文泰誓〉之辭；又《論衡》引「不謀同辭」，以為《尚書》之語；馬融則稱〈大誓〉，則此云「萬里合信，不議同情」者，乃檃括〈今文泰誓〉之義也。

3. 其祝文曰：「皇天上帝，后土祇眷顧，屬秀黎元，為人父母；秀不敢當，羣下百辟，不謀同辭。……秀猶固辭，至于再，至于三。」（〈光武帝紀〉）

（1）為人父母

按：〈洪範〉云：「曰天子作民父母，以為天下王。」此云「為人父母」者，即檃括〈洪範〉之文。

（2）不謀同辭

按：此引〈今文泰誓〉之辭也。（說詳本章第 2. 條）

（3）至于再，至于三

按：多方云：「我惟時其教告之，我惟時其戰要囚之，至于再，至于三，乃有不用我降爾命。」此云「至于再，至于三」者，即引多方之文。

考《漢書・文三王傳》：「《書》曰：至于再三，有不用我降爾命。」師古曰：「此《周書・多方》篇之辭也。」《論衡・譴告》篇云：「管蔡纂畔，周公告教之，至于再三。」並作「至于再三」與〈多方〉文異，段玉裁《古文尚書撰異》云：「此少『至于』字、『乃』字，蓋今文《尚書》本然。」，段氏之說可信。此引作「至于再，至于三」，與今《僞孔本》同，當是《古文尚書》如此。

4. **六月己未，即皇帝位，燔燎告天，禋于六宗，望於羣神。**（〈光武帝紀〉）

按：〈堯典〉云：「肆類于上帝，禋于六宗，望于山川，徧于羣神。」此「禋于六宗，望於羣神」乃約引〈堯典〉之文也。

考《尚書大傳》曰：「故《書》曰：禋于六宗，此之謂也。」《史記・五帝本紀》：「遂類于上帝，禋于六宗，望于山川，辯于羣神。」《史記・封禪書》：「《尚書》曰：遂類于上帝，禋于六宗，望山川，徧羣神。」劉向《說苑・辨物》篇：「《書》曰：禋于六宗，望秩于山川，徧于羣神。」《漢書・王莽傳》：「遂類于上帝，禋于六宗，望秩于山川，徧于羣神。」《漢書・郊祀志》：「〈虞書〉曰：遂類于上帝，禋于六宗，望秩于山川，徧于羣神。」《論衡・祭意》篇：「《尚書》曰：肆類于上帝，禋于六宗，望于山川，徧于羣神。」《尚書・大傳・鄭玄注》云：「禋，祭也，字當爲禋。」又云：「經曰：『肆類于上帝，禋于六宗，望秩于山川，徧于羣神。』《大傳》作「禋」，鄭注曰「祭也」，則今文本作「禋」，然《史記》、《說苑》、《漢書》、《論衡》及鄭注引經，均作禋，則是伏生以後《尚書》今古本均作禋。又《漢書》、《說苑》作「望秩」，《史記》兩引均無「秩」字，而鄭康成引經亦作「望秩」，鄭康成注古文，則古文當有「秩」字；《史記》無「秩」字，蓋用歐陽本如此。《論衡》同。今僞孔本亦無，而與鄭玄所本異者不可得知。班固學用小夏侯，則是小夏侯亦作「望秩」，與鄭注古文同，或小夏侯旁採古文也。此引作「望於羣神」者，實合二句爲之，其中有無「秩」字，蓋不可考。作「於」者，後世所改。

又：《國語・周語》內史過曰：「精意以享，禋也。」《尚書・堯典釋文》引馬融曰：「精意以享也。」《說文》一篇上：「禋，絜祀也。一曰精意以享。」鄭康成《周禮・大宗伯注》：「禋之言煙，周人尚煙，氣之臭聞者也。」考《國語》、《左傳》，同屬古文之學，馬融爲《古文尚書》作傳，許叔重多據古文，則精意以享訓禋，實古文之說。鄭玄以「煙燎祭」訓禋，蓋兼取伏生今文之說，不與馬同。

今僞孔傳曰：「精意以享謂之禋。」與馬說合，則是用古文說也，此引「禋于六宗」句上有「燔燎告天」語，則其用鄭氏煙祭之說矣，與僞孔傳不同。

5. 下詔曰：「人情得足，苦於放縱，快須臾之欲，忘慎罰之義。」（〈光武帝紀〉）
   按：〈康誥〉云：「惟乃丕顯考文王，克明德慎罰，不敢侮鰥寡。」〈多方〉云：「至于帝乙，罔不明德慎罰，亦克用勸。」此云「忘慎罰之義」者，即引〈康誥〉、〈多方〉之文。

6. 詔曰：「比陰陽錯繆，日月薄食，百姓有過，在予一人，大赦天下。」（〈光武帝紀〉）
   按：《論語‧堯曰》篇云：「雖有周親，不如仁人，百姓有過，在予一人。」《墨子‧兼愛》中云：「傳曰：『泰山，有道曾孫周王有事，大事既獲，仁人尚作；以祇商夏，蠻夷醜貉。雖有周親，不若仁人，萬方有罪，維予一人。』此言武王之事，吾今行兼矣。」《說苑‧君道》篇引《書》曰：「百姓有罪，在予一人。」又《貴德》篇云：「無變舊新，惟仁是親；百姓有過，在予一人。」

   江聲《尚書集注音疏》曰：「《論語‧堯曰》篇不稱《書》曰，據《墨子》、《說苑》，皆《尚書》文矣。」江說是也。考《論語》、《墨子》與《說苑》所引，事同而文稍異，而《墨子》云「周王有事」，又曰「此言武王之事」，則其文當屬〈周書〉。屈萬里先生《尚書釋義》收入〈附錄一〉，列於《周書逸文》，其說可信。然則此所云「百姓有過，在予一人」者，文字與《論語》全同，當爲引《論語》之《周書逸文》也。今本僞古文〈泰誓〉中云「百姓有過，在予一人」者，乃襲取《論語》引〈周書〉逸文爲之。

7. 太常登等議書：「……陛下德橫天地，興復宗統，褒德賞勳，親睦九族……今皇子賴天，能勝依趨拜，陛下恭謙克讓，抑而未議……」（〈光武帝紀〉）
   （1）德橫天地
   按：〈堯典〉云：「允恭克讓，光被四表，格于上下。」此云「德橫天地」者，引「光被四表」之義也。考《漢書‧宣帝紀》、〈蕭望之傳〉，並載黃霸子定國等議曰：「聖德充塞天地，光被四表。」《漢書》王褒〈聖主得賢臣頌〉曰：「化溢四表，橫被無窮。」《漢書‧王莽傳》：「昔唐堯橫被四表。」《後漢書》班固〈典引〉：「光被六幽。」蔡邕〈釋誨〉：「舒之足以光四表。」《後漢書‧馮異傳》安帝詔：「昔我光武受命，橫被四表。」《後漢書‧崔駰傳》崔篆〈慰志賦〉：「聖德滂而橫被兮。」《後漢書‧班固傳》〈西都賦〉：「是故橫被六合。」《周頌‧噫嘻正義》

鄭箋引曰:「光被四表,格于上下。」

　　陳喬樅《今文尚書經說考》云:「《後漢書・桓焉傳》云:焉傳《歐陽尚書》。永初元年,入授安帝。又〈鄧宏傳〉云:宏少治《歐陽尚書》,授帝禁中。是安帝於《尚書》習歐陽氏之學也。作橫被者,當爲歐陽今文本。其作光被者,乃大小夏侯之異文。黃霸從夏侯勝學《尚書》,故引〈堯典〉文作光被也。」段玉裁《古文尚書撰異》云:「《古文尚書》作光,今文《尚書》作橫。鄭君〈周頌〉箋引光被四表,格于上下,此用《古文尚書》也。」考鄭玄注《古文尚書》,箋引作「光被四表,格于上下」,而「格」今文皆作「假」,然則古文作「光」,段說可從。陳氏謂黃霸等議作「光被四表」,黃霸學於夏侯勝,則大夏侯之本作「光」,與古文同。班固習小夏侯之學,而〈典引〉引作「光被六幽」,於〈西都賦〉作「橫被六合」,蔡邕丹書石經亦用小夏侯本(說見屈萬里〈漢石經《尚書》殘字集證〉卷一、四十葉),作「光四表」,則是小夏侯本作「光」也,〈西都賦〉作「橫」,蓋漢時光、橫二字通用,故偶用之耳。然則段氏強分古文作「光」,今文作「橫」者,其說未允。陳氏之說,墻然可信。

　　《禮緯・含文嘉》云「堯廣被四表」,《漢書・禮樂志》平當〈正雅樂議〉曰:「況於聖主廣被之資。」〈咸陽靈臺碑〉云:「爰生聖堯,名蓋世兮,廣被之恩,流荒外兮。」樊毅〈復華下民租田口算碑〉:「廣被四表。」則漢儒亦有作「廣被」者。皮錫瑞《今文尚書考》辨證以爲亦今文《尚書》之異文。

　　今考《爾雅》、《說文》皆有「桄」字,訓「充也」,鄭注《禮記》〈孔子閒居〉「以橫於天下」曰:「橫充也。」今本僞孔傳云:「光,充也。」段玉裁《說文》注「桄」字下云:「桄之字古多假橫爲之。且部曰:『從几足有二橫。』橫即桄字。」蓋橫字從黃聲,黃字從古文光聲,則「橫」「桄」古音相同,故可通用。〈堯典〉「光被四表」,字本當作「桄」,義謂堯德充廣四表;其作「光」「橫」者,皆假借字也。鄭康成云:「言堯德光耀及四海之外」者(《詩・周頌・噫嘻正義》引)以光之本義釋之,未允;作「廣」者,此以訓詁字代之。此引作「橫」者,用《歐陽尚書》也。

（2）親睦九族

按:〈堯典〉云:「克明俊德,以親九族;九族既睦,平章百姓。」此云「親睦九族」者,即檃括〈堯典〉之文。

（3）恭謙克讓

按:〈堯典〉云:「允恭克讓。」此云「恭謙克讓」者,即檃括〈堯典〉之文也。

8. 五月丁丑，詔曰：「昔契作司徒，禹作司空，皆無大名，其令三府去大。」
（〈光武帝紀〉）

按：〈堯典〉云：「舜曰：咨！四岳，有能奮庸，熙帝之載，使宅百揆，亮采惠疇？
僉曰：伯禹作司空。」又曰：「帝曰：契，百姓不親，五品不遜，汝作司徒，敬
敷五教，在寬。」此云「契作司徒，禹作司空」，即檃括〈堯典〉之文也。

9. **每旦親朝，日仄乃罷。**（〈光武帝紀〉）

按：〈無逸〉篇云：「自朝至于日中昃，不遑暇食。」此云「日仄乃罷」即約引〈無
逸〉之文也。

考《國語‧楚語》左相倚相引〈周書〉曰：「文王至于日中昃，不皇暇食。」
韋昭注：「日昃，日昳。」《史記‧周本紀》：「文王日中昃，不暇食。」《漢書‧
董仲舒傳》曰：「周文王至于日昃，不暇食。」師古注：「昃亦昃字。」《風俗通‧
過譽》篇：「文王日昃，不暇食。」《釋文》曰：「昃，本亦作仄。」

《說文‧日部》云：「昃，日在西方時側也，从日仄聲。」而《說文‧厂部》
云：「仄，側傾也。」，籀文作夨。又〈夨部〉云：「夨，傾頭也。」而仄、夨二
字皆阻力切，古音在一部，音相同，義亦相近，故每多通假。故字本作昃，或寫
作夨；《國語》作昃，《韋昭注》同，則古亦有作昃者；今僞孔本作「昃」，與《國
語》同，蓋彼標榜古文，故以昃代昃。《釋文》曰本亦作仄，敦煌本 2748 號文亦
作仄，則唐初《尚書》傳本有如此者。蓋昃从仄聲，故假仄為之。此云「日仄乃
罷」，與僞孔本不同。

10. **故能明慎政體，總攬權綱。**（〈光武帝紀〉）

按：〈康誥〉云：「惟乃丕顯考文王克明德慎罰，不敢侮鰥寡。」又〈多方〉云：
「以至于帝乙，罔不明德慎罰，亦克用勸。」「明慎政體」之政體，即取義於「德」
「罰」也。故此即檃括〈康誥〉、〈多方〉之文義。

11. **贊曰：炎正中微，大盜移國，九縣飆回，三精霧塞……炎武誕命，靈貺**
自甄，沈幾先物，深略緯文。尋、邑百萬，貔虎為羣，長轂雷野，高鋒
彗雲，英威既振，新都自焚，虔劉庸、代，紛紜梁、趙，三河未澄，四
關重擾，神旌乃顧，遞行天討。（〈光武帝紀〉）

（1）炎武誕命

按：〈康誥〉云：「天乃大命文王，殪戎殷，誕受厥命。」此云：「光武誕命。」
即約引〈康誥〉之文。

（2）貔虎為羣

按：〈牧誓〉云：「勖哉夫子，尚桓桓，如虎如貔，如熊如羆，于商郊。」此云：「貔虎為羣」，即約引〈牧誓〉之文。

考《史記・周本紀》云「如虎如羆，如豺如離。」《漢書・敍傳・翟方進傳》云：「義得其勇，如虎如貔。」班固〈十八侯銘〉曰：「休休將軍，如虎如羆。」班固〈典引〉曰：「虎離其師。」《後漢書・杜篤傳》〈論郡賦〉曰：「虓怒之旅，如虎如螭。」《說文・豸部》：「貔，豹屬，出貉國。從豸𤳙聲。《詩》曰：『獻其貔皮』，〈周書〉曰：『如虎如貔』。」《禮記・曲禮》：「前有摯獸則載貔狼」鄭注引《尚書》曰：「如虎如貔。」《說文・内部》曰：「离，山神獸也。從禽頭從内從屮。歐陽喬說『离，猛獸也。』」李善《文選・西都賦》注《歐陽尚書》說曰：「螭，猛獸也。」《說文・豸部》引〈周書〉作「如虎如貔」，訓為猛獸，而内部又引歐陽喬說「离，猛獸也」，歐陽喬即《歐陽尚書》始祖和伯之曾孫，名高字子陽，為博士，繇是《尚書》有歐陽氏之學。蓋喬、高二字形相似而音義亦相近，二字古得通用。李善注《文選・西都賦》正與此合，《尚書》與《說文》同，而鄭玄注《古文尚書》，蓋可證古文作「如虎如貔」矣。史公時《尚書》唯有歐陽氏學，則作「如虎如羆，如豺如離」者乃《歐陽尚書》，亦與《說文》引歐陽喬說合。班固〈十八侯銘〉、〈典引〉、〈燕然山銘〉，杜篤〈論都賦〉等，或虎與羆連用，或虎與螭連用，其序似有不同，然彼等皆櫽括之辭，不嫌有異。班固習小夏侯《尚書》，上述所引，亦多有「離」「螭」字，與《歐陽尚書》同；然則「貔」、「离」二字，實古今文分歧之明徵。《漢書敍傳・翟方進傳》作「如虎如貔」，似班氏亦用古文，然此亦櫽括之辭，且貔字非《尚書》所獨有，《詩》、《禮》俱有之，而班氏偶用古文，亦無不可，故不必遽據云夏侯有別本也。又「离」、「螭」、「離」三字，离為猛獸；螭，說文云「若龍而黃也。一曰無角曰螭」；離，《說文》云：「離黃，倉庚也。」三字雖同音通用，然以「离」為正字。

今本《尚書》與許慎所引〈周書〉同，為古文之舊。此所引「貔虎為羣」者，當據古文、鄭氏也。

（3）遞行天討

按：〈皋陶謨〉曰：「天討有罪，五刑五用哉。」此云「遞行天討」，即用〈皋陶謨〉之文。

12. 詔曰：「予末小子，奉承聖業，夙夜震畏，不敢荒寧；德伏帝王，協和萬邦，假於上下，懷柔百神，惠於鰥寡；朕承大運，繼體守文，不知稼穡

之艱難，懼有廢疾……」（〈孝明帝紀〉）

（1）予末小子

按：〈顧命〉曰：「眇眇予末小子。」此云「予末小子」，即引〈顧命〉之文。

（2）夙夜震畏，不敢荒寧

按：〈無逸〉云：「嚴恭寅畏，天命自度，治民祗懼，不敢荒寧。」此云「夙夜震畏，不敢荒寧」，即引〈無逸〉文也。

（3）協和萬邦

按：〈堯典〉云：「百姓昭明，協和萬邦，黎民於變時雍。」此云「協和萬邦」，引〈堯典〉文也。

（4）假于上下

按：〈堯典〉云：「格于上下。」此云「假於上下」，即引〈堯典〉文。

考《漢書‧王莽傳》：「咸有聖德，假于皇天。」《後漢書‧順帝紀》：「丕顯之德，假于上下。」《後漢書‧陳寵傳》曰：「假于上下。」《後漢書‧馮異傳》安帝詔：「昭假上下。」《說文解字》「假」下引〈虞書〉曰：「假于上下。」王逸〈招魂〉注曰：「假，至也。《書》曰：假于上下。」鄭玄《詩‧噫嘻箋》引：「光被四表，格于上下。」蔡邕〈典引〉注：「格于上下。」

《漢書》、《後漢書》引文均作假，漢儒引經，用立學官之今文，則今文作假也。鄭玄《周頌》引作「光被四表，格于上下」，鄭玄注《古文尚書》，則作「格」者為《古文尚書》，段玉裁以為古文作「格」是也。蔡邕丹書石經雖用小夏侯（說見屈萬里〈漢石經《尚書》殘字集證〉）然其時古文已行（蔡邕與馬融之子馬日磾同訂五經文字），故〈典引〉注作「格」，偶用古文耳。皮錫瑞以為假、格通用，三家異文有作格者，其說未允。

考《爾雅‧釋詁》云：「格，至也。」《說文》：「假，至也。」假，古書多作假。格、假二字同見紐，古音在五部，故可通用。然其字本當作「各」。〈頌殷〉：「且，王各大室。」〈師虎殷〉：「徦于大室。」〈揚殷〉：「旦，各大室。」（均見《三代吉金文存》卷九）其字形作「」「」，從止向下之圍，所以至其處，故各有「至」義，從彳旁者為繁文。《爾雅》及《書》作「格」，即用「各」之同音叚借字，作假者亦叚借字也。說文之假字，即「各」之後造形聲字。凡今本《尚書》作「格」字者如「格于藝祖」、「惟先格王正厥事」、「格于文祖」、「祖考來格」，《史記》、《漢書》引用皆作「假」，漢儒引用亦如之，然則三家《尚書》皆作「假」也。今以金文作「各」「徦」觀之，作「格」為近古，蓋形近而訛變也。今本《尚書》作「格」，乃緣古文之舊。

顯宗受《尚書》於桓榮（見《後漢書・孝明帝紀》），桓榮從朱普習《歐陽尚書》（見《後漢書・桓榮傳》），此引作「假」者，《歐陽尚書》也。

（5）惠於鰥寡

按：〈無逸〉云：「懷保小民，惠鮮鰥寡。」此云「惠於鰥寡」者，即引〈無逸〉之文。

考《國語・楚語上》引〈周書〉曰：「文王至于日中昃，不皇暇食，惠于小民，唯政之恭。」《漢書・谷永傳》：「懷保小人，惠于鰥寡。」《漢書・景十三王傳》：「惠于鰥寡。」《漢石經》：「惠于矜（下缺）」今孔傳本作「惠鮮鰥寡」。僞孔傳云：「又加惠鮮乏鰥寡之人。」《國語・楚語》引〈周書〉之文，雖爲櫽括之辭，然作「惠于」，與《漢書》、《漢石經》之今文合。段玉裁《古文尚書撰異》云：「惠鮮恐是惠于之誤，于字與羊字略相似，又因下文鰥字魚旁誤增之也。」俞曲園《羣經平議》以爲鮮當讀爲賜，而朱駿聲《尚書》便讀以爲「鮮，善也；猶親也。」《爾雅・釋詁》：「鮮，善也。」似亦有據；屈萬里先生亦從其說。而僞孔傳曰「鮮乏」，則其所據本作鮮。今馬、鄭之本雖不可考，然以《國語》、《漢書》、《石經》考較之，則此本當作「于」字，且其前文有「能保惠于庶民」句，蓋可證之。今本作鮮字者，因羊、于二字形近，又涉下鰥字之魚旁而增者也。

《石經》作「矜寡」，《說文・鰥》下云：「鰥魚也。」《段注》曰：「鰥多叚借爲鰥寡字，鰥寡字蓋古祇作矜，矜即憐之假借。」矜，鰥古多通用，《禮記・禮運》篇云「矜寡孤獨」是也。段氏以矜當作从令聲，入十三部與鰥同，又同屬見紐，則音同故相通用。此引作「鰥」爲歐陽本，《石經》用夏侯本作矜，此三家異文。

（6）不知稼穡之艱難

按：〈無逸〉云：「厥子乃不知稼穡之艱難。」此云「不知稼穡之艱難」者，引〈無逸〉文。

13. 詔曰：「……方今上無天子，下無方伯，若涉淵水而無舟楫。夫萬乘至重而壯者慮輕，實賴有德，左右小子。」（〈孝明帝紀〉）

案：〈大誥〉云：「予惟小子，若涉淵水，予惟往求朕攸濟。」此云「若涉淵水而無舟楫」者，則櫽括〈大誥〉文義也。

14. 詔驃騎將軍、三公曰：「……班時令，勑羣后……百僚師尹，其勉修厥職，順行時令，敬若昊天，以綏兆人。」（〈孝明帝紀〉）

（1）班時令，勑羣后

按：〈堯典〉曰：「輯五瑞，既月乃日，覲四岳羣牧，班瑞于羣后。歲二月，東巡守，至于岱宗，柴；望秩于山川。肆覲東后。協時，月，正日；同律、度、量、衡。修五禮、五玉、三帛、二生、一死贄。如五器，卒乃復。」此云「班時令，勑羣后」者，即隱括〈堯典〉文義也。

（2）百僚師尹

按：〈皋陶謨〉曰：「百僚師師。」〈洪範〉云：「師尹惟日。」此云「百僚師尹」者，即隱括〈皋陶〉、〈洪範〉之文。

（3）順行時令，敬若昊天，以綏兆人

按：〈堯典〉云：「乃命羲和，欽若昊天；歷象日月星辰，敬授人時。」此云「順行時令，敬若昊天，以綏兆人」者，即隱括〈堯典〉文也。作「敬」者，以訓詁字代經字。

15. 詔曰：「……眇眇小子，屬當聖業。」（〈孝明帝紀〉）

按：〈顧命〉曰：「答曰：眇眇予末小子，其能而亂四方，以敬忌天威。」此云「眇眇小子」，即隱括〈顧命〉之文。

16. 詔曰：「朕奉郊祀，登靈臺，見史官，正儀度。……詳刑慎罰，明察單辭，夙夜匪懈，以稱朕意。」（〈孝明帝紀〉）

（1）正儀度

按：〈堯典〉云：「歲二月，東巡守，至于代宗，柴；望秩于山川。肆覲東后。協時、月、正日；同律、度、量、衡。修五禮、五玉、三帛、二生、一死、贄。」此云「正儀度」者，即隱括〈堯典〉文也。

（2）詳刑慎罰

按：〈呂刑〉云：「王曰：吁！來！有邦有土，告爾祥刑。」又曰：「受王嘉師，監于茲祥刑。」此引作「詳刑」者，即引〈呂刑〉之文。

考《漢書敘傳》：「季世不詳，背本爭末。」師古注：「不詳謂不盡用刑之理。〈周書〉曰：告爾詳刑。」《周禮‧大宰職注》：「《書》曰：度作詳刑以詁四方。」《周禮‧大司寇》鄭注：「《書》曰：王旄荒，度作詳刑以詁四方。」正義注皆作「詳審」。《後漢書‧劉愷傳》：「非先王詳刑之意也。」李賢注：「《尚書》曰：有邦有土，告爾詳刑。鄭玄注云：詳，審察之也。」王仲宣〈從軍詩〉：「司典告詳刑。」李善注引《尚書》「王曰：有邦有土，告爾詳刑。」段玉裁

《古文尚書撰異》云:「合數條觀之,知古文今文,鄭本孔本,皆作从言之詳,顏籀、李善之注可證也。古祥、詳多通用,蓋僞孔本亦作詳而讀爲祥,後徑改作祥,如鳥讀爲島,後徑改作島,非也。又按《史記・周本紀》作祥者,淺人所改也。」是古文今文均本作「詳」,而詳、祥多通用,如《易・履卦》「視履考祥」,《釋文》曰「祥本亦作詳」;《荀子・成相》篇「百家之說誠不詳」,注曰「詳或爲祥」,是二字古多通用之證。今僞孔傳云:「告汝以善用刑之道。」以善訓祥,是以詳讀爲祥也,後世遂據改詳爲祥,並據改《史記》,段氏之說是也。

此引作詳,與漢魏以來之本同。而下與「愼」相對,又云「明察」,則當訓作「審察」,與鄭云「審察之也」,師古訓「盡」,義亦相合。然則「詳」之訓「審察」,亦古誼矣。

又:〈康誥〉云:「惟乃丕顯考文王,克明德愼罰。」此云「愼罰」,即引〈康誥〉之文。

(3)明察單辭

按:〈呂刑〉云:「今天相民,作配在下,明清于單辭。」此云「明察單辭」,即欙括〈呂刑〉之文。

17. 詔曰:「……永思厥咎,在予一人……飛蓬隨風,微子所歎。」(〈孝明帝紀〉)

(1)永思厥咎,在予一人

按:此引〈周書〉逸文也。(說見本章 6.條)

(2)飛蓬隨風,微子所歎

按:〈微子〉云:「今殷其喪,若涉大水,其無津涯。殷遂喪,越至于今。」此云「飛蓬隨風,微子所歎」者,即欙括〈微子〉之義。考《管子》云:「無儀法程式,飛搖而無所定,謂之飛蓬。」此引微子所歎者,即指殷邦淪亂而無儀法程式也。

18. 詔曰:「……東過洛汭,歎禹之績。今五土之宜,反其正色,濱渠下田,賦與貧人。」(〈孝明帝紀〉)

(1)東過洛汭,歎禹之績

按:〈禹貢〉云:「又東至于孟津;東過洛汭,至于大伾。」此云「東過洛汭・歎禹之績」,即引〈禹貢〉之文。

（2）五土之宜，反其正色，濱渠下田，賦與貧人

按：〈禹貢‧冀州〉云：「厥土惟白壤，厥賦惟上上錯，厥田惟中中。」又〈兗州〉曰：「厥土黑墳……厥田惟中下，厥賦貞。」又〈青州〉：「厥土白墳，海濱廣斥。厥田惟上下，厥賦中上。」又〈徐州〉：「厥土赤埴墳，草木漸包。厥田惟上中，厥賦中中。」又〈梁州〉：「厥土青黎，厥田惟上下，厥賦惟上中三錯。」此云「五土之宜，反其正色，濱渠下田，賦與貧人」，即檃括〈禹貢〉之義也。

19. 贊曰：顯宗丕承，業業兢兢。（〈孝明帝紀〉）

按：〈皋陶謨〉云：「兢兢業業，一日二日萬幾。」此云「業業兢兢」者，即引〈皋陶謨〉之文也。此引作「業業兢兢」者，倒其文以求叶韻也。

20. 贊曰：……永懷廢典，下身遵道。（〈孝明帝紀〉）

按：〈洪範〉云：「無偏無陂，遵王之義；無有作好，遵王之道。」此云「下身遵道」者，即引〈洪範〉之文。

21. 贊曰：……懋惟帝績。（〈孝明帝紀〉）

按：〈堯典〉云：「帝曰：『俞，咨禹，汝平水土』，又云：『庶績咸熙。』惟時懋哉！」又云：「庶績咸熙。」此云「懋惟帝績」，即引檃括〈堯典〉之文。段玉裁《古文尚書撰異》云：「《說文》十篇〈心部〉曰『懋，勉也。从心楙聲。〈虞書〉曰「時惟懋哉」』。玉裁按大小徐本及《玉》篇皆作『時惟』，與《尚書》異。本篇又云『惟時亮天工』，〈五帝本紀〉作『維是勉哉』，則今文《尚書》亦作『維時』矣。古懋與茂通用；茂之義近美，故馬云『美也』。《爾雅‧釋詁》云『茂，勉也』。董仲舒《對策》，郭璞注《爾雅》皆引《書》曰『茂哉茂哉』；董用《今文尚書》者，郭用《古文尚書》者，是則今古文皆一作『茂』可證也。」此引作「惟」者，與《說文》同，是用《古文尚書》也；又倒文作「懋惟」者，行文之便耳。

22. 詔曰：「朕以眇身，託于王侯之上，統理萬機，懼失厥中，兢兢業業，未知所濟。」（〈孝章帝紀〉）

（1）朕以眇身

按：〈顧命〉云：「眇眇予末小子。」此云「朕以眇身」者，即檃括〈顧命〉之文。

（2）統理萬機，懼失厥中，兢兢業業。

按：〈皋陶謨〉云：「兢兢業業，一日二日萬幾。」此云「統理萬機，兢兢業業」者，即引〈皋陶謨〉之文。此引作「機」者，考《漢書百官公卿表》云：「相國丞相，助理萬機。」〈王嘉傳〉嘉奏封事曰：「臣聞咎繇戒帝舜曰：『亡敖佚欲有國，兢兢業業，一日二日萬機。』師古曰：『〈虞書・咎繇謨〉之辭也。言有國之人，不可傲慢逸欲，但當戒慎危懼以理萬事之機也。」又〈漢太尉劉寬碑〉：「訓導萬機。」班固〈典引〉李善注引《尚書》作「一日二日萬機。」是此自漢魏以來，均作「機」，從木旁，而不作「幾」也。陳喬樅《今文尚書經說考》云：「幾者機之省文。機謂發動所由也。」然考《說文》四篇下絲部曰：「幾，微也，殆也。」段注引《易・繫辭傳》曰：「幾者動之微，吉凶之先見也。」又《說文・木部》機字下云：「主發為之機。從木幾聲。」是「幾」之與「機」，義本有異。偽古文孔傳訓幾為微，則其所據本作幾無疑，非機之省文也，陳說未允。今此作「機」，蓋漢魏本如此，而與偽孔本異。

（3）未知所濟

按：〈大誥〉云：「予惟小子，若涉淵水，予惟求朕攸濟。」此云「未知所濟」，即櫽括〈大誥〉之文。《爾雅・釋詁》云「攸、所也」，此作「所」，以訓詁字代之也。

23. 詔曰：「……予違汝弼，汝無面從，股肱之正義也。」（《孝章帝紀》）

按：〈皋陶謨〉云：「帝曰：臣作朕股肱耳目……予違，汝弼，汝無面從，退有後言。」此引〈皋陶謨〉之文也。

24. 有司奏言：「孝明皇帝聖德淳茂，勬勞日昃，身御浣衣，食無兼珍，澤臻四表，遠人慕化。」（〈孝章帝紀〉）

按：〈無逸〉云：「自朝至于日中昃，不遑暇食。」此云「勬勞日昃」者，即櫽括〈無逸〉之文。

又：〈堯典〉云：「光被四表，格于上下。」此云「澤臻四表」，即櫽括〈堯典〉之文。

25. 「……功烈光於四海，仁風行於千載。」（〈孝章帝紀〉）

按：〈堯典〉云：「光被四表，格于上下。」此云「光於四海」，即櫽括〈堯典〉之義。

26.「……陛下至孝烝烝，奉順聖德。」（〈孝章帝紀〉）

按：〈堯典〉云：「克諧以孝，烝烝乂，不格姦。」此云「至孝烝烝」者，即檃括〈堯典〉之義。

　　考今本《孔傳》云：「言能以至孝和諧頑囂昏傲，使進進以善治，不至於姦惡。」則是以「克諧以孝」爲句，「烝烝乂」爲句，「不格姦」爲句也。然考之漢魏諸書及碑記則不然。王引之《經義述聞》云：「訓烝爲進，雖本《爾雅》，然以烝烝乂訓進進治，則不辭甚矣。三復經文，當讀克諧爲句，以孝烝烝爲句，乂不格姦爲句。《列女傳》曰：『舜夫頑母囂，父號瞽叟，弟曰象，敖遊於嫚，舜能諧柔之，承事瞽叟以孝。』蔡邕〈九疑山碑〉曰：『逮于虞舜，聖德克明，克諧頑傲，以孝烝烝。』陶潛〈天子孝傳讚〉：『虞舜父頑母囂，事之於畎畝之間，以孝烝烝。』是讀克諧爲句，以孝烝烝爲句也。」又曰：「經言以孝烝烝，即是孝德之形容，故漢魏人多以烝烝爲孝者。」今考《後漢紀‧靈帝紀》曰「崇有虞之孝，昭烝烝之仁」，《後漢書‧和熹鄧后紀》曰：「以崇陛下烝烝之孝。」，〈宋意傳〉云：「陛下至孝烝烝」，〈張禹傳〉云：「陛下體烝烝之至孝」，〈馬融傳‧廣成頌〉云：「陛下履有虞烝烝之孝」，〈袁紹傳〉云：「伏惟將軍，至孝烝烝」，〈巴郡太守張納碑〉云：「脩烝烝之孝友」，〈高陽令楊著碑〉：「孝烝內發。」又曰：「烝烝其孝。」蔡邕〈胡公碑〉曰：「烝烝至孝」，《魏志‧文昭甄后傳》注引三公奏曰：「陛下至孝烝烝」，曹植〈鼙舞歌〉曰：「盡孝於田隴，烝烝不違仁」；《家語‧六本》篇云「而舜不失烝烝之孝」，是則自漢魏至晉，古今文諸家皆以克諧爲句，以孝烝烝爲句，王說甚塙。然皮錫瑞《漢碑引經考》云：「（〈楊孟文石門頌〉『烝烝艾盨』）據此頌以烝烝艾爲句，則漢人亦有以艾字連上烝烝爲義，如《孔傳》之句讀者，不得拘一說也。」然此「烝烝艾盨」一句，實以「以孝烝烝，乂不格姦」二句合而爲一；烝烝，孝也；艾盨者，即乂不格姦，盨即不格姦也，是此句之艾，實與不格姦連屬，而非與烝烝相屬，皮氏之說蓋誤碑文之意矣。今本僞孔傳句讀如此，蓋亦誤讀而誤解也。此引「至孝烝烝」，句讀仍緣漢魏之書，故與僞古文異。

27.詔曰：「方春東作，宜及時務。……五教在寬，帝典所美。」（〈孝章帝紀〉）

（1）方春東作

按：〈堯典〉云：「寅賓日出，平秩東作。」此云「方春東作」，即檃括〈堯典〉文義。

（2）五教在寬，帝典所美

按：〈堯典〉云：「汝作司徒，敬敷五教，在寬。」此云「五教在寬」，即引〈堯典〉之文。

考《史記・五帝本紀》：「舜曰：契，百姓不親，五品不馴，汝爲司徒而敬敷五教，在寬。」《史記・殷本紀》：「舜乃命契曰：百姓不親，不品不訓，汝爲司徒而敬敷五教，五教在寬。」《續漢書・禮儀志》劉昭注引〈丁孚漢儀有夏勸策文〉曰：「往率舊職，敬敷五教，五教在寬。」《後漢書・和帝紀》永和七年詔曰：「深惟庶事，五教在寬。」《後漢書・王暢傳・功曹張敞奏記諫》曰：「五教在寬，著之經典。」又〈寇榮傳〉：「思帝堯五教在寬之德。」鄭玄〈商頌譜〉引《書》曰：「敬敷五教，五教在寬。」《後漢紀》三十：「敬敷五教，五教在寬。」或重「五教」二字，或「五教在寬」連讀與今本不同。考漢明帝顯宗從桓榮受《尚書》，和帝從桓郁受《尚書》，二者皆習歐陽氏之學；又〈鄧禹傳〉言孫宏少治《歐陽尚書》，授帝禁中，諸儒多歸附之，時帝爲安帝，則安帝拜鄧禹爲大司徒之策，亦爲《歐陽尚書》，以此而知《歐陽尚書》重「五教」字；史公用歐陽本，當重「五教」二字，《殷本紀》重之，是也；而〈五帝本紀〉不重者，皮錫瑞以爲後人所刪，是也。段玉裁《古文尚書撰異》云：「唐《石經》五教之下，疊五教二字，字形隱隱可辨，後乃摩去重刻；然則唐時本有作『敬敷五教，五教在寬』者，與《殷本紀》合。」則是古今文皆重「五教」二字，今僞孔本不重者，後人誤刪。蓋古人重字，輒於字下加「＝」爲記，後人傳鈔時多奪之。

28. 詔曰：「朕以無德，奉承大業，夙夜慄慄，不敢荒寧。……敷奏以言，則文章可採，明試以功，則政有異迹。」（〈孝章帝紀〉）

（1）夙夜慄慄，不敢荒寧

按：〈無逸〉篇云：「嚴恭寅畏，天命自度，治民祗懼，不敢荒寧。」此云「夙夜慄慄，不敢荒寧」者，即引〈無逸〉之文。

（2）敷奏以言，則文章可採，明試以功，則政有異逸

按：〈堯典〉云：「敷奏以言，明試以功，車服以庸。」此云「敷奏以言」、「明試以功」，即引〈堯典〉文也。

考《史記・五帝本紀》：「五歲一巡守，羣后四朝，徧告以言，明試以功，車服以庸。」《漢書・王莽傳》：「莽下書曰：巡狩四嶽，羣后四朝，敷奏以言，明試以功。」《漢書・宣帝紀》：「傅奏其言，考試功能。」師古曰：「傅、讀曰敷。」《後漢書・梁統傳》：「謹表其尤害於體者，傅奏於左。」陳喬樅《今文尚

書經說考》云：「案傳、敷古相通用，〈禹貢〉『禹敷土』，《大戴禮》作『傳土』，《史記‧夏本紀》亦作『傳土』可證也。〈宣帝紀〉敷奏作傳奏，蓋三家《尚書》之異文。」陳說是也。敷、傳並從甫聲，古音相同，故相通作。

29. 詔曰：「……朕在弱冠，未知稼穡之艱難。」（〈孝章帝紀〉）

　　按：〈無逸〉云：「自時厥後，後王生則逸，生則逸，不知稼穡之艱難。」此云「未知稼穡之艱難」，即引〈無逸〉文。作「未」者，此以訓故字代經字。

30. 詔曰：「……前代聖君，博思咨諏，雖降災咎，輒有開匱、反風之應，今予小子，徒慘慘而矣。其令二千石理冤獄，錄輕繫，禱五嶽四瀆，及名山能興雲致雨者，冀蒙不崇朝徧雨天下之報。」（〈孝章帝紀〉）

　　（1）輒有開匱反風之應

　　按：〈金縢〉云：「秋，大熟，未穫，天大雷電以風，禾盡偃，大木斯拔；邦人大恐。王與大夫盡弁，以啓金縢之書，乃得周公所自以爲功，代武王之說。……王出郊，天乃雨。反風，禾則盡起。」此云「開匱反風之應」，即檃括〈金縢〉之文義。

　　（2）不崇朝而徧雨天下

　　按：李賢注引《尚書大傳》曰：「五嶽皆觸石出雲，膚寸而合，不崇朝而雨天下。」陳壽祺輯《大傳》文曰：「《藝文類聚》卷一〈天部上〉，《文選》應休璉〈與從弟君苗君冑書〉注。」則此爲《大傳》文無疑也。

31. 詔曰：「……一歲且多於斷獄，甚非為人父母之意也。」（〈孝章帝紀〉）

　　按：〈洪範〉云：「曰天子作民父母，以爲天下王。」此云「爲人父母」者，即檃括〈洪範〉之文。李賢注引《書》曰：「元后作人父母。」乃涉僞古文〈泰誓〉而誤引也。

32. 夏五月亥，詔曰：「……建武詔書又曰：堯試臣以職，不直以言語筆札。」（〈孝章帝紀〉）

　　按：〈堯典〉云：「岳曰：异哉。試可，乃已。帝曰：往，欽哉。九載，績用弗成。」又曰：「帝曰：我其試哉。女于時，觀厥刑于二女。釐降二女子嬀汭，嬪于虞。帝曰：欽哉。慎徽五典，五典克從；納于百揆，百揆時敘；賓于四門，四門穆穆；納于大麓，烈風雷雨弗迷。曰：格汝舜！詢事考言，乃言底可績。」又曰：「明試以功。」此云「堯試臣以職」，即檃括〈堯典〉文義。

33. 詔曰：「《書》云：『祖考來假』，明哲之祀。予末小子，質又菲薄，仰惟
先帝烝烝之情，前修禘祭，以盡孝敬。……」（〈孝章帝紀〉）

（1）書云「祖考來假」

按：〈皋陶謨〉曰：「夔曰：戛擊鳴球，搏拊琴瑟以詠，祖考來格。」此云「《書》
曰：祖考來假。」即引〈皋陶謨〉之文也。此引作「假」者，乃《今文尚書》
之文；詔書引文，當依立官之學，故必爲《今文尚書》之文。（詳見本章第 12.
條之（4））

（2）仰惟先帝烝烝之情，前修禘祭，以盡孝敬

按：〈堯典〉云：「岳曰：瞽子；父頑、母嚚、象傲，克諧以孝，烝烝乂，不格
姦。」此云「烝烝之情」，即隱括〈堯典〉文也。又此云「烝烝之情，前修禘祭，
以盡孝敬」，釋「烝烝」爲「孝德之盛」，則是以「以孝烝烝」斷句，與僞孔傳
訓「進進治」，而以「烝烝乂」絕句不同，此乃漢儒之句讀本如是。（詳見本章
第 26.條）

34. 詔曰：「王者八政，以食爲本。」（〈孝章帝紀〉）

按：〈洪範〉云：「三、八政：一曰食，二曰貨，三曰祀。」此云「王者八政，
以食爲本」，即隱括〈洪範〉之文。

35. 詔曰：「……《書》曰：『鞭作官刑』，豈云若此？」（〈孝章帝紀〉）

按：〈堯典〉云：「鞭作官刑，扑作教刑，金作贖刑。」此稱《書》云者，即〈堯
典〉 文也。

36. 詔曰：「《書》云：『父不慈，子不祇，兄不友，弟不恭，不相及也。』」（〈孝
章帝紀〉）

按：《左傳·僖公三十三年》：「〈康誥〉曰：『父不慈，子不祇，兄不友，弟不恭，
不相及也。』文與此正相同；而今本〈康誥〉曰：「子弗祇服厥父事，大傷厥考
心；于父不能字厥子，乃疾厥子；于弟弗念天顯，乃弗克恭厥兄；兄亦不念鞠
子哀，大不友于弟。惟弔茲，不于我政人得罪。」其文辭與《左傳》所引不盡
同；江聲《尚書集注音疏》，王鳴盛《尚書後案》，並以爲〈康誥〉逸文非隱括
其文義云云。許師錟輝論以爲其證有三；《左傳》引書以直引原文者爲正例，隱
括文義者，其例極少，此不可以爲引〈康誥〉之意者一也；《左傳》引《書》，
文辭意雖與今本〈康誥〉有近似處，然《左傳》引文有「不相及也」四字，與
〈康誥〉「惟弔茲，不于我政人得罪」句，義不相涉，此不可以爲引〈康誥〉之

意者二也；陳夢家《尚書通論》144葉云：「《左傳‧昭二十年》曰：『在〈康誥〉曰：「父子兄弟，罪不相及。」』，漢本無之。〈秦本紀‧文公二十年〉：『法初有三族之罪』，集解曰：『張晏曰：「父母兄弟妻子也」，《左傳》引〈康誥〉語，與秦法抵觸，故去之。』其說可信；此不可以為引〈康誥〉之意者三也（説詳〈先秦典籍引《尚書》考〉九十三葉）。是則《左傳》所引為〈康誥〉逸文。此處所引下有「一人犯罪，禁至三族」，義與《左傳》同，當是用《左傳》所引〈康誥〉逸文，而非今本〈康誥〉語；其不稱〈康誥〉而云「《書》曰」者，蓋漢時其文雖已不在《尚書‧康誥》篇中，然據《左傳》知其本為《尚書》之文，故易稱「《書》曰」也。

37. 詔曰：「今山川鬼神應禮者，尚未咸秩。」（〈孝章帝紀〉）

　　按：〈洛誥〉曰：「周公曰：王肇稱殷禮，祀于新邑，咸秩無文。」此云「咸秩」者，即引〈洛誥〉文也。

38. 詔曰：「朕巡狩岱宗，柴望山川，先祀明堂，以章先勳。」（〈孝章帝紀〉）

　　按：〈堯典〉云：「歲二月，東巡守，至于岱宗，柴；望秩于山川。」此云「巡狩岱宗，柴望山川」，即欒括〈堯典〉文。

　　　　考《孟子‧梁惠王下》四章：「晏子對曰：善哉問也。天子適諸侯曰巡狩。巡狩者，巡所守也。」《禮記‧王制》：「東巡守，至于岱宗，柴而望祀山川。」《史記‧五帝本紀》：「歲二月，東巡狩，至於岱宗，柴；望秩於山川。」《漢書‧郊祀志》：「歲二月，東巡狩，至于岱宗。」師古曰：「狩者守也。諸侯為天子守土，故巡行。」《白虎通‧巡狩》篇：「王者所以巡狩者何？巡者循也；狩者牧也。為天下巡行守牧民也。」《公羊傳‧隱八年疏》引鄭注云：「巡守者，行視所守也。」鄭注、《禮記‧王制》、《孟子》並作「守」，則是古文作「守」，今偽孔本同。而《漢書》引〈虞書〉、《白虎通》、《史記》，皆用《今文尚書》，作「狩」。狩，守古多通用，孟子或作巡狩，或作巡守，《釋文》云：「守或作狩」，師古亦以守訓狩，是其證。守、狩音同，義亦近似，故相通用。此引作「狩」者，用《今文尚書》，蓋章帝乃學歐陽之學也。

39. 詔曰：「……伯父伯兄，仲叔季弟，幼子童孫，百僚從臣，宗室眾子，要荒四裔。」（〈孝章帝紀〉）

　　（1）伯父伯兄、仲叔季弟、幼子童孫

　　按：〈呂刑〉云：「王曰：嗚呼，念之哉！伯父、伯兄、仲叔、季弟、幼子、童

孫，皆聽朕言，庶有格命。」此正引〈呂刑〉之文。

（2）百僚從臣，宗室眾子，要荒四裔

按：〈皋陶謨〉云：「百僚師師，百工惟時。」又〈禹貢〉云：「五百里要服；三百里夷、二百里蔡。百百里荒服；三百里蠻、二百里流。」又〈堯典〉云：「流共工于幽洲，放驩兜于崇山，竄三苗于三危危，殛鯀于羽山；四罪而天下咸服。」按《左傳・文公十年》曰：「舜臣堯，賓于四門，流四凶族，渾敦、窮奇、檮杌、饕餮，投諸四裔，以禦螭魅。」所言即〈堯典〉事，是流四凶事即流四凶於「四裔」也。此云「百僚從臣」、「要荒四裔」，即綜引〈皋陶謨〉、〈禹貢〉、〈堯典〉之文。

40. **假于祖禰**（〈孝章帝紀〉）

按：〈堯典〉云：「歸，格于藝祖，用特。」此云「假于祖禰」者，即引〈堯典〉之文也。考《尚書大傳》：「歸，假于禰祖，用特。」《史記・五帝本紀》：「假于祖禰。」《禮記・王制》篇：「假于祖禰。」《白虎通・三軍》篇：「《尚書》曰：歸，假于禰祖。」又〈巡狩篇〉：「《尚書》曰：歸，假于祖禰。」《說苑・修文》篇：「假于祖禰。」《後漢書・肅宗紀》：「假于祖禰。」此均作「假」者，用《今文尚書》。（詳見本章第13.條之（4））

又：此引作「祖禰」者，俞樾《羣經平議》云：「藝讀爲摯，摯從執聲，古藝字止作埶，《漢書・楚元王傳》注曰：『埶古藝』，〈司馬遷傳〉注曰：『埶，古藝字』，蓋古作埶，後作藝，又作藝，轉相加而愈非古也。是故以藝爲摯，實以埶爲摯，古文以聲爲主，省不從日，亦猶以哥爲歌，以臤爲賢之例也。……《說文》無禰字，字亦通作昵，〈高宗肜日〉篇『典祀無豐于昵』，《釋文》引馬曰：「昵，考也，謂禰廟也」，然則以摯爲禰，猶以昵爲禰。昵即匿之或體，暱與摯並在說文日部，其說解曰『暱，日近也』，摯曰『狎近相慢也』，二字之義相近。考廟最親，有狎近之義，故或謂之摯，或謂之昵，實一義也。」于省吾《尚書新證》「大命不摯」條云：「藝，金文作埶或埶。毛公鼎『埶小大楚賦』，番生段『顗遠能埶』即柔遠能邇。藝邇同音。〈堯典〉『歸、格于藝祖』，藝，《尚書大傳》作禰」蓋「藝」字從埶聲，古音在十五部，禰從爾聲，古音在十五部，高宗肜日之昵，即暱之或體，古音在十五部，故藝、禰古音相同通用，藝爲假借字，禰爲後起形聲字也。俞樾、于省吾之說可從。

又：此作「祖禰」，而《大傳》、《白虎通・三軍》篇作「禰祖」者，皮錫瑞《今文尚書考證》云：「或作禰祖，或作祖禰者，蓋傳本偶異而今文義不異，故《白

虎通》引《書》一作祖禰,一作禰祖。《禮記‧曾子問》曰『諸侯適天子,必告
于祖,奠于禰』,又曰『天子諸侯將出,必以幣帛皮圭告于祖禰』;〈王制〉亦曰
『天子將出,造乎禰』,義雖不備,而與《大傳》、《白虎通》說同。《禮記》與
《夏侯尚書》同一師承,班氏亦習《夏侯尚書》,故《白虎通》兩引《書》
文。」段玉裁《古文尚書撰異》云:「《古文尚書》作藝祖,鄭訓爲文祖;馬王皆云『藝,
禰也』,此據今文以釋古文也。」然則作「禰祖」或「祖禰」者,蓋《今文尚書》
也。作「藝祖」者,《古文尚書》也。蓋金文既以「埶」「蓺」爲「邇」義,則
作「藝」雖字形有譌變,而其基形「埶」實同金文,是古文原應作「藝」。又〈立
政〉云:「大都、小伯、藝人。」魏三體石經作「槸人」,亦可證古文「槸」後
譌變爲「藝」也。皮、段之說皆可從。

41. 詔曰:「蓋君人者,視民如父母。」(〈孝章帝紀〉)

按:〈洪範〉云:「天子作民父母,以爲天下王。」又〈康誥〉云:「若保赤子,
惟民其康文。」此云「視民如父母」者,即檃括〈洪範〉、〈康誥〉之文義。

42. 告常山、魏郡、清河、鉅鹿、平厚、東平郡太守、相曰:「……追惟先帝
勤人之德,底績遠圖,復禹弘業,聖迹滂流,至于海表。不克堂桓,朕
甚慙焉。」(〈孝章帝紀〉)

（1）底績遠圖,復禹弘業,聖迹滂流,至于海表

按:〈禹貢〉云:「覃懷底績。」「和夷底績。」〈立政〉云:「其克詰爾戎兵,以
陟禹之迹;方行天下,至于海表。」此云「底績遠圖,復禹弘業,聖迹滂流,
至于海表」者,即檃括〈禹貢〉、〈立政〉之文也。

　　考《漢書‧地理志》:「昔在黃帝,作舟車以濟不通,旁行天下。」師古曰:
「旁行謂四出而行之。」張衡〈東巡誥〉曰:「旁行海表。」江聲《尚書集注音
疏》云:「方當爲旁之壞字也者,《說文》引《書》曰『旁述屛功』,《白虎通》
引《書》『旁施象刑,維明』,《論衡》引〈甫刑〉『庶僇旁告无辜于天帝』,諸旁
字僞古文皆作亐,《正義》皆改作方。」皮錫瑞《今文尚書考證》據《漢書‧地
理志》與張衡〈東巡誥〉,以爲《今文尚書》作「旁」,古文作「方」。江氏所引
諸旁字,可證皮氏說可信;惟江氏以方乃旁之壞字,未見明證。考敦煌本伯三
三一五《尚書‧堯典》釋文殘卷,「方鳩」作「亐救」,「方命」作「亐命」,注
曰:「馬云:方、放也。」是「亐」爲隸古定字形,馬融已釋爲「方」字,此
爲古文《尚書》原形。蓋「亐」字其實乃「旁」字之異體;《說文》旁字作「𦤣」,

「厶」字即「旁」字省去「方」聲所餘「厂」部分，而後隸定作「厶」。漢代以來，誤以此爲「方」字爾。雖然，作「方」實源出孔壁古文「厶」形，可見其爲源本古文也。此云「滂流」即「方行天下」之義，作「滂」者，蓋亦《今文尚書》之異文。滂，从旁聲，古音同，故可通用。

（2）不克堂桓

按：〈大誥〉云：「若考作室，既厎法，厥子乃弗肯堂，矧肯構。」此云「不克堂桓」，即礜括〈大誥〉文義。

考《漢書・翟義傳》〈莽誥〉曰：「予思若考作室，厥子堂而構之。」〈漢魯峻碑〉云：「承堂弗構。」蔡邕〈祖德頌〉：「克構其堂。」〈司空文烈侯楊公碑〉：「克丕堂構。」〈陳留太守胡公碑〉：「克構克堂。」章帝學《歐陽尚書》、蔡邕書《石經》用小夏侯本，則此諸碑所用，當爲夏侯本，則《今文尚書》中「肯」並作「克」也。此引作「不克堂桓」，注云：「厥子乃不肯堂，矧肯桓。」亦作「桓」者，乃宋人避高宗諱改之，非《今文尚書》之異文也，〈莽誥〉、蔡邕書諸碑作構可證。又今僞孔本《尚書》作「弗」，〈魯峻碑〉亦作「弗」，而此作「不」者，考《詩・大雅・文王有聲》鄭箋引《書》曰：「我有後，弗弃基。」《詩・正義》引鄭《書》注曰：「我有後子孫不廢弃我基業乎？」由是考之，作「弗」字爲《古文尚書》，作「不」者，或爲今文本，鄭玄以今文釋古文也。不、弗二字廣韻同在入聲物韻，同分勿切；不，段氏入一部，弗入十五部，段注「不」字云：「義之殊，則不輕弗重，如嘉肴弗食，不知其旨；至道弗學，不知其善之類可見。」然考二字或韻部不同，而聲紐則古同屬幫紐，義不盡同而亦相近，《公羊傳》『弗者，不之深也』，即其明證；故二字古多通作。

43. 壬戌，詔曰：「朕聞明君之德，啟迪鴻化，緝熙康乂，光照六幽；訖惟人面，靡不率俾，仁風翔于海表，威霆行乎鬼區；然後敬恭明祀，膺五福之慶，獲來儀之貺。」（〈孝章帝紀〉）

（1）緝熙康乂

按：〈康誥〉云：「若保赤子，惟民其康乂。」此云「康乂」者，即引〈康誥〉之文。

（2）靡不率俾

按：〈君奭〉云：「丕冒海隅日出，罔不率俾。」此云「靡不率俾」，即引〈君奭〉之文。作「靡」者，「罔」、「靡」同屬明紐，義亦相近，故相通作。

（3）仁風翔于海表

按：〈立政〉云：「方行天下，至于海表。」此云「仁風翔于海表」即引〈立政〉之文。

（4）膺五福之慶

按：〈洪範〉云：「次九、曰嚮用五福，威用六極。」又曰：「九、五福：一曰壽、二曰富、三曰康寧、四曰攸好德、五曰考終命。」此云「膺五福之慶」，即用〈洪範〉之文義。

（5）獲來儀之貺

按：〈皋陶謨〉云：「簫韶九成，鳳凰來儀。」此云「獲來儀之貺」者，即引〈皋陶謨〉之文。

44. 平傜簡賦，而人賴其慶。（〈孝章帝紀〉）

按：〈呂刑〉云：「一人有慶，兆民賴之。」此云「人賴其慶」者，即檃括〈呂刑〉之文也。

45. 故乃蕃輔克諧，羣后德讓。（〈孝章帝紀〉）

按：〈堯典〉云：「瞽子。父頑、母嚚、象傲，克諧以孝，烝烝乂，不格姦。」此云「蕃輔克諧」者，即引〈堯典〉「克諧以孝」之文也。偽孔傳云：「言能以至孝和諧頑嚚昏傲，使進進以善自治，不至於姦惡。」則是以「克諧以孝」為句。然考之漢魏諸書史及碑銘，皆以「克諧」為句，「以孝烝烝」為句（說見本章27.條），故此云「蕃輔克諧」，其句讀即不與偽孔本同。況就義而言，蕃輔亦不應以孝和諧之，蓋孝者奉親老，蕃輔非親老也。據此益證偽孔本之誤矣。

又：〈皋陶謨〉云：「虞賓在位，羣后德讓。」此云「羣后德讓」者，正引〈皋陶謨〉之文。

46. 閏月丙子，詔曰：「……非朕小子眇身所能克堪。有司其案舊典，告類薦功，以章休烈。」（〈孝和帝紀〉）

按：〈顧命〉曰：「王再拜興，答曰：『眇眇予末小子，其能而亂四方，以敬忌天威』。」此云「小子眇身」即檃括〈顧命〉之文。

又：〈堯典〉云：「肆類于上帝。」此云「告類」即引〈堯典〉之文。

47. 詔曰：「……豈非祖宗迪哲重光之鴻烈歟？」（〈孝和帝紀〉）

按：〈無逸〉云：「自殷王中宗，及高宗及祖甲，及我周文王，茲四人迪哲。」此云「迪哲」即引〈無逸〉文。

又：〈顧命〉云：「昔君文王、武王，宣重光。」此云「重光」即引〈顧命〉文。

48. 詔曰：「朕以眇末，承奉鴻烈。陰陽不和，水旱違度，濟河之域，凶饉流亡。……惟官人不得於上，黎民不安于下。」（〈孝和帝紀〉）

按：〈顧命〉云：「眇眇予末小子。」此云「朕以眇末」，即檃括〈顧命〉之文。

又：〈禹貢〉云：「濟河惟兗州。」此云「濟河之域」即引〈禹貢〉之文。

又：〈皋陶謨〉云：「知人則哲，能官人；安民則惠，黎民懷之。」此云「官人不得於上，黎民不安于下」者，即檃括〈皋陶謨〉之義。

49. 詔曰：「元首不明，化流無良，政失於民，譴見于天。深惟庶事，五教在寬。」（〈孝和帝紀〉）。

按：〈皋陶謨〉云：「元首明哉，股肱良哉，庶事康哉。」此云「元首不明」，即檃括〈皋陶謨〉之文。

又：〈堯典〉云：「汝作司徒，敬敷五教，在寬。」此云「五教在寬」者，即引〈堯典〉之文也。此引「五教」與「在寬」句讀連屬，與今僞孔本不同，蓋今本「五教」二字爲後人所敓奪，唐初以前古今文本均重「五教」二字也。（詳見本章第 27.條之（2））

50. 詔曰：「蝗蟲之異，殆不虛生；萬方有罪，在予一人，而言事者專咎自下，非助我者也。朕寤寐恫矜，思弭憂譽。昔楚嚴無災而懼，成王出郊而反風。」（〈孝和帝紀〉）

（1）萬方有罪，在予一人

按：《墨子・兼愛中》引傳曰：「雖有周親，不若仁人，萬方有罪，在予一人。」所引爲〈周書〉逸文，而《論語》亦引之；此云「萬方有罪，在予一人」者，即〈周書〉逸文也。（說見本章 6.條）

（2）朕寤寐恫矜

按：〈康誥〉云：「王曰：『嗚呼，小子封，恫瘝乃身。』」此云「恫矜」者，即引〈康誥〉文。

考《書》正義引鄭注曰：「恫瘝乃身，刑罰及己爲痛病。」章懷太子注曰：「《尚書》曰：『恫矜乃身』。孔安國注曰：『恫，痛也；矜，病也；言如痛病在身，欲除之也。』」段玉裁《古文尚書撰異》云：「據《後漢書》注蓋唐初本尚作矜，古書鰥字多作矜，可證瘝之爲俗字矣。或疑郭注引《書》已作瘝，玉裁以爲郭注瘝字恐是俗改，本當作鰥也。」王鳴盛《尚書後案》云：「鄭以恫爲

痛者，〈釋言〉文；又以瘝爲病者，鄭本必作鰥也。釋詁『鰥，病也』，與鰥寡字同从魚，不从广，後人以其訓病，故从广。」王氏據《爾雅》謂鄭本作鰥，其說可信；是古文本作鰥，作瘝者後人所改。又此引作「矜」者，蓋《今文尚書》如此，和帝學歐陽《尙書》，故此用今文；且其下云「恤鰥寡，矜孤弱」，鰥與矜二字之用法，顯明有異，並未混用，可證此作矜非通用之例。又李賢注作「矜」，乃順《後漢書》文耳。古文本作「鰥」，變作「瘝」，無由作矜者。今本號稱古文，必不作「矜」可知。段氏據李注言唐初本尙作矜，其說未允。

（3）成王出郊而反風

按：〈金縢〉云：「王出郊，天乃雨。反風，禾則盡起。」此云「成王出郊而反風」，即引〈金縢〉之文。

51. 詔曰：「……朕痛心疾首，靡知所濟。」（〈孝和帝紀〉）

按：〈大誥〉曰：「予惟小子，若涉淵水，予惟往求朕攸濟。」此云「靡知所濟」，即隱括〈大誥〉之文。

52. 皇太后詔曰：「皇帝幼沖，承統鴻業，朕且權佐助聽政，兢兢寅畏，不知所濟。」（〈孝殤帝紀〉）

按：〈皋陶謨〉云：「兢兢業業，一日二日萬幾。」又〈無逸〉云：「嚴恭寅畏。」此云「兢兢寅畏」，即引〈皋陶謨〉、〈無逸〉之文。

又：〈大誥〉云：「予惟小子，若涉淵水，予惟往求朕攸濟。」此云「不知所濟」者，即隱括〈大誥〉之文。

53. 又作策命曰：「……其審君漢國，允執其中。一人有慶，萬民賴之。皇帝其勉之哉。」（〈孝安帝紀〉）

按：〈呂刑〉曰：「一人有慶，兆民賴之。」此云「一人有慶，萬民賴之」者，即引〈呂刑〉之文。

　　考《大戴‧保傅》篇：「《書》曰：『一人有慶，萬民賴之』」《禮記‧緇衣》：「〈甫刑〉曰：『一人有慶，兆民賴之』」《左傳‧襄公十三年》：「《書》曰：『一人有慶，兆民賴之，其寧惟永。』」《淮南子‧主術訓》：「《書》曰：『一人有慶，萬民賴之。』」《漢書‧刑法志》曰：「所謂一人有慶，萬民賴之者也。」《漢書‧賈誼傳》：「《書》曰：『一人有慶，兆民賴之。』」《三國志‧王朗傳》：「《易》稱敕法，《書》著祥刑，一人有慶，兆民賴之，愼法獄之謂也。」《左傳》引作「兆民」，與今本同，則古文當作「兆」矣。王朗受歐陽之學，作「兆」，班固用小

夏侯之學於刑法志作「萬」，而於賈誼傳作「兆」，可見《今文尚書》「兆」、「萬」，時多互用，或三家異文。《左傳・閔公元年》傳曰：「天子曰兆民，諸侯曰萬民。」是二字對文則有異，而散文則可通也。

54. 詔曰：「昔在帝王，承天理民，莫不據琁璣玉衡，以齊七政。」(〈孝安帝紀〉)

按：〈堯典〉云：「在璿璣玉衡，以齊七政。」此云「莫不據琁機玉衡，以齊七政」，即引〈堯典〉之文也。其引璿作琁，二字於說文為重文，古音同在十四部，故通用。又引作機者，段玉裁《古文尚書撰異》云：「機，唐石經已下皆作機，此因上璿從玉旁而誤也。《釋文》於璿曰『音旋』，並無璣音機之文，而〈禹貢〉璣字則詳釋之，可知陸德明本作機，人所共識，故不為音也。鄭注曰『轉運者為機，持正者為衡』，馬融曰『旋機，渾天儀，可轉旋』，偽孔曰『機衡，王者正天文之器，可運轉者』，諸家皆無『機讀為機』為語，可知機者誤字耳。又《爾雅・釋詁》郭注『《書》曰「在璿機玉衡」』，《釋文》『璿音旋，又作璇』，玉裁按機字無音者，蓋陸本作機也。」然則作「機」者乃《尚書》之本然，今本作機乃後人涉上璿字玉旁而誤，段說可從。

55. 詔曰：「……灾異蜂起，寇賊縱橫，夷狄猾夏，戎事不息。」(〈孝安帝紀〉)

按：〈堯典〉云：「蠻夷猾夏，寇賊姦宄。」此云「夷狄猾夏」者，即引〈堯典〉之文；而作「夷狄」者，蓋蠻夷戎狄皆外族之通稱，故通用。

56. 夏四月乙丑，車駕入宮，假于祖禰。(〈孝安帝紀〉)

按：〈堯典〉云：「歸，格于藝祖，用特。」此作「假于祖禰」者，用《今文尚書》也。(說見本章第40條)

57. 庚申、幸宛、帝不豫。(〈孝安帝紀〉)

按：〈金縢〉云：「既克商二年，王有疾、弗豫。」此云「帝不豫」，即引〈金縢〉之文。此引作「不」者，皮錫瑞《今文尚書考證》云：「今文弗作不。《史記・晉世家》曰：『武王克殷二年，天下未集，武王有疾，不豫。』錫瑞按：史公以為十一年紂殷，則克商二年為十三年，即王訪箕子之歲也。《今文尚書》作『不豫。』《論衡・死偽》篇、〈卜筮篇〉、〈知實篇〉引經與《史記》同，《漢書・韋元成傳》匡衡禱高祖等廟曰：『今皇帝有疾不豫。』《白虎通》、《續漢書・禮儀志》皆云『不豫』；蔡邕〈和熹鄧后諡議〉曰：『遭疾不豫。』」段玉裁《古文尚

書撰異》曰：「弗，《史記‧魯周公世家》作不，《論衡‧死僞》篇亦作不，司馬彪《禮儀志》亦作『不豫』，是《今文尚書》作不也。而《釋文》云：『書序武王有疾』，馬本作『有疾不豫』，《說文》引〈周書〉『有疾不悆』，是《古文尚書》亦作「不」也。蓋『弗』、『不』二字淆亂者多矣。」段說是也。皮氏未取古文，遂遽論定，致有是誤。

58. **論曰：……既云哲婦，亦惟家之索矣。**（〈孝安帝紀〉）

　　按：〈牧誓〉云：「古人有言曰：『牝雞無晨。牝雞之晨，惟家之索。』」此云「亦惟家之索」者，正引〈牧誓〉之文也。

59. **詔曰：「《書》稱『安民則惠』」**（〈孝順帝紀〉）

　　按：〈皋陶謨〉云：「安民則惠，黎民懷之」此引《書》稱者，即〈皋陶謨〉文。李賢注引《尚書》曰：「安人則惠，黎人懷之。」作「人」者，避太宗諱而改。

60. **詔曰：「……《書》歌股肱，《詩》刺三事。」**（〈孝順帝紀〉）

　　按：〈皋陶謨〉曰：「乃歌曰：『股肱喜哉！元首起哉！百工熙哉！』」又「乃賡載歌曰：『元首明哉！股肱良哉！庶事康哉！』」又歌曰：『元首叢脞哉！股肱惰哉！萬事墮哉！』」此云「《書》歌股肱」，即檃括〈皋陶謨〉其文。

61. **制詔曰：「昔我太宗，丕顯之德，假于上下；儉以恤民，政致康乂。」**（〈孝順帝紀〉）

　　按：〈堯典〉云：「光被四表，格于上下。」此云「假于上下」，即引〈堯典〉之文。而作「假」者，用《今文尚書》如此。（說見本章第 12.條之（4））

　　又：〈康誥〉云：「若保赤子，惟民其康乂。」此云「政致康乂」者，即引〈康誥〉之文。

62. **詔曰：「昔堯命四子，以欽天道；鴻範九疇，休咎有象。……《書》云：『明德慎罰』方春東作，育微敬始。其勅有司，罪非殊死，且勿案驗，以崇在寬。」**（〈孝質帝紀〉）

　　（1）堯命四子，以欽天道

　　按：〈堯典〉曰：「乃命羲、和，欽若昊天，曆象日月星晨，敬授人時。」而〈堯典〉後文有「分命羲仲」、「申命羲叔」、「方命和仲」、「申命和叔」，是合共有四人也。此云「堯命四子，以欽天道」者，即檃括〈堯典〉之文。

（2）鴻範九疇，休咎有象

按：〈洪範〉曰：「天乃錫禹〈洪範〉九疇，彝倫攸敘。」又云：「曰休徵：曰肅，時雨若；曰乂，時暘若；曰哲，時燠若；曰謀，時寒若；曰聖，時風若。曰咎徵：曰狂，恒雨若；曰僭，恒暘若；曰豫，恒燠若；曰急，恒寒若；曰蒙，恒風若。」此云「〈洪範〉九疇，休咎有象」者，即隱括〈洪範〉之文。

（3）《書》云「明德慎罰」

按：〈康誥〉云：「惟乃丕顯考文王，克明德慎罰。」此稱《書》云者，即為〈康誥〉之文。

（4）方春東作

按：〈堯典〉云：「寅賓出日，平秩東作。」此云「方春東作」者，即引〈堯典〉之文。

（5）以崇在寬

按：〈堯典〉云：「汝作司徒，敬敷五教，在寬。」此云「以崇在寬」，即引〈堯典〉之文。

63. 詔曰：「……遠覽『復子明辟』之義。」（〈孝桓帝紀〉）

按：〈洛誥〉云：「周公拜手稽首，曰：『朕復子明辟。』」此云「復子明辟」者，即〈洛誥〉之文。

64. 詔曰：「……政亂在予，仍獲咎徵。」（〈孝桓帝紀〉）

按：〈洪範〉云：「曰咎徵：曰狂，恒雨若；曰僭，恒暘若；曰豫，恒燠若；曰急，恒寒若；曰蒙，恒風若。」此云「咎徵」者，即引用〈洪範〉之文。

65. 贊曰：……徵亡備兆。（〈孝靈帝紀〉）

按：〈洪範〉曰：「次八，曰念用庶徵。」又曰：「一極備凶。」此云「徵亡備兆」者，即隱括〈洪範〉之義也。

66. 復〈禹貢〉九州。（〈孝獻帝紀〉）

按：〈禹貢〉篇中有九州，即冀州、兗州、青州、徐州、揚州、荊州、豫州、梁州、雍州。又曰：「九州攸同」，即此也。

67. 贊曰：獻生不辰，身播國屯。終我四百，永作虞賓。（〈孝獻帝紀〉）

按：〈皋陶謨〉云：「虞賓在位，羣后德讓。」虞賓謂堯之子丹朱，於虞舜在位

時，處於賓位也。此云「永作虞賓」，即引〈皋陶謨〉之文。

68. 「婦人雖無從死之義，然周公身請武王之命，越姬心誓必死之分。」（〈皇后紀〉）

按：〈金縢〉云：「公乃自以爲功，爲三壇同墠，爲壇於南方北面，周公立焉。植璧秉珪，乃告太王、王季、文王。史乃冊祝曰：『惟爾元孫某，遘厲虐疾，若爾三王，是有丕子之責于天，以旦代某之身。』」此云「周公身請武王之命」者，即檃括〈金縢〉之義也。

69. 太后諒闇既終。（〈皇后紀〉）

按：〈無逸〉云：「其在高宗，時舊勞于外，爰暨小人，作其即位，乃或亮陰，三年不言。」此云「諒闇」者，即〈無逸〉之文也。

考《論語‧憲問》：「子張曰：『《書》云：「高宗諒陰，三年不言。」何謂也？』」《集解》引孔曰：「諒，信也；陰猶默也。」《禮記‧喪服四制》：「《書》云：『高宗諒闇，三年不言。』善之也。」鄭注：「諒古作梁，楣謂之梁；闇讀如鶉鷯之鷯，謂廬也。」《尚書大傳》云：「《書》曰：『高宗梁闇，三年不言。』何謂梁闇也？傳曰：高宗居倚廬，三年不言，百官總己以聽於冢宰而莫之違，此之謂梁闇。」《史記‧魯世家》：「作其即位，乃有亮闇。」《淮南‧泰族訓》：「高宗諒陰，三年不言。」《白虎通‧爵》篇：「《尚書》曰：『高宗亮闇，三年。』」《論衡‧儒增》篇：「孔子曰：『言不文，或時不言，高宗諒陰三年，三年不言，尊爲天子。』」《漢書‧元后傳》：「思慕諒闇」。又云：「諒闇已畢」。又〈師丹傳〉：「諒闇不言」。《王吉傳》：「臣聞高宗諒闇，三年不言」。《漢書‧五行志》：「殷道既衰，高宗承敝而起，盡涼陰之哀，天下應之。」《詩‧商頌譜正義》引鄭康成注〈無逸〉云：「諒闇轉作梁闇，楣謂之梁；闇，廬也。小乙崩，武丁立，憂喪三年之禮，居倚廬柱楣，不言政事。」段玉裁《古文尚書撰異》云：「諒、涼、亮、梁，古四字同音，不分平仄也。闇、陰古二字同音，在侵韻，不分侵覃也。《大傳》釋梁闇爲居廬；鄭注闇讀如鶉鷯之鷯，謂廬也，其注《禮記》《尚書》皆用《大傳》說。上字讀爲梁，讀爲者易其字也；下字讀如鷯，讀如者釋其音也。〈大雅〉「涼彼武王」，《韓詩》作「亮」。《白虎通》〈釋禪〉於梁甫之義云：『梁，信也。』然則古同音通用之法可見矣。」亮、諒、涼、梁均爲來紐，第十部；陰、闇同屬於紐七部，故古同音通用，段說可從。

　　班固習《小夏侯尚書》，而《禮記》與《夏侯尚書》同出夏侯始昌，是以《漢書》、《白虎通》並作「諒闇」，與〈喪服四制〉同，則夏侯本作「諒闇」也；而〈五行傳〉作「涼陰」，師古曰：「涼，讀曰諒，一說涼陰謂居喪之廬。」則夏侯本一作「涼陰」。

　　《史記‧魯世家》作「亮闇」，史遷撰述多用《歐陽尚書》，則《歐陽尚書》作「亮闇」。而《後漢書‧張禹傳》引禹上書云：「方諒闇密靜之時。」作「諒闇」，《東觀漢記》云：「禹好學，習《歐陽尚書》。」則歐陽本一作「諒闇」，與夏侯同，《論衡》作「諒陰」，皮錫瑞《今文尚書考證》以爲王充習《歐陽尚書》，則歐陽本一作「諒陰」。《論語‧憲問》引《書》作「諒陰」，孔安國注云「諒、信；陰猶默也。」則是《古文尚書》作「諒陰」。《公羊傳‧文公九年》注：「子張曰：『《書》云：高宗諒闇。』」《後漢書‧張禹傳》注引鄭玄《論語》注：「諒闇謂凶廬也。」皆引《論語》之文而字異者，考張禹編次《論語》，本之《魯論》，兼考齊、古，今本作「諒陰」既爲古文，則作「諒闇」者必爲今文《魯論》也。且一九七三年大陸定州八角廊漢墓出土竹簡《論語》，經研究其爲西漢中山懷王劉脩墓中所有，其本屬《魯論語》系，其中有「書云：□□□音」一句，作「音」字，應爲「闇」字之同音通用或省寫，可見《魯論語》本作「闇」也。《大傳》引《書》作「梁闇」，又云：「高宗居倚廬，三年不言。」則《今文尚書》一作「梁闇」，解作「凶廬」。考《爾雅‧釋宮》云：「楣謂之梁。」《儀禮‧喪服傳》曰：「居倚廬，寢苫枕堤。」《左傳‧襄公十七年》曰：「齊晏桓子卒，晏嬰麤縗斬，苴絰帶，杖菅屨，食鬻，居倚廬，寢苫枕草。」則倚廬居喪，古制如此，《大傳》之說，蓋本古義也。《白虎通‧喪服》云：「所以必居倚廬何？孝子哀，不欲聞人之聲，又不欲居故處，居中門之外，倚木爲廬，質反古也。」惠棟《禮說》引葛洪曰：「長梁謂之柱楣，楣亦名梁，既葬泥之，障以蔽風。」鄭注〈喪服四制〉：「楣謂之梁；闇，謂廬也。」則以楣訓梁，以廬訓闇，爲漢人舊說，皆源《大傳》古義也。《大傳》作「梁闇」，用其本字，作諒、涼、亮，陰者，均借字也。鄭注〈無逸〉及〈喪服四制〉，皆以「諒闇」爲凶廬，與《大傳》說同，則鄭氏用今文之說也。

　　今本《尚書》作「亮陰」，王先謙《尚書孔傳參正》卷二十四：「〈魯世家〉集解引馬云：『亮、信也，陰、默也。爲聽於冢宰，信默而不言。』」今本《集解》未見此語，孫星衍《尚書今古文注疏》謂馬注見《春秋左傳》隱元年疏，今左隱元年疏但云《尚書傳》，則孫氏以爲此乃馬融《尚書傳》。《史記‧夏本紀》引馬融注《尚書‧皋陶謨》「亮采有邦」曰：「亮，信；采事也。」則馬融訓「亮」

爲「信」，誠爲事實。又考《晉書》卷二十·志第十·〈禮中〉所載晉泰始十年，尚事杜預造議，奏曰：「……易曰『上古之世喪期無數』，〈虞書〉稱『三載，四海遏密八音』，其後無文。至周公旦，乃稱『殷之高宗諒闇，三年不言』。其傳曰：『諒，信也；闇，默也』。下逮五百餘歲，而子張疑之，以問仲尼。仲尼答云：『何必高宗，古之人皆然，君薨，百官總己以聽於冢宰三年。』周景王有后、世子之喪，既葬除喪而樂。晉叔嚮譏之曰：「三年之喪，雖貴遂服，禮也。王雖弗遂，宴樂已早，亦非禮也。」此皆天子喪事見於古文者也。稱高宗不云服喪三年，而云諒闇三年，此釋服心喪之文也。」

而《通典·禮典》卷八十〈凶禮二·總論喪期〉載晉博士段暢重申杜元凱議曰：「《尚書·毋逸》云：『高宗亮陰，三年不言』。諸儒皆云『亮陰，默也』。唯鄭玄獨以亮闇爲凶廬。今據諸儒爲正，明高宗既卒哭，即位之後，除縗麻，躬行信默，聽於冢宰，以終三年也。言即位，以明免喪之後，素服心喪，謂之諒闇，故杜議曰『天子居喪，齊斬之情，菲杖絰帶，當其遂服，葬而除服，諒闇以終三年也』。《國語·楚語》及《論語》、《禮記·坊記》、〈喪服四制〉，皆說高宗之義，大體無異。唯《尚書大傳》以諒闇爲凶廬，蓋東海伏生所說，鄭玄之所依，博而考之，義既不通；據經所言，是唯天子居凶廬，豈合禮制？代俗皆謂大祥後禫時爲諒闇，《漢記》稱和熹鄧皇后居母喪，縞素，不食肉，亦曰『諒闇』，此乃古今之通言，信默者爲得之也。」

杜預所云「傳曰」，按應非今日所謂僞孔傳，《尚書大傳》、鄭玄既解做「梁闇」，則最可能主此說者，當爲馬融。蓋馬融解《尚書·無逸》「亮陰」，取孔安國所注《論語》之說也。故馬本《尚書》作「亮陰」，文字雖與孔安國注《古論》不同，然解說則一，今僞孔本作「亮陰」，當爲據馬本古文之說。

王先謙《尚書孔傳參正》云：「梁闇者，倚廬而柱楣者也。父母之喪，無貴賤一也。蓋天子至士，喪禮皆同其制，漢人舊說皆以梁闇爲居喪，馬解爲信默，則認叚借之字爲本字矣。」其說至允。今此引作「諒闇」，與《禮記》、《漢書》、《鄭注本》同，而亦作居喪解，則是用今文之說，與馬融注古文及僞孔本不同也。

70. 平望侯劉毅以太后多德政，欲令早有注記，上書安帝曰：「……孝悌慈仁，允恭節約，杜絕奢望之源，防抑逸欲之兆。」」（〈皇后紀〉）

按：〈堯典〉云：「允恭克讓。」此云「允恭」者，即引〈堯典〉之文。

又：〈皋陶謨〉云：「無教逸欲有邦。」此云「逸欲」者，即引〈皋陶謨〉之文。

71. 「……惻隱之恩，猶視赤子，克己引衍，顯揚仄陋，崇晏晏之政，敷在寬之教。」（〈皇后紀〉）

（1）猶視赤子

按：〈康誥〉曰：「若保赤子，惟民其康乂。」此云「猶視赤子」者，即櫽括〈康誥〉之文。

（2）顯揚仄陋

按：〈堯典〉云：「明明揚側陋。」此云「顯揚仄陋」者，即櫽括〈堯典〉之文。側，仄同阻力切，古音同義近，故可通用。

（3）崇晏晏之政

按：〈堯典〉云：「曰若稽古帝堯，曰放勳，欽、明、文、思、安安。」此云「崇晏晏」者，即引〈堯典〉之文。

考《後漢書·馮衍傳》〈顯志賦〉曰：「思唐虞之晏晏。」注引《尚書·考靈耀》云：「放勳、欽、明、文、思、晏晏。」《後漢書·第五倫傳》曰：「體晏晏之姿。」注引《尚書·考靈耀》曰：「堯文寒晏晏。」又〈陳寵傳〉曰：「宏崇晏晏。」注引《尚書·考靈耀》曰：「堯聰、明、文、寒、晏晏。」又〈邳彤子壽附傳〉，何敞上疏曰：「誠不欲聖朝行誹謗之誅，以傷寒晏之化。」注引鄭玄注《尚書·考靈耀》云：「道德純備謂之寒，寬容覆載謂之晏。」崔瑗〈司隸校尉箴〉曰：「昔唐虞晏晏，庶績以熙。」蔡邕《司空袁逢碑》：「其惠和也晏晏然。」《論衡·恢國》篇：「唐之晏晏。」漢儒所引，並作晏晏，緯書乃今文之學，《考靈耀》作「晏」，則作「晏晏」者《今文尚書》也。晏從安聲，古音同，故相通用。漢書古今人表晏孺子，即《左傳》之安孺子，是其證。《爾雅·釋訓》無「安安」一詞，而有「晏晏」，訓為「柔也」，或《爾雅》成書時未見古文《尚書》也。

（4）敷在寬之教

按：〈堯典〉云：「敬敷五教，在寬。」此云「敷在寬之教」者，即櫽括〈堯典〉之文。

72. 「……若善政不述，細異輒書，是為堯湯負洪水大旱之責，而無咸熙假天之美；高宗成王有雉雊迅風之變，而無中興康寧之功。上考詩書，有虞二妃。」（〈皇后紀〉）

（1）堯湯負洪水大旱之責，無咸熙假天之美

按：〈堯典〉云：「帝曰：『咨，四岳，湯湯洪水方割，蕩蕩懷山襄陵，浩浩滔天。』」，

又云：「三載考績，三考黜陟幽明，庶績咸熙。」〈君奭〉云：「我聞在昔成湯既受命，時則有若伊尹，格于皇天。」此云「堯湯負洪水大旱之責，而無咸熙假天之美」者，即隱括〈堯典〉、〈君奭〉之義。此引作「假天」者，用《今文尚書》。（詳見本章第 12. 條之（4））

（2）高宗成王有雊雉迅風之變

按：〈高宗肜日〉云：「〈高宗肜日〉，越有雊雉。」又〈金縢〉云：「秋大熟，未獲，天大雷電以風。禾盡偃，大木斯拔。」此云「雊雉迅風」者，即隱括〈高宗肜日〉、〈金縢〉之義也。此以高宗之雊雉與成王迅風對舉，則是以雊雉之變生於高宗之時。《尚書大傳》云：「武丁祭成湯，有飛雉升鼎耳而雊，武丁問諸祖己，祖己曰：『雉者野鳥也，不當升鼎，今升鼎者欲爲用也。遠方將有來朝者乎？』故武丁內反諸己，以思先王之道。」《史記‧殷本紀》亦云：「帝武丁祭成湯，明日有飛雉升鼎耳而呴」，書序之說略同，則是漢儒皆以「雊雉」在高宗之時也。近人王國維著〈高宗肜日說〉以爲「雊雉」乃祖庚祭高宗之廟時事，其說至允。（見《觀堂集林》卷 15 頁）

（3）有虞二妃

按：〈堯典〉云：「帝曰：『我其試哉！』女于時，觀厥刑于二女。釐降二女于嬀汭，嬪于虞。」此云「有虞二妃」，蓋隱括〈堯典〉之文。

73. 「未有內遇家難，外遇灾害，覽總大麓，經營天物……。」（〈皇后紀〉）
按：〈堯典〉云：「納于大麓，烈風雷雨弗迷。」此云「大麓」者，即引〈堯典〉之文。

　　考《尚書大傳》云：「堯推尊舜，屬諸侯焉，致天下爲大麓之野。」鄭注云：「山足曰麓。麓者錄也，古者天子命大事、命諸侯，則爲壇國之外；堯聚諸侯，命舜陟位居攝，致天下之事，使大錄之」《史記‧五帝本紀》：「堯使舜入山林川澤，暴風雷雨，舜行不迷，堯以爲聖。」又曰：「舜入於大麓，烈風雷雨不迷，堯乃知舜之足授天下。」《漢書‧王莽傳》：「予前在麓，至於攝假。」又曰：「張竦草奏莽曰：『秉冡宰職，慎安國家，四海輻湊，靡不得所，《書》曰：「納于大麓，烈風雷雨不迷。」公之謂也。』」《漢書‧于定國傳》：「上（元帝）報定國曰：「萬方之事，大麓于君。」《後漢書‧竇憲傳》班固〈燕然山銘〉：「納于大麓，維清緝熙。」《後漢書‧劉愷傳》陳忠上疏薦愷曰：「臣聞三公上則台階，下象山岳，股肱元首，鼎足居職，協和陰陽，調和五品，考力量才，以序庶僚，遭烈風不迷，遇迅雨不惑，位莫重焉。」《論衡‧吉驗篇》：「使入大麓之野，虎

狼不搏，蝮蛇不噬，逢烈風疾雨，行不迷惑。」《論衡‧正說篇》：「又曰：賓于四門，四門穆穆，入于大麓，烈風雷雨不迷，言大麓三公之位也，居一公之位，大總錄二公之事，眾多並告，若疾風大雨。夫聖人才高，未必相知也。聖成事，舜難知佞，使皋陶陳知人之法，佞難知，聖亦難別，堯之才猶舜之知也。舜知佞，堯知聖；堯聞舜賢，四嶽舉之，心知其奇而未必知其能，故言我其試哉！試之於職，妻以二女，觀其夫婦之法，職治修而不廢，夫道正而不僻，復令入大麓之野，而觀其聖，逢烈風疾雨，終不迷惑，堯乃知其聖，授以天下。夫文言觀試，觀試其才也，說家以為譬喻增飾，使事失正，是皆失實之說也。」桓譚《新論》曰：「昔堯試舜於大麓者，領錄天下事，如今《尚書》官矣。」蔡邕〈太尉汝南李公碑〉曰：「外則折衝，內則大麓。」《尚書‧堯典釋文》云：「麓，音鹿，王云：錄也。馬鄭云：「山足也。」《風俗通‧山澤》篇：「麓，謹案《尚書》堯禪舜，納于大麓，麓、林屬於山者也。」並說此事，綜而言之，蓋有二說：其一以為山足，其二以為總錄萬機。大傳以為「致天下之於大麓之野」，此「總錄萬機」之說，伏生為今文之祖，三家說書當同之，然《史記》以「大麓」為山林川澤，史公時《尚書》唯有歐陽氏學，然史公嘗從孔安國問《古文尚書》，故山林川澤之說，未必出於今文；且伏生既授歐陽生，歐陽生授兒寬，寬又從孔安國授業，以授歐陽生之子，是歐陽氏之學中，或安國之古文說存焉，《論衡‧吉驗篇》、《正說篇》之說與史公同，《論衡‧書解篇》於《書》家獨舉歐陽公孫，是其治《歐陽尚書》之明證，於正說篇中更力攻大麓為三公位之說，以為「辟喻增飾，使事失正」，則可見歐陽氏之說與史公所說同。且馬鄭注《古文尚書》均以「山足」解之。合而推之，則歐陽氏之說「大麓」，乃旁取安國古文為之，故與古文同也。

《漢書‧于定國傳‧元帝報定國書》云「大錄于君」，則元帝用「總錄萬機」之說；考《漢書‧儒林傳》，周堪與孔霸俱事夏侯勝，霸為博士，論於石渠，後以大中大夫授太子，太子即元帝也，是元帝所學為《大夏侯尚書》可知，時于定國為丞相，凡三公丞相，皆可云大錄。

桓譚《新論》以試為大麓為領錄《尚書》事，《新論》稱秦延君能說〈堯典〉，延君固從張山拊受《小夏侯尚書》，則是新論本者為小夏侯之論也；且班孟堅、蔡伯偕皆用小夏侯而亦作「大錄萬機」解，更可見小夏侯本如此，與大夏侯同。考《論衡》用歐陽而攻異說，此異者必為博士今文家言，歐陽之外唯大小夏侯矣，是則大小夏侯說同也。

鄭注《尚書》解為「山足」，注《書》序〈舜典〉云：「入麓伐木。」，而

注《大傳》則先曰「山足曰麓」，後更言「致天下事，使大錄之」，二者前後相反，段玉裁以爲鄭玄注《大傳》皆用今文家說，且以此文推之，則是鄭意以爲本當作山足解，而《大傳》爲今文，故旁取今文說解之，俾與注文相合。王肅注《古文尚書》云「麓，錄也」，肅好與鄭立異，故不與鄭君山足之說而訓爲「大錄」也。

今僞孔傳云「麓，錄也，納舜使大錄萬機之政」，則是用夏侯今文之說，其號稱古文而用今文，自顯其失也。衡乎二說，以古文「山足」之訓爲長。段大今《古文尚書撰異》云：「此二句亦歷試之一事，見其勤勞，櫛風沐雨，俗儒必欲例上文三事而更上之，則訓爲大錄萬機，烈風雷雨乃成謎語。」可謂一針見血之論；《論衡》以爲「譬喻增飾，使事失正」者，良有已也。然則此云「覽總大麓」，正用伏生夏侯之說。

74.「……勒勳金石，縣之日月，攄之罔極，以崇陛下烝烝之孝。」(〈皇后紀〉)

按：〈堯典〉云：「克諧以孝，烝烝乂，不格姦。」此云「烝烝之孝」者，即檃括〈堯典〉文。此以烝與孝連屬，與今僞孔本句讀不同，乃先秦漢魏相傳如此，僞孔本誤讀妄訓也。(詳見本章第26.條)

75. 論曰：「鄧后稱制終身，號令自出，術謝前政之良，身闕明辟之義。」(〈皇后紀〉)

按：〈洛誥〉云：「周公拜稽首曰：『朕復子明辟。』」此云「身闕明辟之義」者，即引〈洛誥〉「復子明辟」之文也。

76. 后忿恚詈言曰：「汝今輈張，怙汝兄耶？」(〈皇后紀〉)

按：〈無逸〉云：「民無或胥譸張爲幻，此厥不聽，人乃訓之。」此云「輈張」者，即〈無逸〉之「譸張」也。

考《玉海・音樂類》引《尚書大傳》云：「樂曰：舟張辟雍，鶬鶬相從，八風回回，鳳皇喈喈。」《說文・言部》譸字云：「譸，訓也。从言壽聲，讀若醻。〈周書〉『無或譸張爲幻。』」又予部𢌞字云：「𢌞，相詐惑也。从反予。〈周書〉曰：『無或𢌞張爲幻。』」《爾雅・釋訓》：「侜張，誑也。」郭注：「《書》曰『無或侜張爲幻。』」《尚書・釋文》云：「譸，馬本作輈。」《詩・陳風》「誰侜予美」鄭箋云：「誰侜張誑斯我所美之人乎？」《文選・揚雄三老箴》：「姦宄侜張。」李善注：「輈與侜古字通。」《說文》兩引其文，皆作「譸」，所據爲《古文尚書》也。《玉海》引《大傳》作「舟」，《爾雅》及郭注及鄭箋作「侜」，

馬融作「輈」，並承《大傳》而來，皆《今文尚書》三家之異文也。而揚雄作侏者，音近相假也，侏在四部，照紐，古端紐，舟在三部照紐，三、四部相近，故相通作，李善注即據馬本讀侏為輈字。又輈、俛、舟、譸同在三部，知紐，古屬端，故相通假。《說文・俛字》云：「有雍蔽也。」是雍蔽為俛之本義，《大傳》之雍即壅字，辟雍蓋由壅蔽得名，舟張辟雍者謂其有壅蔽而張大也；凡有壅蔽則多欺誑，故俛張《爾雅・釋訓》為誑也。是俛為本字，舟、輈、譸，侏皆同音借字耳。則此作「輈張」，為《今文尚書》也。

77. 帝後夢桓帝怒曰：「……上帝震怒，罪在難救。」（〈皇后紀〉）

按：〈洪範〉云：「我聞在昔，鯀陻洪水，汩陳其五行，帝乃震怒，不畀〈洪範〉九疇，彝倫攸斁。」此云「上帝震怒」者，即引〈洪範〉之文。

第三章 《後漢書・傳》引《尚書》考辨（上）

1. 豫章李淑上書諫曰：「……夫三公上應台宿，九卿下括河海，故天工人其代之。」（〈劉玄傳〉）

　　按：〈皋陶謨〉云：「無曠庶官，天工人其代之。」此云「天工人其代之」，正引〈皋陶謨〉文。

　　　考《尚書大傳》曰：「《書》稱天工人其代之。夫成天地之功者，未嘗不蕃昌也。」《漢書・律歷志》曰：「人者繼天順地，序氣成物，以終天地之功。《書》曰：天功人其代之。」《後漢書・馬嚴傳》曰：「《書》稱無曠庶官，天工人其代之。言王者代天官人也。」《潛夫論・貴忠》篇曰：「《書》稱天工人其代之，王者法天而建官，自公卿至于小司，莫非天官。」又〈本訓篇〉：「天呈其兆，人序其勳。《書》故曰：天工人其代之。」《書・正義》引王肅云：「天不自下治之，故人代天居之，不可不得其人也。」漢儒之說，多用今文，而皆以「法天建官」「代天官人」為義，由《大傳》一脈而來，則為今文說無疑。王肅雖善賈、馬之學，然其父朗師事楊賜，習《歐陽尚書》，則其說亦用今文說也。

2. 論曰：周武王觀兵孟津，退而還師，以為紂未可伐，斯時有未至者也。（〈劉玄傳〉）

　　按：《史記・殷本紀》：「周武王之東伐，至盟津，諸侯叛殷，會周者八百，諸侯皆曰：紂可伐矣。武王曰：爾未知天命。乃復歸。」〈周本紀〉：「是時諸侯不期而會盟津者八百諸侯。諸侯皆曰：紂可伐矣。武王曰：女未知天命，未可也。乃還師。」〈秦楚之際月表〉：「不期而會盟津八百諸侯，猶以為未可，其後乃放弒。」〈齊世家〉：「諸侯不期而會者八百諸侯。諸侯皆曰：紂可伐也。武王曰：未可。還師，與太公作此〈太誓〉。」《索隱》：「此文上下並〈今文泰誓〉。」《漢書・婁

敬傳》：「武王伐紂，不期而會孟津上八百諸侯，遂滅殷。」《春秋繁露‧王道》
篇：「周發兵，不期而會孟津之上者八百諸侯，共誅紂，大亡天下。」《漢書‧律
歷志》：「太誓八百諸侯會，還歸二年，乃遂伐紂克殷。」考《史記‧齊世家》云
「與太公作此〈太誓〉」，《索引》云「此文上下並〈今文泰誓〉」，又《漢書‧律
歷志》亦稱〈太誓〉，則此文必為〈今文泰誓〉之辭也。然史公、婁敬、《春秋繁
露》所引，在武帝末以前，時〈今文泰誓〉未出，所引當本乎先秦釋〈大誓〉之
遺書。而《漢書‧律歷志》引文在武帝末之後，其時〈今文泰誓〉已出，且歐陽，
大小夏侯三官立官之學，均已採入《尚書》中，傳以教人，則其所據必為〈今文
泰誓〉也。此段論曰所云，亦係據〈今文泰誓〉也。（參見第二章第 2.條）

3. 「矯託天命，偽作符書，欺惑眾庶，震怒上帝。」（〈隗囂傳〉）
按：〈洪範〉云：「我聞在昔，鯀陻洪水，汩陳其五行，帝乃震怒，不畀〈洪範〉
九疇。」此云「震怒上帝」者，即檃括〈洪範〉文義。

4. 博士吳柱曰：「昔武王伐殷，先觀兵孟津，八百諸侯不期同辭，然猶還師
以待天命。」（〈公孫述傳〉）
按：此云觀兵還師之事，引〈今文泰誓〉之詞。
　　考《史記‧殷本記》：「周武王之東伐，至盟津，諸侯叛殷，會周者八百。
諸侯皆曰：『紂可伐矣。』武王曰：『爾未知天命。』乃復歸。」又〈周本紀〉：
「是時諸侯不期而會盟津者八百諸侯。諸侯皆曰：『紂可伐也』。武王曰：『女未
知天命，未可也。』乃還師。」又〈齊世家〉：「諸侯不期而會者八百諸侯。諸
侯皆曰：『紂可伐也。』武王曰：『未可。』還師，與太公作此〈太誓〉。」《索
隱》云：「此文上下並〈今文泰誓〉。」《漢書‧婁敬傳》：「武王伐紂，不期而會
孟津上八百諸侯，遂滅殷。」《漢書‧律歷志》：「太誓八百諸侯會，還歸二年，
乃遂伐紂克殷。」《後漢書‧鄭興傳》：「及武王即位，八百諸侯不謀同會，皆曰：
『伐可伐矣。』武王以未知天命，還兵待時。」《尚書‧泰誓序正義》引馬融《書》
序云：「〈大誓〉云：『八百諸侯不召自來，不期同時，不謀同辭。』」《論衡》：「與
八百諸侯咸同此盟，《尚書》所謂不謀同辭也。」（《水經‧河水注》引，今《論
衡》無此節。）
　　夫〈今文泰誓〉出於武帝末，《史記》及《漢書‧婁敬傳》所引，在漢武末
以前，時漢〈太誓〉未立太學，所引當係先秦釋〈太誓〉之書。《漢書‧律歷志》、
《後漢書》、《馬融序書》、《論衡》等所引，在武帝末以後，時〈太誓〉已立太學，

歐陽夏侯已收入《尚書》中，故稱《尚書》或〈太誓〉也。此吳柱所引，本乎〈今文泰誓〉也。（詳參第二章第2.條）

5. 下詔曰：「……〈甫刑〉三千，莫大不孝。」（〈宗室四王三侯傳〉）
　　按：〈呂刑〉云：「五刑之屬三千。」此云「〈甫刑〉三千」者，即檃括〈呂刑〉文義也。

　　　考《大傳》曰：「〈甫刑〉可以觀誡。」《孝經》引「一人有慶」二句，《禮記》引「苗民弗用命」二句，又「播刑之迪」句，又「敬忌」句，又引「德威」句皆作〈甫刑〉。《書序》云：「呂命，穆王訓夏贖刑，作〈呂刑〉。」《史記・周本紀》曰：「甫侯言於王，作修刑辟。」《集解》曰：『《書》說周穆王以甫侯為相。』《漢書・刑法志》：「周道既衰，穆王耄荒，命甫侯度時作刑以詰四方。」又〈匈奴傳〉：「穆王作〈呂刑〉之辟」陳喬樅《今文經說考》云：「僞孔傳本〈甫刑〉作〈呂刑〉。考《說文・呂部》云：『呂，脊骨，象形。昔太嶽為禹心呂之臣，故封呂侯。』諸書所引皆作〈甫刑〉，惟《墨子》作〈呂刑〉；然則作〈呂刑〉者，《古文尚書》也。馬鄭本當是作「呂」，故孔承用之。《正義》引鄭云：『呂侯受王命入為三公』可證也。《漢書・匈奴傳》云『穆王作〈呂刑〉之辟』，此或兼採《古文尚書》，故與〈刑法志〉所引不同，或後人據今文《尚書》改之，未可知也。」陳氏以「呂」為古文，「甫」為今文，其說可信。然鄭玄注《大傳》作「一人俱罪，甫係之說刑」也（《太平御覽》），及《史記集解》引鄭說，《詩・大雅・崧高》鄭箋「甫侯相穆王，訓夏贖刑」皆作「甫」，蓋鄭玄兼取古今《尚書》說也。

　　　作呂，作甫者，蓋二字同屬五部，古音疊韻通用。《國語・周語》云：「申、呂雖衰，齊、許猶立。」《詩・大雅・崧高》云：「生甫及申。」則二字通用可知矣。今此引作「〈甫刑〉」，與僞孔傳異。而與漢魏、鄭玄之說同。

6. 「……夫民所怨者，天所去也；民所思者，天所與也。」（〈王常傳〉）
　　按：《左傳・襄公三十一年》，昭公元年，《國語・鄭語》、〈周語〉中均曰：「在〈太誓〉曰：『民之所欲，天必從之。』」此段所引即檃括《左傳》《國語》所引先秦〈大誓〉之文義。又今本僞孔《尚書・泰誓》上篇亦有此語，則襲取《左傳》、《國語》所引為之。

7. （光武）策曰：「……百姓不親，五品不訓，汝作司徒，敬敷五教，五教在寬。」（〈鄧禹傳〉）
　　按：〈堯典〉云：「百姓不親，五品不遜，汝作司徒，敬敷五教，在寬。」此文所

引即〈堯典〉之文也。

考《尚書大傳·夏傳》云「百姓不親，五品不訓，則責之司徒。」（見《御覽》二百七〈職官部〉）《史記·五帝本紀》云：「百姓不親，五品不馴，汝為司徒而敬敷五教，在寬。」又《殷本紀》：「百姓不親，五品不訓，汝為司徒而敬敷五教，五教在寬。」《漢書·韋元成傳》：「元成作詩曰：『五品以訓。』」《漢書·王莽傳》云：「司徒主司人道，五教是輔，帥民承上，宣美風俗，五品乃訓。」《後漢書·陳蕃傳》：「蕃上疏曰：『齊七政，訓五典。』」又〈周舉傳〉：「策問：『五品不訓，王澤未流。夫五品不訓，責在司徒。』」又〈謝夷吾傳〉：「班固見夷吾曰：『……下使五品咸訓於嘉時。』」又〈劉愷傳〉載陳忠疏曰：「調訓五品。」《說文解字·心部》愻云：「愻，順也。以心孫聲。《唐書》曰：『五品不愻』」《潛夫論·五德志》篇：「親百姓，順五品。」《說苑·貴德》篇：「百姓不親，五品不遜。」《周禮·地官序官》注：「教所以親百姓，訓五品。」《說文·心部》引《唐書》作「愻」，許氏見壁中書，所據當為古文，今偽孔《尚書》作遜，而號為古文，可見其演化之迹。段氏《撰異》曰：「今本古文作遜，未審衛包所改，抑衛包以前已然。」然其源於古文，則可確言也。又《大傳》作「訓」，兩漢諸儒多用立官之今文，作「訓」「馴」者，皆為《今文尚書》之異文。訓與馴皆從川聲，音同義近，故通用。《漢書·孝文帝本紀》云：「列侯亦無由教馴其民。」教馴即教訓，《史記·五帝紀》索隱云「史記馴字，徐廣皆讀曰訓。」是其明證者也。《說苑》作「不遜」，疑後人依偽孔本所改。考《禮記·學記》云「不陵節而施之謂遜」，《說苑》作「學不陵節而施之曰馴」，遜作馴，可為佐證。又鄭康成注《周禮》作「訓」，乃兼用《今文尚書》。今此引作「訓」者，是用《今文尚書》也。又此引重「五教」字，與《今文尚書》不同者，蓋《尚書》古文今文皆本重五教字，至唐重刻石經始為敓奪。（詳見第二章第 27.條之（2））

8. 朱寵上疏追訟騭曰：「……當享積善履謙之祐，而橫為宮人單辭所陷。」（〈鄧禹傳〉）

按：〈呂刑〉云：「明清於單辭」。此引曰「單辭」者，即引〈呂刑〉文也。

9. （寇榮）自亡命中上《書》曰：「……願陛下思帝堯五教在寬之德。」（〈寇恂傳〉）

按：〈堯典〉云：「汝作司徒，敬敷五教，在寬。」此引「帝堯五教在寬」者，即引〈堯典〉之文也。此「五教在寬」四字連屬，蓋唐以前，〈堯典〉皆作「敬敷

五教，五教在寬」，重「五教」字，實《尚書》之原本，唐以後奪「五教」二字。
（詳見第二章第 27.條之（2））

10. 贊曰：元侯淵謨，乃作司徒。（〈寇恂傳〉）

　　按：〈鄧禹傳〉云：「光武即位於鄗，使使者持節拜禹為大司徒」並策曰「百姓
不親，五品不訓，汝為司徒」，是「乃作司徒」，即引〈堯典〉文也。

11. 安帝下詔曰：「……昔我光武受命中興，依弘聖緒，橫被四表，昭假上下。」
（〈馮異傳〉）

　　按：〈堯典〉云：「光被四表，格于上下。」此云「橫被四表，昭假上下」者，
即引〈堯典〉文也。此引作「橫被四表」者，乃用《歐陽尚書》也。《後漢書·
桓焉傳》言永初元年焉入授安帝，桓焉即桓榮之孫桓郁之子，世傳家學習《歐
陽尚書》者也，則安帝所用為《歐陽尚書》。古文及《夏侯尚書》則作光。此詔
書下又引作「昭假上下」者，稍變其文，行文之便而已，作「假」者，《今文尚
書》也。（詳見第二章第 7.條及 40 條）

12. 詔報曰：「……負海猾夏，盜賊之處。……」（〈陳俊傳〉）

　　按：〈堯典〉云：「蠻夷猾夏，寇賊姦宄。」此云「猾夏」者，即引〈堯典〉文
也。

13. 霸謝曰：「此明公至德，神靈之祐，雖武王白魚之應，無以加此。」（〈王
霸傳〉）

　　按：此云「武王白魚之應」者，乃檃括〈今文泰誓〉文義也。〈今文泰誓〉出於
武帝末年，而此所引文在武帝末之後，歐陽、夏侯既取入《尚書》中，所引當
為〈今文泰誓〉。（詳見第二章第 2.條）

14. 和帝即位，大將軍竇憲秉權，專作威福。（〈任隗傳〉）

　　按：〈洪範〉云：「臣之有作福、作威、玉食。」此云，「專作威福」者，即檃括
〈洪範〉之文。考《史記·宋世家》云：「維辟作福，維辟作威，維辟玉食。臣
毋有作福、作威、玉食；臣有作福、作威、玉食，其害于而家，凶于而國。」《漢
書·王嘉傳》引嘉奏封事曰：「臣聞箕子戒武王曰：『臣亡有作威，作福，亡有
玉食，臣之有作威、作福、玉食，害于而家，凶于而國。』《漢書·楚元王傳》
引劉向上封事極諫曰：「《書》曰臣之有作威作福，害于而家，凶于而國。」《漢

書‧武于子傳》引廣陵厲王胥賜策曰：「《書》云臣不作福，不作威，靡有後羞。」《後漢書‧荀爽傳》引〈洪範〉曰：「惟辟作威，惟辟作福，惟辟玉食。」又〈張衡傳〉引衡上疏曰：「〈洪範〉曰：『臣有作威、作福、玉食，害于而家，凶于而國。』」又第五倫傳引倫上疏曰：「《書》曰：『臣無有作威，作福，其害于而家，凶于而國。』」又〈楊震傳〉引震上疏曰：「《書》曰：『臣無有作威、作福、玉食。』」《戰國策‧齊策》高誘注引《書》曰：「天有作威、作福。」《公羊傳‧成元年疏》引鄭玄注云：「作福專爵賞也，作威專刑罰也。」《漢書‧王嘉傳》、《楚元王傳》、《後漢書‧荀爽傳》、〈張衡傳〉、〈第五倫傳〉、〈楊震傳〉、《戰國策‧高誘注》諸條，皆先威後福，漢多用立官之《今文尚書》，楊震即傳歐陽之學，可知先威後福者為《今文尚書》。史公時《尚書》雖唯有歐陽，然史公嘗從孔安國問故，故〈宋世家〉作先福後威者，乃得之孔安國之《古文尚書》；《公羊‧成元年疏》引鄭注先福後威，康成注古文，可證古文先福後威，與三家《尚書》異。今本《尚書》先福後威，即緣古文之舊也。惟《漢書‧武王子傳》作「不作福，不作威」，先福後威者，段玉裁《撰異》之：「策文引《今文尚書》，乃檃括之詞，不嫌或異。」段說是也。今此云「專作威福」，先威後福者，亦檃括之辭，不可據定師家。

15. 贊曰：「帝績思乂，庸功是存。」（〈馬武傳〉）

按：〈堯典〉曰：「咨，四岳，湯湯洪水方割，蕩蕩懷山襄陵，浩浩滔天，下民其咨，有能俾乂。」此帝堯思欲治之也。故此云「帝績思乂」者，即檃括〈堯典〉「有能俾乂」之義也。

考《尚書大傳》〈洪範〉云：「從作艾。」鄭玄注曰：「艾，治也。」《史記‧五帝本紀》：「下民其憂，有能使治者？」《漢書‧地理志》引〈禹貢〉「蒙羽其乂」，「雲夢土作乂」；〈五行傳〉、〈王莽傳〉引〈洪範〉：「從作艾。」《詩‧小雅‧小旻》「或哲或謀，或肅或艾」鄭箋作「艾」《說文》辟部云：「嬖，治也。從辟乂聲。〈虞書〉曰：『有能俾嬖。』」《石經》：「艾用三德。」吳九眞〈太守谷朗碑〉：「帝思俾乂。」《續漢書‧五行傳》志：「從作艾。」

《大傳》出於伏生，為今文之祖，作艾，而班固學出小夏侯《漢書‧王莽傳》、〈五行傳〉作「艾」，《石經》亦作「艾」，是今文學作「艾」也。《史記》以作「使治」，是以訓詁字作經字。《爾雅‧釋詁》云：「乂，治也。」又「艾、相也。」史遷以「治」為訓，則字當作「乂」；《說文》作「嬖」，段玉裁以為此眞壁中古文，孔安國以今文讀之，易為乂，以漢時「乂」訓「治」，而嬖字不行

故也，段說可信。史公時《尚書》惟歐陽今文之學，而司馬遷嘗從安國問故，以治爲訓，則字作「乂」更明矣。鄭康成《詩》箋作「艾」，而注《大傳》則訓治，是兼取今文，且以古文訓今文，則古文作「乂」可知。又《漢書‧地理志》作「乂」，吳九眞〈太守碑〉亦作「乂」，則是今文家亦有作「乂」者。由是知之，今文有作「艾」，又有作「乂」，而古文僅作「乂」而已。皮錫瑞《今文尚書攷證》云：「乂，今文當作艾。」其說未允。

王國維《觀堂集林》卷六〈釋辥〉上云：「說文：嬖，治也。從辥乂聲。〈虞書〉曰：有能俾嬖。是經典乂字，壁中古文作嬖。此嬖字蓋辥字之譌：初以形近譌爲辥，後人因辥與辥讀不同，故又加乂爲聲。《經典》作乂作艾，亦辥之假借。《書‧君奭》之『用乂厥辥』，即毛公鼎之『易辥厥辥』也。〈康誥〉之『用保乂民』，〈多士〉、〈君奭〉之『保乂有殷』，〈康王之誥〉之『保乂王家』，《詩‧小雅》之『保艾爾後』，即克鼎、宗婦敦、晉邦盦之『保辥』也。」其說可從。

又：按〈堯典〉云：「明試以功，車服以庸。」此云「庸功」者，即約引〈堯典〉之文。

16. 令班固作銘曰：「……寅亮聖明，登翼王室，納于大麓，惟清緝熙。」（〈竇憲傳〉）

按：〈堯典〉曰：「夙夜惟寅。」又曰：「時亮天功。」此「寅亮聖明」即隱括爲文也。〈堯典〉云：「納于大麓，烈風雷雨弗迷。」此云「納于大麓」，即引〈堯典〉之文。此引「大麓」，乃「大錄萬機」之義，據其前後文「登翼王室」「惟清緝熙」可知。班固著《漢書》用小夏侯說，則此「納于大麓」亦《小夏侯尚書》之說也。（詳見第二章第73條）

17. 「……鷹揚之校，螭虎之士。」（〈竇憲傳〉）

按：〈牧誓〉云：「勖哉夫子，尙桓桓，如虎如貔，如熊如羆，于商郊。」此云「螭虎之士」，即引〈牧誓〉之文。引作「螭」者，用《今文尚書》也。班固習小夏侯，故作「螭」。（說見第二章第11.條之（2））

18. 「……封神丘兮建隆碣，熙帝載兮振萬世。」（〈竇憲傳〉）

按：〈堯典〉云：「舜曰：『咨四岳，有能奮庸熙帝之載。』」此云「熙帝載」者，即引〈堯典〉之文。

19. 論曰：「……夫二三子得之不過房幄之間，非復搜揚仄陋，選舉而登也。」
（〈寶章傳〉）

按：〈堯典〉云「曰：明明揚側陋。」此云「搜揚仄陋」，即約引〈堯典〉之文。
考《史記・五帝本紀》：「堯曰：悉舉貴戚及疏遠隱匿者。」《漢書循吏傳》：「至孝宣繇仄陋而登至尊。」班固〈北征頌〉：「拔所用於仄陋。」《文選・張衡玄思賦》：「幽獨守此仄陋兮。」李善注曰：「帝曰：明明敭仄陋。」《漢郊令景君碑》：「明明側陋。」（《漢碑引經考》）蔡邕〈琅琊王傅蔡公碑〉：「揚明德於側陋。」（同上）〈三公山碑〉：「口陵側陋。」（同上）《後漢書・皇后氏》劉毅論鄧太后注記疏：「顯揚仄陋。」邊讓〈章華賦〉：「舉英奇於仄陋。」《文選・沈休文宋書恩倖傳論》：「明敭仄陋。」李善注引《尚書》曰：「明明敭仄陋。」司馬貞《五帝本紀》習作「敭仄陋」。班固《漢書》用小夏侯本作「仄」，而漢碑多作側，蔡邕丹書石經，用小夏侯本，是小夏侯本亦作「側」，是「仄」「側」漢時已通用，《說文》九篇下：「仄，側傾也。」八篇下：「側，旁也。」同阻力切，二字義近音同，故多通用。又〈蔡公碑〉、劉毅〈疏〉作揚，沈休文〈論〉，李善《文選注》，司馬貞〈五帝本紀贊〉作「敭」；段玉裁《古文尚書撰異》云：「李（善）時《尚書》作敭仄。假令同今本作揚側，則李作注之例，必引《書》而申之曰：敭古揚字，仄同側。用此知衛包改敭作揚，仄作側。李昉等又刪《釋文》敭仄字音釋也。而師古注《漢書》云：『仄，古側字。』此衛包所由改仄爲側也。」是唐初時《尚書》本作「敭仄」，李善注，司馬貞贊爲明證，段說成理，可從。然作「揚側」者，亦漢時已有之，揚敭字从手从攴，含義不異，故通用。而敦煌《尚書・釋文》〈堯典〉殘本即作「敭」，亦有力證。

又：《史記・五帝本紀》作「悉舉貴戚及疏遠匿者」，段氏《古文尚書撰異》云：「悉舉訓明揚，貴戚訓明，疏遠匿訓側陋。是蓋《今文尚書》作明揚明側陋。」考蔡邕〈琅琊王傅蔡公碑〉作「揚明德於側陋」，邊讓〈章華賦〉「舉英奇於仄陋」，皆與段說相近，則歐陽，夏侯今文家作「明揚明側陋」，實爲可能，段說可從。而史公以貴戚與疏遠陋匿者對舉，則是「明」與「側陋」皆指有明德之人；蔡邕、邊讓則以「仄陋」爲「明」之處所補語，義非對舉，則是「明」與「側陋」皆指有明德之人；蔡邕、邊讓則以「仄陋」爲「明」之處所補語，義非對舉，又《漢書》班固所引諸條，亦均作處所補語或地點指示，與史公不同，此蓋歐陽、小夏侯義訓不同也。

又：僞孔本「明明揚側陋」傳曰：「明舉明人在側陋者。」其取小夏侯說以訓古文也。今此引「搜揚仄陋」，蓋用古文。

20. 嚴上封事曰：「臣聞日者眾陽之長，食者陰侵之徵。《書》曰『無曠庶官，天工人其代之』，言王者代天官人也，故考績黜陟，以明褒貶。」（〈馬嚴傳〉）

按：〈皋陶謨〉云：「無曠庶官，天工人其代之。」此引《書》曰者，正〈皋陶謨〉之辭。此以「代天官人」解之，所用爲《今文尚書》。（詳見本章第 1 條）

又：按〈堯典〉云：「三載考績，三考黜陟幽明。」此云「考績黜陟」者，即約引〈堯典〉之文。此引文「黜陟」不與「幽明」連屬，則是以黜陟絕句，與歐陽、小夏侯同也。（詳見第二章第 1 條）

21. 乃下詔曰：「……故武王誅紂，封比干之墓，表商容之閭。」（〈卓茂傳〉）

按：《後漢書‧郎顗傳》注引《尚書大傳》云：「遂入殷，封比干之墓，表商容之閭，發鉅橋之粟，散鹿臺之財，歸傾宮之女。」此所引者，即《尚書大傳》之文。陳壽祺輯錄《大傳》，以爲〈大戰篇〉文，是也。

22. 論曰：……卓茂斷斷小宰，無它庸能。（〈卓茂傳〉）

按：〈秦誓〉曰：「如有一介臣，斷斷猗，無他技。」此云「斷斷小宰，無它庸能」者，即檃括〈秦誓〉之文。此引作「它」者釋文云：「他，本亦作它。」文十二年《公羊傳》作「它」。陳喬樅《今文尚書經說考》云：「它即佗字。《說文》它部云『上古艸居患它，故相問無它乎？』或假借佗字，作他，俗字。說文人部無「他」字，今本〈大學〉作「無他」，然《釋文》云『無它音他』，則是陸德明所見〈大學〉，尚作它。」陳說是也。今本作他，乃俗改之耳。

23. 恭上疏諫曰：「陛下親勞聖恩，日昃不食。」（〈魯恭傳〉）

按：〈無逸〉云：「文王自朝至于日中昃，不遑暇食。」此云「日昃不食」者，即檃括〈無逸〉文。

24. 「……盡諒陰三年，聽於冢宰。」（〈魯恭傳〉）

按：〈無逸〉云：「其在高宗，時舊勞于外，爰暨小人，作其即位，乃或亮陰，三年不言。」此云「諒陰三年，聽于冢宰」，即爲〈無逸〉之文。《論語‧憲問》篇子張曰：「《書》云：『高宗諒陰，三年不言』，何謂也？子曰：『何必高宗，古之人皆然。君薨，百官總己，以聽於冢宰，三年。』」《集解》引孔安國注曰：「諒，信也；陰猶默也。」則《論語》之作「諒陰」，實爲《古文尚書》。此引作「諒陰」，而下有「聽於冢宰」句，則是據《論語》爲言，而與《古文尚書》

同。（詳亦見第二章第 69 條）

25. 恭上疏諫曰：「臣伏見詔書，敬若天時……。」（〈魯恭傳〉）

按：〈堯典〉云：「乃命羲和，欽若昊天，……敬授民時。」此云「敬若天時」者，即檃括〈堯典〉之文。

26. 恭議奏曰：「……順物性命，以致時雍。」

按：〈堯典〉云：「黎民於變時雍。」此云「以致時雍」者，即引〈堯典〉之文。

27. 孳孳不倦。（〈魯丕傳〉）

按：〈皋陶謨〉云：「予何言，予思日孜孜。」此云「孳孳」者，即引〈皋陶謨〉之文。

　　考《史記・夏本紀》：「禹拜曰：『於，予何言？予思日孳孳。』」《漢書・蕭何傳》：「尚復孳孳得民和。」師古注云：「孳與孜同。」《說文》孜字下云：「汲汲也。〈周書〉曰『孜孜無怠』。」又孳字下云：「汲汲生也。」〈漢酸棗令劉熊碑〉：「孜孜之踰。」

　　《說文》引〈周書〉作「孜」，而今本亦作「孜」，蓋作「孜」者乃古文也。《史記》作「孳」，蓋《歐陽尚書》；《漢書》作「孳」者，《夏侯尚書》也，然則三家今文作「孳」字矣。《說文》「孜」「孳」義訓相近，古音同在一部，師古注云「孳與孜同」，可見二字古多通用，乃同音通借也。范曄引作「孳」，用《今文尚書》字，與今本作「孜」不同。

28. 丕上疏曰：「……明舜、禹、皋陶之相戒，顯周公、箕子之所陳。觀乎人文、化成天下。」（〈魯恭傳〉）

按：此云「舜、禹、皋陶之相戒」者，即檃括〈皋陶謨〉全篇之義而言。又云「周公、箕子之所陳」者，其中「周公所陳」實指〈無逸〉、〈立政〉二篇，蓋二篇皆周公所陳之言；又「箕子所陳」，即指〈洪範〉篇而言；〈洪範〉云：「惟十有三祀，王訪于箕子。王乃言曰：『嗚呼！箕子。惟天陰騭下民，相協厥民，我不知其彝倫攸敘。』箕子乃言曰：『我聞在昔，鯀陻洪水，汩陳其五行，帝乃震怒，不畀洪範九疇，彝倫攸斁。』」是知箕子所陳乃指〈洪範〉也。

29. 陛下廣納謇謇以開四聰。（〈魯丕傳〉）

按：〈堯典〉云：「詢于四岳，闢四門，明四目，達四聰。」此云「開四聰」者，

即引〈堯典〉之文。考《史記‧五帝本紀》：「舜乃至于文祖，謀于四嶽，辟四門，明通四方耳目。」《漢書‧王莽傳》：「虞帝闢四門，達四聰。」《後漢書‧鄧壽傳》何敞上疏理壽曰：「臣聞聖王闢四門，開四聰。」又〈班昭傳〉昭上疏曰：「隆唐虞之政，闢四門而開四聰。」《潛夫論‧明闇》篇：「夫堯舜之治，闢四門，明四目，達四聰。」《左傳》文十八年杜預注曰：「闢四門，達四窗。」《風俗通‧十反》篇：「蓋人君者闢門開窗，號咷博求。」

　　《史記》以「通」訓達，以「耳」訓聰，則是以闢四門為手段方法，以明四目，達四聰為目標，史公用歐陽之學，則《歐陽尚書》作「達四聰」。陳喬樅《今文尚書經說考》云「《尚書‧釋文》無聰字音義，亦不言馬、鄭本同異，則《古文尚書》作聰可知也。」其說可從，是《古文尚書》亦必作「達四聰」，文義與歐陽說同。《風俗通》、《左傳》杜預注引作「窗」，窗即窗之俗體字，以此二條相較，可見三事：二者均無「明四目」句，一也；如此則門與窗含義正相應，二也；一作開，一作達，而義不異，則二字不同非異文，乃訓詁字，三也。驗之《後漢書‧郅壽傳》，〈班昭傳〉所引，正與此合。若以聰訓耳，則達不可訓開，以聰通窗，則達訓開為宜；然則上有開字者，其下聰字必訓為窗，始能順義。今歐陽、古文既以「通」訓達，以耳訓聰，則開窗之說必為夏侯之說，其有作窗字者亦夏侯之異本矣；且班昭為班固之姊，習夏侯之說與其兄同，固所宜也，此亦可為上論之佐證。如此則魯丕云「開四聰」，是用《夏侯尚書》。

30. 湛上疏諫曰：「臣聞文王受命而征伐五國，必先詢之同姓，然後謀於群臣，加占蓍龜，以定行事。」（〈伏湛傳〉）。

　　按：〈大誥〉云：「寧王惟卜用，克綏受茲命。」又〈洪範〉云：「汝則有大疑，謀乃及心，謀及卿士，謀及庶人，謀及卜筮。」伏湛所陳實檃括〈大誥〉、〈洪範〉之義也。

31. 杜詩上疏薦湛曰：「臣聞唐、虞以股肱康，文王以多士寧；是故《詩》稱濟濟，《書》曰良哉。」（〈伏湛傳〉）

　　按：〈皋陶謨〉云：「乃賡載歌曰：『元首明哉；股肱良哉；庶事康哉。』」此云「唐、虞以股肱康」「《書》曰良哉」者，即檃括〈皋陶謨〉文。

32. 「……宜居輔弼。」（〈伏湛傳〉）

　　按：《尚書大傳》云：「古者天子必有四鄰：前曰疑，後曰丞，左曰輔，右曰弼。」此引「輔弼」者，當為引《大傳》之文。

33. 乃上書曰：「……誠宜夙興夜寐，雖休勿休。……」（〈蔡茂傳〉）

　　按：〈呂刑〉云：「雖畏勿畏，雖休勿休。」此云「雖休勿休」，即引〈呂刑〉之文。

34. 賜霸璽書曰：「崇山、幽都何可偶，黃鉞一下無處所。……」（〈馮勤傳〉）

　　按：〈堯典〉云：「流共工于幽州，放驩兜于崇山，竄三苗于三厄，殛鯀于羽山，四罪而天下咸服。」此云「崇山、幽都」者，即齂括堯典之義也。

　　又：此「黃鉞」一辭，實引〈今文泰誓〉之文。考《史記・齊世家》：「師行，師尚父左杖黃鉞，右把白旄，以誓：『蒼兕、蒼兕。總爾眾庶，與爾舟楫，後至者斬。』」《索隱》云：「此文上下並〈今文泰誓〉。」《淮南子・覽冥訓》：「武王伐紂。渡孟津。陽侯之波逆流而擊，疾風晦冥，人馬不相見。王左操黃鉞，右秉白旄，瞋目而撝之曰：『余在，天下誰敢害吾意者。』於是風濟而波罷。」《水經・河水注》引《論衡》：「武王伐紂，升舟，陽侯波起，疾風逆流。武王操黃鉞而麾之，風波畢除。」《周禮・秋官伊耆氏疏》：「〈今文泰誓〉『師尚父左杖黃鉞，右把白旄。』」〈今文泰誓〉出於漢武末，其後歐陽、大小夏侯三家採入《尚書》。《史記・齊世家索隱》云：「〈今文泰誓〉」，則《史記》所引與〈今文泰誓〉同，而《史記》書成在武帝末前，所據當為先秦釋〈泰誓〉之文，司馬貞《索隱》據後出之〈今文泰誓〉而言，未允。《淮南子》亦出武帝末以前，則所引武王事，亦本於先秦所遺說〈大誓〉之書。《論衡》所引，在武帝末以後，〈今文泰誓〉已充學，所引當係〈今文泰誓〉。〈今文泰誓〉，唐初猶存，故賈公彥疏《周禮》得以用之。此云光武璽書所引必為〈今文泰誓〉也。

　　又：〈牧誓〉篇亦云：「王左杖黃鉞，右秉白旄以麾。」亦與漢〈泰誓〉同，蓋皆武王伐紂誓師之事故也。

35. 是時顯宗方勤萬機。（〈牟融傳〉）

　　按：〈皋陶謨〉云：「兢兢業業，一日二日萬幾。」此云「方勤萬機」者，即引〈皋陶謨〉之文也。此引作「機」與今本《尚書》作「幾」不同者，偽《古文尚書》作「幾」乃孔傳所改，故與漢魏相傳本作「機」異。（說見第二章第 22. 條之（2））

36. 彪曰：「犬馬齒衰，旅力已劣。……」（〈韋彪傳〉）

　　按：〈秦誓〉云：「尚猷詢茲黃髮，則罔所愆，番番良士，旅力既愆，我尚有之。」此云「旅力已劣」，即齂括〈秦誓〉文義也。

37. 數上書順帝，陳宜依古典，考功黜陟。（〈韋義傳〉）

按：〈堯典〉曰：「三載考績，三考黜陟幽明。」此約引〈堯典〉文也。《爾雅‧釋詁》云：「績、勳、功也。」此引作「功」者，以訓詁字代之。（參見第二章第 1 條）

38. 及卒，三縣吏民為義舉哀，若喪考妣。（〈韋義傳〉）

按：〈堯典〉曰：「二十八載，帝乃殂落，百姓如喪考妣。」此引〈堯典〉之文也。「如」作「若」者，《廣雅‧釋言》，「如、若也。」即以詁訓字代之。

39. 贊曰：湛、霸奮庸，維寧兩邦。（〈韋義傳〉）

按：〈堯典〉云：「舜曰：『咨，四岳，有能奮庸，熙帝之載。』」此云「奮庸」者，引〈堯典〉之文。

40. 林奏曰：「……周之五刑，不過三千。……」（〈杜林傳〉）

按：〈呂刑〉云：「五刑之屬三千。」此云「周之五刑，不過三千」者，即檃括〈呂刑〉之文。

41. 詔告廬江太守，東平相曰：「……《書》不云乎：『章厥有常，吉哉。』」（〈鄭均傳〉）

按：〈皋陶謨〉云：「彰厥有常，吉哉。」此所引《書》云者即〈皋陶謨〉之文也。考《史記‧夏本紀》：「章其有常，吉哉。」李賢注云：「章，明也。吉，善也。言為天子明顯其有常德者，優其稟餼，則政之善也。」偽孔傳云「彰，明；吉，善也。明九德之常，以擇人而官之，則政之善。」李賢注與偽孔傳用義相若，蓋其注解雖依前後文意，然實本之偽孔傳也。李注云「章，明也」與今本不同者，蓋李注順《後漢書》之文云然。《說文》：「章，樂竟為一章。從音十；十數之終也。」又「彰，彣彰也。從彡章，章亦聲。」段注云：「《尚書》某氏傳，《呂覽注》、《淮南注》、《廣雅》皆曰：『彰，明也。』通作章。」章與彰，古音相同，故通。

42. 衍因說丹曰：「……人所歌舞，天必從之。」（〈馮衍傳〉）

按：《左傳‧襄公三十一年》曰：「在〈太誓〉曰：『民之所欲，天必從之。』」此《左傳》引先秦〈太誓〉之辭也。而此云「人所歌舞，天必從之」者，即檃括《左傳》所引先秦〈太誓〉之辭。

43. 衍因以計說永曰:「……忠臣不顧爭引之患,以達萬機之變。」(〈馮衍傳〉)

按:〈皋陶謨〉云:「兢兢業業,一日二日萬幾。」此云「萬機」者,即引〈皋陶謨〉文。此引作機者,漢、魏時《尚書》本如此,因偽孔本作「幾」者異。(說見第二章第 22.條之(2))

44. 衍不得志,退而作賦,又自論曰:「……思唐虞之晏晏兮,揖稷契與為朋。」(〈馮衍傳〉)

按:〈堯典〉云:「曰若稽古帝堯,曰放勳。欽、明、文、思、安安。」此云「唐虞之晏晏」,即隱括〈堯典〉文。此作「晏晏」者,用《今文尚書》也。(詳見第二章第 71 條之(3))

45. 因對策曰:「……闢四門之路,明四目之義也。臣聞成王幼少,周公攝政,聽言下賢,均權布寵,無舊無新,唯仁是親,動順天地,舉措不失。然近則召公不悅,遠則四國流言。……」(〈申屠剛傳〉)

(1)闢四門之路,明四目之義也。

按:〈堯典〉云:「闢四門,明四目,達四聰。」此云「闢四門之路,明四目之義」者,即隱括〈堯典〉文義也。

(2)無舊無新,唯仁是親

按:李賢注引《尚書大傳》云:「武王入殷。周公曰:『各安其宅,各田其田;無故無新,唯仁之親。』者,當為《大傳》之文。《大傳》於唐初尚未亡,李賢注引之可證。

(3)近則召公不悅

按:今〈書序〉云:「召公為保,周公為師,相成王為左右,召公不說。周公作〈君奭〉。」《史記·燕召公世家》亦云:「成王既幼,周公攝政,當國踐阼,召公疑之;作〈君奭〉。」《漢書·孫寶傳》:「周公上聖,召公大賢,尚猶不相說,著於經典,兩不相損。」《漢書·王莽傳》群臣奏言曰:「周公服天子之晚,南面而朝群臣,發號施令,常稱王命,召公賢人,不知聖人之意,故不說也。」《史記·集解》引馬融曰:「召公以周公既攝政,致太平,功配文武,不宜復列在臣位,故不說。」《尚書正義》引鄭注云:「召公以周公既攝王政,不宜復列於官職,故不說。」

考〈書序〉之作,多有疑問,《史記·三代世表序》,云:「至於序《尚書》,則略無年月,或頗有,然多闕,不可錄。」〈孔子世家〉曰:「序《書》傳,上

記唐虞之際，下至秦繆，編次其事。」《漢書‧藝文志》曰：「孔子纂焉，上斷于堯，下訖于秦，凡百篇而爲之序，言其作意。」劉歆《移太常博士書》曰：「孔子序書。」馬、鄭亦以爲〈書序〉爲孔子所作。《史記》、《漢書》、劉歆、馬、鄭，一皆肯定孔子與〈書序〉有關，然史公所謂「序《尚書》」「序《書》傳」者，「序」，乃編輯排列之謂，非所謂「言其作意」之序也。其證有三：〈孔子世家〉下有「編次其事」句，一也；〈三代世表〉及〈世家〉之序字，在《尚書》、《書傳》之前，依文法而論，當爲動詞，二也；〈世表〉、〈世家〉述孔子於《尚書》之功，主在於斷限及年月之編次，並無所謂「述作意」之意，三也。則史公未以〈書序〉爲孔子作也。及班固乃云「言其作意」，以爲〈書序〉孔子所作，後世相沿用之。雖〈書序〉之作者及創作時代不能明知，然西漢時必已有相當之著述存焉，則可定言。考太史公作《史記》，臚舉《尚書》作意者，與今本書序十同八九，可證漢時〈書序〉之說盛行，不俟孔安國也。若〈書序〉出孔壁，民間絕無，則亦猶逸篇十六卷，絕無師說耳，馬、班安能采錄，馬、鄭安能作注，張霸亦不可據以成百兩篇矣。今申屠剛對策在東漢，〈書序〉已行，所引當爲〈書序〉。

又：《史記‧燕世家》云云以爲〈君奭〉之作，在攝政之時，而其意以爲召公之所以不悅者，在疑周公有踐阼之嫌。此與《漢書‧王莽傳》群臣奏言，及本文申屠剛對策之說相同。《史記‧集解》引馬融說以爲〈君奭〉之作，在致政之後，並以不宜復列臣位解所以不悅之故，《尚書正義》引鄭注與馬融同，與《史》、《漢》之說大異。蓋史公用歐陽之說，漢時諸儒用今文家言，與馬、鄭之古文說不同也。段玉裁《古文尚書撰異‧書序》云：「書序亦有古文今文之殊。」信有徵矣。

（4）遠則四國流言

按：〈金縢〉云：「武王既喪，管叔及其群弟，乃流言於國，曰『公將不利於孺子』。」此云「遠則四國流言」者，即檃括〈金縢〉之文也。

46.「……國家微弱，姦謀不禁，六極之效，危於累卵。……」（〈申屠剛傳〉）

按：〈洪範〉曰：「六極：一曰凶短折，二曰疾，三曰憂，四曰貧，五曰惡，六曰弱。」漢人每以天人相應之觀念，視國家政治之盛衰與天文、自然現象相比況，遂連類於〈洪範〉九疇中五行、五事、皇極、庶徵、稽疑、五福六極諸疇，以成《洪範五行傳》。《洪範五行傳》云：「一曰貌，貌之不恭，是謂不肅，厥咎狂，厥罰常雨，厥極惡。……次二事曰言，言之不從，是謂不艾，厥咎僭，厥罰常陽，厥極憂。……次三事曰視，視之不明，是謂不悊，厥咎荼，厥罰常奧，

厥極疾。……次四事曰聽，聽之不聰，是謂不謀，厥咎急，厥罰常寒，厥極貧。……
次五事曰思，心思，心之不容，是謂不聖，厥咎霿，厥罰常風，厥極凶短折。……
王之不極，是謂不建，厥咎瞀，厥罰常陰，厥極弱。」（見陳壽祺輯《大傳》）
此所謂「六極」者，即欒括《洪範五行傳》之文義也。

47. 「……差五品之屬，納至親之序。……」（〈申屠剛傳〉）

按：〈堯典〉云：「百姓不親，五品不遜。」此云「五品」「至親」者，即欒括〈堯
典〉文也。

48. 剛說之曰：「……伏念本朝躬聖德，舉義兵，龔行天罰，所當必摧。」（〈申
屠剛傳〉）

按：〈甘誓〉云：「天用勦絕其命，今予惟恭行天之罰。」〈牧誓〉云：「今予發，
惟恭行天之罰。」此云「龔行天罰」者，正引〈甘誓〉、〈牧誓〉之文。

考《墨子・明鬼下篇》引〈夏書・禹誓〉曰：「予共行天之罰也。」《史記・
殷本紀》：「今予維共行天之罰。」《漢書・王莽傳》：「共行天罰。」〈翟方進傳〉：
「共行天罰。」《白虎通・三軍》篇：「《尚書》曰：『今予惟恭行天之罰。』」
《漢書・敘傳》：「龔行天罰，赫赫明明。」《文選・鍾會檄罰文》「命受六師，
龔行天罰」李注：「《尚書》曰「予惟龔行天之罰。」」《後漢書》班固〈東都賦〉
「龔行天罰，應天順人」李善注云：「《尚書》武王曰「今予惟襲行天之罰。」」
《文選》班固〈東都賦〉「龔行天罰」李賢注：「《尚書》武王曰「今予惟龔行
天之罰」。段玉裁《古文尚書撰異》云：「《尚書》恭敬字不作共，如允恭、象
恭、同寅協恭、兒曰恭，乃弗克恭厥兄，惟御事厥棐有恭、惟恭，奉幣作周恭
先、嚴恭寅畏，罔不惟正之恭，皆是也。共奉之字不作恭，如〈甘誓〉共行天
罰，不共命，〈盤庚上〉各共爾事，〈盤庚中〉『顛越不共』，〈盤庚下〉『共承民
命』，『敢共生生』，〈牧誓〉『今予發惟共行天之罰』，〈召誥〉『用共王能祈天永
命』，〈無逸〉『徽柔懿共』，『以庶邦惟正之共』，〈君奭〉『大弗克共上下』『嗣
前人共明德』，〈柴誓〉『無敢不共』，孔傳皆訓為奉或供侍皆是也。漢石經之存
於今者，〈無逸〉一篇中『嚴恭』作『恭』，『懿共』『惟正之共』皆作『共』，
可知二字之不相混儻。《古文尚書》經文本作『各恭爾事』，『恭行天之罰』之
類，何必紆回訓為奉乎；《尚書》全經言恭者何以不皆訓為奉乎？……衛包誤
認共恭為古今字，遂改《尚書》訓奉之共悉為恭。又按《史記》一書如『似恭
漫天』，『貌曰恭』『嚴恭寅畏』，皆作恭，不作共，而〈甘誓〉〈牧誓〉『共行天

之罰』『女不共命』皆作共，不作恭，可見自古分別，《今文尚書》、《古文尚書》所同也。」段君以共奉字與恭敬字《尚書》古不相混，確爲明見。

　　《墨子》作「共」則古文作「共」無疑；《史記》多用《歐陽尚書》，作「共」，《漢石注》亦作「共」則夏侯經亦如此，是今古文家皆作共也。又班固《漢書・敘傳》作「龔」，〈東都賦〉亦作「龔」，則作「龔」者爲三家異文也。

　　《說文》三篇共部曰「共，同也」，「龔，給也」，八篇人部「供，設也。一曰供給也」，是則供龔相通，古已有之，蓋二字音訓皆同也。而古經假「共」爲「龔」皆从共聲故得假之。作「龔」爲本字。僞孔本爲衛包所改，未知本作何字。

49. 「為國立功，可以永年。……」（〈申屠剛傳〉）

　　按：此云「爲國立功，可以永年」者，蓋隱括〈今文泰誓〉之辭也。考《漢書・郊祀志》：「〈太誓〉曰：『正稽古立功之事，可台永年，丕天之大律。』」師古曰：「〈今文泰誓〉，〈周書〉也。」又〈平當傳〉：「《書》云：『正稽古立功之事，可台永年，傳於亡窮。』」師古曰：「〈今文泰誓〉之辭。」又〈刑法志〉：「《書》曰：『立功之事，可以永年。』」師古曰：「〈今文泰誓〉之辭也。」《後漢書・班固傳》注：「《今文尚書・泰誓》篇曰：『立功之事，可以永年，丕天之大律。』」本文注云：「《今文尚書》曰：『立功立事，可以永年。』」《漢書・平當傳》、〈刑法志〉、〈郊祀志〉引《書》曰，皆在武帝末以後，其時〈今文泰誓〉已出，歐陽、夏侯已收入《尚書》，所引書係〈今文太誓〉文。本傳所引，亦係〈今文泰誓〉文，李賢注云「《今文尚書》」者，即指〈今文泰誓〉而言也。

50. 惲不謁，曰：「昔文王拔呂尚於渭濱，高宗禮傅說於巖築。……」（〈郅惲傳〉）

　　按：〈書序〉云：「高宗夢得說，使百工營求諸野，得諸傅巖，作〈說命〉三篇。」又《孟子告子下》曰：「傅說舉於版築之間。」此云「高宗禮傅說於巖築」者，乃隱括〈書序〉之辭，參之《孟子》也。

51. 惲乃免冠謝曰：「昔虞舜輔堯，四罪咸服，讒言弗庸，孔任不行，故能作股肱，帝用有歌。……」（〈郅惲傳〉）

（1）虞舜輔堯，四罪咸服

　　按：〈堯典〉云：「流共工于幽州，放驩兜于崇山，竄三苗于三危，殛鯀于羽山，四罪而天下咸服。」此云「四罪咸服」者，乃隱括〈堯典〉之辭。

（2）讒言弗用，孔任不行

按：〈皋陶謨〉云：「何憂乎驩兜？何遷乎有苗？何畏乎巧言令色孔壬。」此云「讒言」「孔任」者，即檃括〈皋陶謨〉之辭。任、壬，同音相通。

（3）故能作股肱，帝用有歌

按：〈皋陶謨〉云：「帝庸作歌曰：『勑天之命，惟時惟幾。』乃歌曰：『股肱喜哉！元首起哉！百工熙哉！』」此云「能作股肱，帝用有歌」者，即檃括〈皋陶謨〉文辭也。《史記‧五帝本紀》：「帝用此作歌。」庸作用者，以訓詁字代經字也。《說文》：「庸，用也。从用从庚；庚，更事也。」《廣雅‧釋訓》云：「庸者，用也。」此作「用」，亦以訓詁字代經字。

52. **惲上書諫曰：「昔文王不敢槃于游田，以萬人惟憂。……」**（〈郅惲傳〉）

按：〈無逸〉云：「文王不敢盤于遊田，以庶邦惟正之供。文王受命惟中身，厥享國五十年。周公曰：『嗚呼！繼自今嗣王，則其無淫于觀于逸，于遊于田，以萬民惟正之供。』」此云「文王不敢槃于游田」者，即引〈無逸〉文。此引作「槃」作「游」者，蓋三家異文也。（詳第四章57.條）。

又：此下文云「以萬人惟憂」，李賢注引「以萬人惟政之共」解之，似以「以萬人惟憂」句為《尚書》之異文。考漢儒多習《今文尚書》，上郅惲上書陳諫，所用亦必為今文；隸釋載《漢石經殘碑》作「酒毋劮于遊田維口口共」，《漢書‧谷永傳》對災異引經作「繼自今嗣王，其毋淫于酒，毋逸于遊田，惟正之共」，與石經正合，則《今文尚書》無「以萬人」三字矣，郅惲上書既用《今文尚書》，當無「以萬人」句。皮錫瑞《今文尚書攷證》卷二十云：「君章（郅惲字）云以萬人為憂者，乃釋經言文王不敢盤游之意，非謂經有『萬人為憂』之文也。若注所引乃下文周公戒嗣王語，非謂文王。且君章所據是今文，《今文尚書》並下文亦無『以萬民』三字。《東觀漢記》惲上書曰『昔文王不敢盤于遊田，以萬民為憂』，與《後漢書》同，蓋《後漢書》又改民為人以避唐諱也。」皮氏謂「以萬人為憂」句為釋經之辭，非經書本文，其說可信。且〈無逸〉篇前有云：「文王卑服，即康功田功，徽柔懿恭懷保小民，惠鮮鰥寡；自朝至于日中昃，不遑暇食，用咸和萬民。」惲所上書，蓋回應上文「用咸和萬民」之意爾；則「以萬人為憂」，非《尚書》文也。

53. **侍御史何敞上疏理之曰：「臣聞聖王闢四門，開四聰。誠不欲聖朝行誹謗之誅，以傷晏晏之化。……」**（〈郅壽傳〉）

按：〈堯典〉云：「闢四門，明四目，達四聰。」此云「闢四門，開四聰」者，即

引〈堯典〉文也。此引作「開四聰」者，用《夏侯尚書》也。（說見本章第29.條）

又：〈堯典〉云：「欽、明、文、思、安安。」此云「晏晏」之化者，即引〈堯典〉之文。此引作「晏」者，用《今文尚書》。（詳見第二章第71條之（3））

54. 竟時在南陽，與龔書曉之曰：「……故武王將伐紂，上祭于畢，求助天也。……」（〈蘇竟傳〉）

按：此云「武王將伐紂，上祭于畢」者，《詩·周頌·思文正義》：「〈大誓〉云：『惟四月，太子發上祭於畢，下至於孟津之上。』《尚書》傳、《史記》所引，在武帝末以前，當係本乎先秦所遺說〈太誓〉之書，桓譚《新論》雖未稱《書》曰，未舉篇名，其書在武帝末之後，所據當係〈今文泰誓〉。《詩·周頌·思文正義》稱〈大誓〉曰，則為〈今文大誓〉文，此引文在武帝末後，當亦係〈今文泰誓〉文也。（參見第二章第2條）

55. 顗乃詣闕拜章曰：「……伏惟陛下躬日昃之聽，……」（〈郎顗傳〉）

按：〈無逸〉篇云：「文王至于日中昃，不遑暇食。」此云「日昃」者，即矞括〈無逸〉之文也。

56. 「……昔盤庚遷殷，去奢即儉。……」（〈郎顗傳〉）

按：〈盤庚上〉篇云：「盤庚遷于殷，民不適有居。」此云「盤庚遷殷，去奢即儉」者，即矞括〈盤庚上〉篇之文義也。

57. 「……股肱良哉，著於虞典。……」（〈郎顗傳〉）

按：〈皋陶謨〉云：「乃賡載歌曰：『元首明哉！股肱良哉！庶事康哉！』」此云「股肱良哉」，即引〈皋陶謨〉之辭。此稱虞典者，即〈虞書〉之謂也。

58. 「……昔武王下車，出傾宮之女，表商容之閭。……」（〈郎顗傳〉）

按：李賢注引《大傳》云：「武入殷，表商容之閭，歸傾宮之女。」《通鑑前編·武王十三年》引：「遂入殷，封比干之墓，表商容之閭，發鉅橋之粟，散鹿臺之財，歸傾宮之女。」則此云「武王下車」事，乃《大傳》之文。唐時《大傳》猶未亡，故李賢得而引之。李注引文與《通鑑》前編所引詳略不同，蓋李注乃節引之也。

59. 「……宜豫宣告諸郡，使敬授人時。……」（〈郎顗傳〉）

按：〈堯典〉云：「乃命羲和，欽若昊天，曆象日月星辰，敬授人時。」此云「敬

授人時」者，正引〈堯典〉之文。「人」字本作「民」字。段玉裁《古文尚書撰異》云：「民時自來《尚書》無作人時者，即以注疏本證之，〈洪範〉孔傳，〈皋陶謨〉正義，皆云『敬授民時』，唐初本不誤也。自唐孝明天寶三載，始命衛包改《古文尚書》。包以民時字在卷首，非他民字可比，乃竟改爲人時，而古人引用如鄭注《尚書大傳》，徐氏偉長《中論‧厤數》篇，韋氏注〈鄭語〉皆引『敬授民時』，皆治《古文尚書》者也。《史記‧五帝本紀》、《漢書‧律曆志》、〈食貨志〉、〈藝文志〉、〈李尋傳〉、〈王莽傳〉，及〈漢孫叔敖碑〉，皆引『敬授民時』，皆治《今文尚書》者也。」段氏之說證據灼然可見，其言可信。今〈郎顗傳〉引作「人」者，蓋亦避唐諱而爲後人所改也。

60. 「……機衡之政，除煩爲簡。……」（〈郎顗傳〉）

按：〈堯典〉云：「在璿璣玉衡，以齊七政。」此云「機衡之政」者，則欜括〈堯典〉之辭。此引作「機」與《今本尚書》作「璣」不同，蓋《今本尚書》本作「機」，後人涉上「璇」「璿」之玉旁而誤改也。（詳見第二章第 54.條）

61. 顗對曰：「方春東作，……。又今選舉皆歸三司，非有周、召之才，而當則哲之重。…。」（〈郎顗傳〉）

按：〈堯典〉云：「寅賓出日，平秩東作，日中，星鳥，以殷仲春。」此云「方春東作」，即欜括〈堯典〉之文。

又：〈皋陶謨〉云：「咸若時，惟帝其難之。知人則哲，能官人。」此云「則哲」者，乃欜括〈皋陶謨〉之辭。

62. 「……豈獨陛下倦於萬機，帷幄之政有所闕歟？何天戒之數具也。臣願陛下發揚乾剛，援引賢能，勤求機衡之寄，以獲斷金之利。」（〈郎顗傳〉）

按：〈皋陶謨〉云：「兢兢業業，一日二日萬幾。」此云「萬機」者，即引〈皋陶謨〉文。引作「機」者，蓋漢魏《尚書》之本然。（詳見第二章第 22.條之（2））

又：〈堯典〉云：「在璿璣玉衡，以齊七政。」此云「機衡」者，即欜括〈堯典〉文。引作「機」與僞孔傳本作「璣」不同，蓋今僞孔本涉上璿之玉旁而誤改也。作機者爲漢、魏、晉、唐初之本然。（說見第二章第 54.條）

63. 「……琁璣動作，與天相應。……」（〈郎顗傳〉）

按：〈堯典〉云：「在璿璣玉衡，以齊七政。」此云「琁璣動作」者，即欜括〈堯典〉之辭。此引作「琁」者，蓋「琁」爲「璿」之重文，可互相爲用。又此作

「璣」，不作木旁之機者，乃後人據今本僞孔《尚書》改之。

64. 「……《尚書‧洪範》記曰：『月行中道，移節應期，德厚受福，重華留之。』」（〈郎顗傳〉）

按：此所謂《尚書‧洪範記》者，即《漢書‧藝文志》所謂「劉向《五行傳記》十一卷」，亦《漢書‧劉向傳》所謂「洪範五行傳論」也。其書今亡，詳不可考。《漢書‧藝文志》王先謙補注云：「王應麟曰：『本傳云《洪範五行傳論》。沈約云「伏生創紀《大傳》，五行之體始詳，劉向廣演〈洪範〉，休咎之文益備」』沈欽韓曰『隋志伏生之傳，惟劉向父子所著五行是其本法，而又多乖戾』，其卷數與此同。《後漢書‧郎顗傳》奏便宜四事引《尚書‧洪範記》。」王氏以爲此云《尚書‧洪範記》即劉向《五行傳記》十一卷中文，是也。

65. 楷自家詣闕上疏曰：「臣聞皇天不言，以文象設教。堯舜雖聖，必歷象日月星辰，察五緯五在，故能享百年之壽，為萬世之法。……」（〈襄楷傳〉）

按：〈堯典〉云：「乃命羲、和，欽若昊天，曆象日月星辰，敬授人時。」此云「歷象日月星辰」者，即引〈堯典〉之文。引作「歷」者，蓋同音通用也。

《史記‧五帝本紀》以爲堯在位七十年，二十年而老，又八年而崩。徐廣謂堯在位九十八年，與《史記》合。《堯典正義》云：「徧檢書傳，無帝堯即位之年。」《論語‧泰伯》篇「大哉堯之爲君也」章疏引《書》傳云：「堯年十六，以唐侯升爲天子，遂以爲號。」然驗之《堯典正義》之言，則此所引《書》傳，蓋亦《書》緯之言。即依其說則堯年百一十七年，否則唯以在位年計之，亦差可謂之百年矣。又〈堯典〉云：「舜生三十登庸，三十在位，五十載陟方乃死。」僞孔傳云：「三十徵庸，三十在位，服喪三年，其一在三十之數，爲天子五十年，凡壽百一十二歲。」此一說也。《史記》謂「舜年二十，以孝聞。年三十，堯舉之。年五十，攝行天子事。年五十八，堯崩。年六十一，代堯踐帝位。踐帝位三十九年，南巡狩，崩於蒼梧之野。」是謂舜年百歲也，此又一說。《堯典正義》引鄭玄讀此經云：「舜生三十，謂生三十年也。登庸二十，謂歷試二十年。在位五十載，陟方乃死，謂攝位至死爲五十年，舜年一百歲也。」此說與《史記》同。考《孟子》謂：「舜相堯二十有八載。」《史記‧五帝本紀》：「堯立七十年，得舜，二十年而老令舜攝行天子之政，薦之於天，堯辟位，凡二十八年而崩。」與孟子說合。《大戴禮‧五帝德》篇：「舜之少也惡頹勞苦，二十以孝聞乎天下，三十在位，嗣帝所五十乃死。」其數亦恰百歲也。《孟子‧萬

章》篇：「五十而慕者，予於大舜見之矣。」趙岐注曰：「《書》曰：『舜生三十登庸，二十在位時尚慕，故言五十也。』其說亦百歲。《論衡・氣壽》篇：「〈堯典〉曰：『舜生三十徵用，二十在位，五十載陟方乃死。』適百歲矣。」如此而言，舜百年之說，實爲《今文尚書》說，鄭玄讀此經乃以今文讀古文也。此云「享百年之壽」者，當係用今文家說也。劉恕《通鑑外記》引王肅注云：「歷試三載，其一在徵用之年，其餘二載，與攝位二十八年，凡三十歲。」則僞孔傳之說，其來有自，爲馬、王古文家說也。

66.「……自春夏以來，連有霜雹及大雨，而臣作威作福，刑罰急刻之所感也。」（〈襄楷傳〉）

按：〈洪範〉云：「臣之有作福、作威、玉食，其害于而家，凶于而國。」此云「臣作威作福」者，即檃括〈洪範〉文義也。此引「作威」于「作福」之先，乃用《今文尚書》。（詳見本章第 14.條）

第四章　《後漢書·傳》引《尚書》考辨（中）

1. 乃上疏曰：「陛下亮成天工，克濟大業。……」（〈杜詩傳〉）

   按：〈堯典〉云：「欽哉。惟時亮天功。」此云「亮成天工」者即檃括〈堯典〉之文也。此引作「工」者，考《史記·五帝本紀》曰：「敬哉！維時相天事。」又〈夏本紀〉云：「非其人，居其官，是謂亂天事。」《伏生大傳》云：「《書》稱天工人其代之。夫成天地之功者，未嘗不著昌也。」《漢書·律曆志》：「人者繼天順地，序氣成物、以終天地之功。《書》曰：『天功人其代之。』」師古注：「言聖人稟天造化之功，代而行之。」《漢書·王莽傳》：「《書》不云乎，『天工人其代之』。」《集解》曰：「馬融曰：『稷、契、皋陶，皆居官久，有成功，但述而美之，無所復敕。』」漢石經殘字作「工」，蔡邕〈橋公廟碑〉：「時亮天工。」〈陳太邱碑〉：「惟亮天工。」丁孚〈漢儀夏勤策文〉曰：「時亮天工。」

   諸家引文，太史公均作「天事」是《史記》所據《尚書》作「天工」，蔡邕書石經及漢碑，亦作「天工」，《漢書》或作「天功」、或作「天工」，伏生《大傳》引《書》作「天工」，而傳稱「成天地之功」則是以「功」訓「工」也，則是《今文尚書》皆作「天工」，其作「天功」者，或以訓代經也。夫「工」與「功」，皆以「工」爲聲，古音相同，且爲事工則有功，是「工」爲因，「功」爲果，一體分二，二實爲一，義相同也。此云「天工」者即用今文家之說也。陳喬樅《今文尚書經說攷》云：「漢儒說此經，皆以王者之代天官人爲義，此今文家說也。《書·正義》引王肅之：『天不自下治之，故人代天居之，不可不得其人。』是王注亦用今文家說也。」又段玉裁《古文尚書撰異》云：「功，蓋《今文尚書》作工，故〈五帝本紀〉於此曰：『相天事』，於〈皋陶謨〉『天工人其代之』，亦詁以天事，古者工有事訓。」陳、段之說是也。

又：僞孔傳「惟時亮天功」訓作「惟是乃能信立天下之功」；於「天工人其代之」則訓作「言人代天理官，不可以天官私非其才」；「天下之功」者即人間事，「代天理官」者則爲上天之事。「天功」「天工」，義訓不同，前句或取義於馬融，後句則取漢儒相傳之說。段玉裁《古文尚書撰異》云：「姚方興於亮采及此，皆訓信，按《說文》『諒，信也』，『亮、明也』，是假亮爲諒也。假借無礙於經說，然曰『信立其功』曰『信立天下之大功』不亦拙乎。」段氏評言，至爲中綮。

2. 「……臣詩伏自惟忖，本以史吏一介之才。……」（〈杜詩傳〉）

按：〈秦誓〉云：「如有一介臣，斷斷猗，無他技。」此云「一介之才」者，即隱括〈秦誓〉之辭。

3. 贊曰：……堂任良肱。（〈陸康傳〉）

按：〈皋陶謨〉云：「乃賡載歌曰：『元首明哉，股肱良哉。』」此云「良肱」即約引〈皋陶謨〉之文。

4. 準乃上疏曰：「……庶政萬機，無不簡心。……故朝多皤皤之良、華首之老……」（〈樊宏傳〉）

（1）庶政萬機

按：〈皋陶謨〉云：「兢兢業業，一日二日萬幾。」此云「萬機」者，即引〈皋陶謨〉文。作「機」者，蓋漢、魏本作機，僞孔本改作幾。（詳見第二章第 22 條之（2））

（2）故朝多皤皤之良，華首之老

按：〈秦誓〉云：「尚猷詢茲黃髮，則罔所愆。番番良士，旅力既愆，我尚有之。」此云「皤皤之良」者，即隱括〈秦誓〉之文也。考《史記·秦本紀》云：「古之人謀黃髮番番，則無所過。」張守節《正義》云：「番番當作皤皤，白頭貌。」《史記》以番番屬之黃髮，爲老人狀貌，故番字當爲皤字之省借。《說文·白部》云：「皤，老人髮白貌。以白番聲。」是其誼也。僞孔傳訓「番番良士」爲「勇武番番之良士」，以番番爲勇武皃，大誤。此引作「皤皤」者，用其本字；其下與「華首」相對，則是作老人髮白皃解，與《史記》同，是《今文尚書》之說如此。李賢注引《書》曰「皤皤良士」，則唐時《尚書》一本作「皤」也。

5. 浮因上疏曰：「……五典紀國家之政，鴻範別災異之文。……然以堯舜之盛，猶加三考。……」（〈朱浮傳〉）

（1）〈堯典〉云：「慎徽五典，五典克從。」

按：此文云「五典紀國家之政」者，即引〈堯典〉之文也。

（2）〈鴻範〉別災異之文

按：此云「鴻範」者即囅括〈洪範〉全篇文義也。考《尚書大傳》云：「鴻範可以觀度。」《史記‧宋世家》：「箕子曰：『在昔鯀陻鴻水，汩陳其五行。』」又「帝乃震怒，不從鴻範九等，常倫所斁。」班固《漢書‧律曆志》：「〈洪範〉篇曰：『惟有三祀，王訪于箕子。』」又〈五行志〉：「禹治洪水，賜洛書法而陳之，〈洪範〉是也。」又曰「箕子迺言曰：『我聞在昔，鯀陻洪水，汩陳其五行。』」熹平石經：「□伊鴻水，曰陳其五行。」《論衡‧正說》篇曰：「禹之時，得洛書。書從洛水中出，〈洪範〉九章是也。」《大傳》作鴻，《史記》、熹平石經與《大傳》同，而《漢書》引文作「洪」，則《今文尚書》作「鴻」又作「洪」。鴻，大鳥也，洪、《釋詁》云「大也」，二字均戶工切，九部，是音同而義近，古多通用。

（3）然以堯舜之盛，猶加三考

按：〈堯典〉云：「三載考績，三考黜陟幽明。」此云「猶加三考者」，即囅括〈堯典〉之辭。

6. 乃上書曰：「……將以弘時雍之化，顯勉進之功也。」（〈朱浮傳〉）

按：〈堯典〉云：「黎民於變時雍。」此云「時雍之化」者，乃引〈堯典〉之文。

7. 長水校樊鯈言於帝曰：「唐堯大聖，兆人獲所，尚優遊四凶之獄，厭服海內之心，使天下咸知，然後殛罰。……」（〈朱浮傳〉）

按：〈堯典〉云：「流共工于幽州、放驩兜于崇山，竄三苗于三危，殛鯀于羽山，四罪而天下咸服。」此所云者，即囅括〈堯典〉之辭也。此云堯大聖而殛罰，知東漢時以此入〈堯典〉，可見今〈堯典〉「慎徽五典」以下分出為〈舜典〉者大誤。

8. 永平中，有人單辭告浮事者。（〈朱浮傳〉）

按：〈呂刑〉曰：「明清于單辭。」此云「單辭」者，即引〈呂刑〉之文。單辭者、一偏之言也。經言單辭，又言兩辭，單兩相對，故曰：一偏之言。猶《論語‧顏淵》篇：「片言可以折獄者」之「片言」也。

9. 帝聞之乃歎曰：「『知人則哲，惟帝難之』，信哉斯言。」（〈虞延傳〉）

按：〈皋陶謨〉曰：「禹曰：『吁，咸若時，惟帝其難之。知人則哲，能官人。』」

此云「知人則哲，惟帝難之」者，即引〈皋陶謨〉文也。

《史記・夏本紀》曰：「禹曰：『吁，皆若是，惟帝其難之，知人則智，能官人。安民則惠，黎民懷之。』」《漢書・武帝紀》元狩元年詔曰：「朕聞咎繇對禹曰：『在知人，知人則哲，惟帝難之。』」《論衡・定賢》篇：「《書》曰：『知人則哲，惟帝難之。』」又〈是應〉篇：「經曰：『知人則哲，惟帝難之。』」又〈答佞〉篇：「《書》曰：『知人則哲，惟帝惟之。』」《白虎通・封公侯》篇：「《書》曰：『惟帝其難之。』」《鹽鐵論・論訓》篇：「皋陶對舜在知人，惟帝難之。」《漢書・五行志》：「曰：『知人則悊，能官人。』」《漢書・武帝紀》、《白虎通》、《論衡》、《後漢書》以「知人則哲」一句置於「惟帝難之」之前，與今本《尚書》異，然《史記》則與今本同，史公用歐陽之說，《後漢》顯宗亦受《歐陽尚書》（陳喬樅曰：「桓榮傳言榮授明帝《尚書》，是顯宗習《歐陽尚書》。」）則顯宗所本，當同《史記》，不應有此大異，是知古人引語不盡嚴謹，諸條皆以「知人為難」為義，故倒其文以示其義之所在，非三家經文有異序也。

又：《漢書・武帝紀》、《論衡》、《鹽鐵論》、《後漢書》作「惟帝難之」，《白虎通》作「惟帝其難之」，《史記》亦有「其」字，皮錫瑞以為有「其」字，為三家異文。按《漢書》、《白虎通》，均班固所錄，一人之手，或有或無，而《史記》歐陽家與今本《尚書》同，則是本有「其」字，其或無之者，行文之便，蓋「知人則哲，惟帝難之」，句四字成偶，故去「其」字，而《白虎通》引單句則有之，且古人引語不嚴、故或有或無，不可謂三家異文，皮說非是。

《漢書・五行傳》引作「知人則悊」與「哲」異，師古注曰：「悊、智也。能知其材則能官之，所以為智也。」《說文》二篇上云：「哲，知也。以口折聲。悊、哲或以心。」段注云：「《韻會》引《說文》『古以為哲字』，按心部云：『悊、敬也。』疑敬是本義，以為哲，是假借。」考之《史記》作「智」，《說文》釋哲為知，《爾雅・釋言》作「智也」，知、智通用；《史記》以訓字代經字，作「哲」，顯宗同，《漢書・武帝紀》亦作哲，今本《尚書》亦作哲，傳云「哲，智也」，是今古經文本作哲也，許慎作《說文》時，哲與悊已慣性通用，心部有悊字，訓曰敬，口部哲下出悊字為或體可證矣。哲與悊皆從折聲，古音必同，故可通借，段注是也。

10. **論曰：「……主無絕天之釁。」**（〈周章傳〉）

按：此云「絕天」者，即檃括〈今文泰誓〉「自絕于天」者也。考《史記・周本紀》：「武王乃作大誓，告爾眾庶：『今殷王紂，乃用其婦人之言，自絕于天，毀

壞其三正，離逷其王父母弟；乃斷棄其先祖之樂，乃爲淫聲，用變亂正聲；怡
說婦人。故今予發，維共行天罰。勉哉夫子！不可再，不可三。』《漢書・谷永
傳》：「《書》曰：『迺用婦人之言，自絕于天，四方之逋逃多罪，是宗是長，是
信是使。』師古曰：「今文〈周書・泰誓〉之辭。」荀悅《前漢記・孝昭皇帝紀》：
「《書》曰：『殷王紂，自絕于天。』」（卷十六）《史記・周本記》所述武王作大
誓事，在武帝末以前，其時〈今文泰誓〉未出，則《史記》所本乃先秦所遺說
〈泰誓〉之言；《漢書・谷永傳》、《前漢紀》引《書》，在〈今文泰誓〉已得之
後，歐陽、夏侯三家已收入《尚書》，則所引《書》曰者，當爲〈今文泰誓〉也。
此范曄所云「絕天」者，即「自絕于天」也，其所引亦本〈今文泰誓〉。（詳參
第二章第 2.條）。今本《尚書・泰誓》曰：「今商王受，狎侮五常，荒怠弗敬，
自絕于天，結怨于民。」亦據〈今文泰誓〉而僞作也。

11. 統乃上疏曰：「……刑罰在衷，無取輕重，是以五帝有流、殛、放、殺之
誅，三王有大辟，刻肌之法。……文帝寬惠柔克。……」（〈梁統傳〉）

（1）五帝有流、殛、放、殺之誅

按：〈堯典〉云：「流共工于幽州，放驩兜于崇山，竄三苗于三危，殛鯀于羽山。」
此云「流、殛、放、殺」者，即檃括〈堯典〉之文。此引作「殺」者，考《孟
子・萬章》上：「萬章曰：『舜流共工於幽州，放驩兜于崇山，殺三苗于三危，
殛鯀于羽山。』《史記・五帝本紀》：「遷三苗於三危。」《大戴禮・五帝德》篇：
「殺三苗于三危。」共工言流，驩兜言放，鯀言殛，皆誅責之義，並非死罪；《史
記》以「遷」字訓之，則其非死殺之義可見。《孟子》、《大戴記》引〈堯典〉文，
亦作殺，與此文同。段玉裁云：「〈堯典〉竄三苗于三危，與言流、言放、言殛
一例，謂放之令自匿，故《孟子》作『殺三苗』，即《左傳》『槃蔡叔』之槃，
槃爲正字，竄、殺爲同音假借。」（見《說文・穴部》竄字下注）又《古文尚書
撰異》云：「《孟子・萬章》篇竄作殺，殺非殺戮，即竄之假借字。古無去聲，
竄、讀如鏉。《左氏・昭公元年傳》曰『周公殺管叔而蔡蔡叔』，陸德明曰『蔡，
《說文》作槃』。按《說文》七篇『槃、糜槃散之也。』私列、桑割二切。經典
竄、蔡、殺、槃同音通用，皆謂流放之也。」考竄、蔡、殺、槃四字同在十五
部，古疊韻相通，《孟子》、《戴記》作殺者，均當以槃爲本字，《左傳》之蔡，
今本之竄，亦是同音假借也。此引作「殺」者，亦音同通借也。

（2）文帝寬惠柔克

按：〈皋陶謨〉云：「安民則惠。」又云：「敬敷五殺、在寬。」又〈洪範〉云「高

明柔克。」止云「寬惠柔克」者，即隱括〈皋陶謨〉、〈洪範〉之文。

12. 統對曰：「聞聖帝明王，制立刑罰，故雖堯、舜，猶誅四凶。經曰：『天討有罪，五刑五庸哉。』又曰：『爰制百姓于刑之衷。』……」（〈梁統傳〉）

（1）故雖堯舜，猶誅四凶

按：〈堯典〉云：「流共工于幽州，放驩兜于崇山，竄三苗于三危，殛鯀于羽山，四罪而天下咸服。」此云「堯、舜猶誅四凶」者，乃隱括〈堯典〉之辭。

（2）經曰：「天討有罪，五刑五庸哉。」

按：〈皋陶謨〉云：「天討有罪，五刑五用哉。」此云經曰云云，正引〈皋陶謨〉之文。此引作「庸」者，考《史記・夏本紀》：「天討有罪，五刑五用哉。」《漢書・刑法志》：「《書》云：『天秩有禮，天討有罪』。故聖人因天秩而制五禮，因天討而作五刑。大刑用甲兵，其次用斧鉞，中刑用刀鋸，其次用鑽鑿，薄刑用鞭打；大者陳諸原野，小者致之市朝。其所繇來者上矣。」《潛夫論・述教》篇：「《書》稱『天命有德，五服五章。天討有罪，五刑五用。』《後漢書・應劭傳》：「《尚書》稱『天秩有禮，五服五章哉。天討有罪，五刑五用哉。』《史記》、《漢書》、《後漢書・應劭傳》、《潛夫論》皆作「用」，唯此獨作「庸」，蓋三家之異文也。

（3）又曰：「爰制百姓于刑之衷。」

按：〈呂刑〉云：「士制百姓于刑之中，以教祗德。」此云「爰制百姓于刑之衷」，即引〈呂刑〉之文。此引作「爰」者，偽孔傳云：「皋陶作士，制百官於刑之中。」，《後漢書・楊賜傳》云：「三后成功，惟殷於民。皋陶不與焉，蓋吝之也。」楊賜世授歐陽今文之學，其言此經皋陶不與，則其本不作「士」也。推而言之，則今文作「爰」字矣。梁統上對，所用亦必爲立官之學也。段玉裁《撰異》云：「作爰作衷者，《今文尚書》也。作士作中者，《古文尚書》也。未必偽孔擅改，《孔傳》未必不本馬、鄭、王。」而陳喬樅《今文尚書經說考》、王鳴盛《尚書後案》均以偽孔改而強解之，未有明證，不知孰是。又梁統下引《論語・子路》篇孔子曰「『刑罰不衷，則人無所厝手足』。衷之爲言，不輕不重之謂也。」考《論語・子路》篇作「中」，而梁統以「不輕不重」解「衷」，則是以中解衷，是其所見之本作「中」，今作「衷」者，同音通用故也。然則上引〈呂刑〉文作「衷」，蓋亦音同通用，其所本亦作「中」，非今古文之異。段氏以「衷」爲今文，未允。

13. 「……惠加姦軌。」（〈梁統傳〉）

按：〈堯典〉云：「蠻夷猾夏，寇賊姦宄。」此云「姦軌」者，即引〈堯典〉之文。考《左傳・成公十七年》魚長矯云：「臣聞亂在外爲姦，在內爲軌；御姦以德，御軌以刑。」《釋文》：「軌，本又作宄。」《尚書大傳》云：「蠻夷猾夏，寇賊奸宄，則責之司馬。」《史記・五帝本紀》：「舜曰：『皋陶，蠻夷猾夏，寇賊姦軌。』」《漢書・王莽傳》：「莽下書蠻夷猾夏、寇賊姦宄。」《漢書・刑法志》：「命以蠻夷猾夏，寇賊姦軌。」《潛夫論・姓氏》篇：「舜曰：『蠻夷猾夏，寇賊姦宄。』」《史記・集解》引鄭注云：「強取爲寇，殺人爲賊，由內爲姦，起外爲軌。」《呂氏春秋・君守》篇高誘注：「〈虞書〉曰：『皋陶，蠻夷猾夏，寇賊姦宄，汝作士。』」《說文》七篇下云：「宄，姦也，外爲盜，內爲宄。从宀九聲。讀若軌。𡧛、𡩜、古文宄。」《說文敘》云：「其稱《易》孟氏、《書》孔氏、《詩》毛氏，《禮》、《周官》、《春秋左氏》、《論語》、《孝經》，皆古文也。」又云：「魯恭王壞孔子宅而得《禮記》、《尚書》、《春秋》、《論語》、《孝經》，又北平侯張蒼獻《春秋左氏傳》。」王國維以爲許氏實據所見之壁中諸經（見《觀堂集林・說文所謂古文說》），且敘中明言古文左氏之淵源，今《說文》云「內爲宄」，與《左傳》「在內爲軌」合，且《釋文》云「軌本又作宄」，是《左傳》本作「宄」也。由是推之古文作「宄」可知矣。史公作「軌」，蓋《歐陽尚書》也。今《大傳》作「宄」，三家今文皆出伏生，而有作「宄」、有作「軌」者，蓋伏生傳《尚書》時，皆口授之，宄、軌皆作九聲，古音相同，故相通借也。《潛夫論》作「宄」，或用大夏侯本也。鄭康成作「軌」，兼採今文說也。此云「姦軌」者，則用《今文尚書》也。

又：《大傳》作「奸」，他條皆作「姦」。《說文》云「奸，犯婬也。从女干聲。」「姦，厶也。从三女。古文姦从旱心。」（大徐本作从旱聲）。奸、姦三字同屬見紐古音在十四部，且姦之古文忢，从旱並非會意，當依大徐本作旱聲，旱从干聲，與奸从干聲同音，二字同義近，故亦通用也。

14. 「……今遭值陛下神聖之運，親統萬機，羣物得所。」（〈梁統傳〉）

按：〈皋陶謨〉云：「兢兢業業，一日二日萬幾。」此云「萬機」，正引〈皋陶謨〉文。引作「機」者，蓋漢、魏《尚書》本然，與今本作「幾」不同。（詳見第二章第22.條之（2））

15. 「……五帝、三王所以同致康也。」（〈梁統傳〉）

按：〈康誥〉云：「若保赤子，惟民其康。」〈皋陶謨〉云：「惟幾惟康，其弼直。」又云：「庶事康哉。」皆指政治安定，民生康樂之意。此云「致康」，即引〈康誥〉、〈皋陶謨〉之文。

16. 乃詣闕上書曰：「……昔舜、禹相戒，無若丹朱；周公戒成王，無如殷王紂……」（〈梁統傳〉）

按：〈皋陶謨〉云：「無若丹朱傲，惟慢遊是好。」此云「舜、禹相戒，無若丹朱」者，乃驪括〈皋陶謨〉之辭。

又：〈無逸〉云：「無若殷王受之迷亂，酗于酒德哉。」此云「無如殷王紂」者，即驪括〈無逸〉之文。引作「如」者，以訓詁方代經也。又引作「紂」者，用《今文尚書》也。古文則作「受」。段玉裁《古文尚書撰異》云：「凡《古文尚書》受字，今文皆作紂，古文不言紂，今文不言受。」考之《漢書·劉向傳》，《論衡·譴告》篇均作「紂」，段說是也。

17. 論曰：「……雖輿粟盈門、何救阻飢之厄。」（〈梁統傳〉）

按：〈堯典〉云：「帝曰：『棄，黎民阻飢，汝后稷，播時百穀。』」此云「阻飢」者，即引〈堯典〉之文。考《史記·五帝本紀》：「帝曰：『棄，黎民始飢，汝后稷，播時百穀。』」《史記·周本紀》：「帝曰：『弃，黎民始饑，爾后稷，播時百穀。』」徐廣曰：「《今文尚書》云『祖饑』，故作始饑；祖，始也。」《漢書·食貨志》：「舜命后稷，以黎民祖饑，是爲政首。」孟康曰：「祖，始也；黎民始飢，命棄爲稷官也。古文言阻。」《詩·周頌·思文》鄭箋：「黎民阻饑。」《正義》引鄭注：「俎讀曰阻，阻，厄也。時讀曰蒔。始者洪水時，眾民厄于饑，女居稷官，播蒔百穀以救活之」《詩·釋文》引馬云：「祖，始也。」《書古文訓》作「俎飢」。段玉裁《古文尚書撰異》云：「初疑當是讀如俎，謂其音同俎耳，既思阻非難識之字，鄭君何必比方爲音如觛之讀如眡乎？蓋壁中故書作俎，故鄭云『俎讀曰阻，阻、厄也。』學者既改經文作阻，則注又不可通，乃又倒之云『阻讀曰俎』。」段氏如此推論，合乎情理。然則壁中書本當作「俎飢」，鄭注古文從之，解作阻，訓厄；史公用《歐陽尚書》、班固習《小夏侯尚書》，皆作「祖飢」，而訓祖爲始，用《爾雅》之義，則《今文尚書》作「祖」可知矣。徐廣云「《今文尚書》云『祖飢』」者，是也。馬融云「祖、始也」，參用今文家之說。俎，阻，祖，三字均從「且」聲，古音相同，故多互借。今本亦作「阻」者，乃襲鄭玄之說。此云「阻飢之厄」者，文字與義訓皆用鄭玄之學。

18. 純奏上宜封禪，曰：「……《書》曰：『歲二月，東巡狩，至于岱宗』，則封禪之義也。」（〈張純傳〉）

　　按：〈堯典〉云：「歲二月，東巡狩，至于岱宗，柴。」此云引《書》曰云云，正引〈堯典〉之文。

19. 「……宜及嘉時，遵唐帝之典，繼孝武之業，以二月東巡狩，封于岱宗……」（〈張純傳〉）

　　按：〈堯典〉云：「歲二月，東巡狩，至于岱宗，柴。」此云，以二月東巡狩，封于岱宗」者，蓋隱括〈堯典〉之文也。此引文曰「唐帝之典」，即〈堯典〉，可知漢時此文仍在〈堯典〉之內，今僞孔本以〈堯典〉慎微五典以下分出爲〈舜典〉者，非也。

20. 興聞而說囂曰：「……及武王即位，八百諸侯不謀同會，皆曰『紂可伐矣』。武王以未知天命，還兵待時。」（〈鄭興傳〉）

　　按：此云武王會諸侯及還兵待時事，乃隱括〈今文泰誓〉之辭也。（詳見第三章第二條）

21. 興因上疏曰：「……堯知鯀之不可用而用之者，是屈己之明，因人之心也。」（〈鄭興傳〉）

　　按：〈堯典〉云：「帝曰：『咨，四岳。湯湯洪水方割，蕩蕩懷山襄陵，浩浩滔天，下民其咨。有能俾乂。』僉曰：『於，鯀哉。』帝曰：『吁，咈哉。方命圮族。』岳曰：『异哉。試可，乃已。』帝曰：『往欽哉。』」此云「堯知鯀之不可用而用之者」，蓋隱括〈堯典〉之辭也。

22. 「……自爾以來，率多寒日，此亦急咎之罰。……今陛下高明而羣臣惶促，宜留柔剋之政，垂意〈洪範〉之法。」（〈鄭興傳〉）

　　按：〈洪範〉云：「曰咎徵……急，恆寒若。」此云「急咎之罰」者，即隱括〈洪範〉之文。〈洪範〉又云：「沈潛剛克，高明柔克。」此云「柔剋之政」者，即隱括〈洪範〉之辭。引作「剋」者，陳喬樅《今文尚書經說考》云：「《尚書》釋文引馬云『克，勝也。勝誼乃剋之』，訓見《釋詁》。剋字蓋亦三家之異文。」陳說可從。

23. 升退而奏曰：「臣聞主不稽古，無以承天。……」（〈范升傳〉）

按：〈堯典〉云：「曰若稽古帝堯。」此云「稽古」者，引〈堯典〉之文也。

24. 元聞之，乃詣闕上疏曰：「……臣愚以為若先帝所行而後主必行者，則盤庚不當遷于殷，周公不當營洛邑。」（〈陳元傳〉）

按：〈盤庚〉云：「盤庚遷于殷、民不適有居。」此云「盤庚不當遷于殷」者，乃櫽括〈盤庚〉之文也。

又：〈洛誥序〉云：「召公既相宅，周公往營成周，使來告卜。」此云「周公不當營洛邑」者，蓋櫽括〈洛誥序〉義也。（詳參第三章第四五條之（3））

25. 元上疏曰：「……是以文王有日昃之勞。……」（〈陳元傳〉）

按：〈無逸〉云：「自朝日至日中昃，不遑暇食。」此云「日昃之勞」者，蓋櫽括〈無逸〉之辭也。

26. 帝曰：「俞，往，汝諧。」（〈桓榮傳〉）

按：〈堯典〉云：「帝曰：『俞，往哉，汝諧。』」此云「俞，往，汝諧」者，正引用〈堯典〉之文。引無「哉」字者，行文之便耳。

27. 詔策緄曰：「蠻夷猾夏，久不討攝……」（〈馮緄傳〉）

按：〈堯典〉云：「蠻夷猾夏，寇賊姦宄。」此云「蠻夷猾夏」者，正引〈堯典〉之文也。

28. 論曰：「寇攘寖橫……並宣力勤慮，以勞定功。」（〈楊璇傳〉）

（1）寇攘寖橫

按：〈康誥〉曰：「凡民自得罪，寇攘姦宄，殺越人于貨。」〈費誓〉：「無敢寇攘，踰垣牆，竊馬牛。」此云「寇攘寖橫」，蓋引〈康誥〉〈費誓〉之辭。

（2）宣力勤慮

按：〈皋陶謨〉云：「予欲宣力四方，汝為。」此云「宣力勤慮」即引〈皋陶謨〉之文。皮錫瑞《今文尚書攷證》曰：「《史記》曰：『臣作朕股肱耳目，予欲左右有民，女輔之。』無『予欲宣力四方、汝為』句，蓋史公省文。漢〈夏勤策文〉曰：『宣力四表』，蔡邕〈司空文烈侯楊公碑〉曰：『帝欲宣力四方，公則翼之。』是《今文尚書》有此八字也。」皮說有可議者，史公引〈皋陶謨〉文，其下尚有「予欲觀古人之象，日月星辰，作文繡服色，女明之。」二段文字相連屬，不可謂之省文，史公省文如「山龍華蟲作會，宗彝火粉米黼黻絺繡，以五采彰

施于五色，作服」一句，省約爲「作文繡服色」，史公之省約如此，故無由獨省「予欲宣力四方，汝爲」句。陳喬樅以史公時《尚書》惟歐陽之學，雖從安國問故，然亦多用歐陽氏說，如是推之，則無此八字者，其爲歐陽之學歟？蔡邕用夏侯之學，或取於古文而有此八字，未可知也。

29. 侍中賈逵因上書曰：「……懼非克讓之風……」（〈劉愷傳〉）

按：〈堯典〉云：「欽、明、文、思、安安，允恭克讓。」此云「克讓」者，乃引〈堯典〉之文。

30. 愷獨議曰：「……今刺史一州之表，二千石千里之師，職在辯章百姓，宣美風俗。……」（〈劉愷傳〉）

按：〈堯典〉云：「九族既睦，平章百姓。」此云「辯章百姓」者，即引〈堯典〉之文。考《癸辛雜識前集》引《尚書大傳》云：「辨章百姓，百姓昭明。」《詩‧小雅‧采菽正義》「〈堯典〉平章百姓，《書傳》作辨章。」班固〈典引〉曰：「惇睦辨章之化。」《白虎通‧姓名》篇：「《尚書》曰『平章百姓。』」《史記‧五帝本紀‧索隱》之言，知史公本作「便」，史公用歐陽之說，則《歐陽尚書》作「便」矣。李賢注引鄭玄注作「辯」，鄭注用《今文尚書》也。惠棟《九經古義》云：「平章百姓，《史記》作便章，《尚書大傳》作辯章。按下文平秩字，伏生作便，鄭玄作辯，《說文》曰：『釆，辨別也。讀若辨。』古文作釆，與平相似。亏部曰：『古文平作釆。』孔氏襲古文，誤以釆爲平，訓爲和平，失之。辨與便相同音，故《史記》又作便。」惠氏之說，既成定論。今本之作平者，乃因平字之古文，與釆字之篆文形近，衛包誤隸故也。又今文「辨」「辯」與古文之「釆」爲古今字，而《史記》之作「便」爲同音借字也。今此引作「辯」者，蓋用《夏侯尚書》也。

31. 《尚書》陳忠上疏薦愷曰：「臣聞三公上則台階，下象山岳，股肱元首，鼎足居職；協和陰陽，調訓五品，考功量才，以序庶僚，遭烈風不迷，遇迅雨不惑，位莫重焉。」（〈劉愷傳〉）

（1）股肱元首

按：〈皋陶謨〉云：「乃歌曰：『股肱喜哉，元首起哉，百工熙哉。』」此云「股肱元首」者，即隱括〈皋陶謨〉之辭。

（2）調訓五品

按：〈堯典〉云：「百姓不親、五品不遜。」此云「調訓五品」者，即隱括〈堯

典〉之辭也。引作「訓」者，蓋用《今文尙書》。

（3）遭烈風不迷，遇迅雨不惑

按：〈堯典〉云：「納于大麓，烈風雷雨弗迷。」此云「遭烈風而不迷，遇迅雨而不惑」者，蓋檃括〈堯典〉之辭也。此上云「三公上則台階，下象山岳」，是其言三公之事也；大小夏侯《尙書》說「大麓」皆以爲三公位，謂「總錄萬機」（說見第二章第七三條）；則此所云「三公上則台，下象山岳」「遭烈風不迷，遇迅雨不惑」者，亦爲《夏侯尙書》說也。

32. 「……《尚書》曰『上刑挾輕、下刑挾重』，如今使臧吏禁錮子孫，以輕從重，懼及善人，非先王詳刑之意也。」（〈劉愷傳〉）

按：〈呂刑〉云：「上刑適輕下服，下刑適重上服。」此引《尙書》云者，蓋引〈呂刑〉文也。其引與今本不同者，蓋古人引文不盡嚴謹故也。此引作「挾」者，用《今文尙書》也。段玉裁《古文尙書撰異》云：「愷所用《今文尙書》也。以策字隸多爲筴例之，適之爲挾，恐亦類此。」段說是也。

又：〈呂刑〉云：「有邦有土，告汝祥刑。」此云「先王詳刑之意」者，即檃括〈呂刑〉之辭。此引作「詳」者，古文今文本如是，今作「祥」者，後人所改。（詳見第二章第16.條之（2））

33. 彪上言曰：「昔成王之爲孺子，出則周公、邵公、太史佚，入則大顚，閎夭，南宮括，散宜生。」（〈班彪傳〉）

按：〈君奭序〉云：「召公爲保，周公爲師，相成王爲左右。」此云「出則周公，邵公」者，即檃括〈君奭序〉之辭也。

又：〈君奭〉篇云：「惟文王尙克修我有夏，亦惟有若虢叔、有若閎夭、有若散宜生、有若泰顚、有若南宮括。」又曰：「武王惟茲四人，尙迪有祿。」此云「入則大顚，閎夭、南宮括、散宜生」者，蓋檃括〈君奭〉之辭。此引五人中獨缺虢叔，僞孔傳云：「武王蹈有天祿，虢叔先死，故曰四人。」由此文缺虢叔考之，孔傳之說，亦有所本。此引作「大顚」者，其文本如此，作泰顚者，後世所改，此猶古之〈大誓〉，後作〈太誓〉、至漢則作〈泰誓〉矣。

34. 時固始弱冠，奏記說蒼曰：「……據高明之埶……」（〈班固傳〉）

按：〈洪範〉云：「無虐煢獨而畏高明。」此云「高明之埶」者，即檃括〈洪範〉之文。

35. 「……以輔高明……信日昊之聽。」（〈班固傳〉）

按：〈洪範〉云：「沈潛剛克，高明柔克。」此云「高明」者，即引〈洪範〉之文也。

又：〈無逸〉云：「自朝于日中昊，不遑暇食。」此云「日昊之聽」者，即隱括〈無逸〉之文。

36. 班固《兩都賦》：「……是故橫被六合。……」（〈班固傳〉）

按：〈堯典〉云：「曰放勳、欽、明、文、思、安安，允恭克讓，光被四表。」此引「橫被六合」者，蓋隱括〈堯典〉文。此引作「橫」者，蓋三家之異文。班固習《夏侯尚書》，夏侯與古文多作「光」，此作「橫」者，旁採《歐陽尚書》也。（參見第二章第八條）

37. 「……奮布衣以登皇極。」（〈班固傳〉）

按：〈洪範〉云：「五、皇極。皇建其有極。」此云「皇極」者，引〈洪範〉之文也。

38. 「……龔行天罰，應天順人，斯乃湯、武之所以昭王業也。」（〈班固傳〉）

按：〈牧誓〉云：「今予發，惟恭行天之罰。」此云「龔行天罰」者，即引〈牧誓〉之文。此引作「龔」者，乃三家之異文也。古文則本作「共」，至衛包改作「恭」。（詳見第三章第48.條）。又〈湯誓〉云：「爾尚輔予一人，致天之罰，予其大賚汝。」此湯亦行天之罰，故以「龔行天罰」函括湯、武也。

39. 「……遷都改邑，有殷宗中興之則焉；即土之中，有周成隆平之制焉。」（〈班固傳〉）

按：〈盤庚〉上云：「盤庚遷于殷。」又曰：「先王有服，恪謹天命，茲猶不常寧，不常厥邑，于今五邦。」又曰：「天其永我命于茲新邑，紹復先王之大業，厎綏四方。」此云「遷都改邑，有殷宗中興之則」者，即隱括〈盤庚〉上之文辭也。

又：〈召誥〉云：「王來紹上帝，自服于土中。」此云「即土之中」者，即隱括〈召誥〉之辭也。

40. 「……登靈臺，考休徵。……」（〈班固傳〉）

按：〈洪範〉云：「曰休徵：曰肅，時雨若；曰乂，時暘若；曰哲，時燠若；曰謀，時寒若；曰聖，時風若。」此云「考休徵」者、蓋隱括〈洪範〉之辭也。

41. 「……因相與嗟歎玄德，讜言弘說，咸含和而吐氣。」（〈班固傳〉）

　　按：〈皋陶謨〉云：「禹拜昌言。曰：俞。」此云「讜言」者，即引〈皋陶謨〉之文也。考《史記・夏本紀》：「帝舜謂禹曰：『汝亦昌言。』」《論衡・貴驗》篇：「禹拜昌言。」《孟子・公孫丑》篇「禹聞善言則拜」趙岐注云：「《尚書》曰：『禹拜讜言。』」此引作「讜言」，與《今本尚書》作「昌言」不同者；段玉裁《古文尚書撰異》云：「《古文尚書》作昌，《今文尚書》作讜。僞孔傳釋昌爲善，〈益稷〉釋文昌丁浪反，本亦作讜，當蕩反。引李登聲類曰『讜言，善言也』，孟子趙注引《尚書》曰『禹拜讜言』，此《今文尚書》作讜證也。班固〈西都賦〉云『讜言宏說』，李善注引字林『讜言，善言也，音黨』。孟堅亦用《今文尚書》耳。讜，《逸周書》作黨。〈祭公解〉『拜稽首黨言』。盧氏召弓曰『黨、讜、古字通。《荀子・非相》篇「博而黨正」、註謂直言也。又見〈張平子〉、〈劉寬〉二碑。玉裁謂〈平子碑〉『黨言允諧』，《劉寬碑》前云『朝廷忠讜』，後云『對策嘉讜』，可見漢人黨讜通用，蓋古只作黨，後人或加言旁，是以許君不收，而李登、呂忱乃收之。古昌、黨音同，如閶闔，〈子雲賦〉作闛闍；鼓聲不過閶闍，即鼞字可證。此古文作昌，今文作黨，音同義同也。《說文》曰『昌，美言也。從日從曰』，與字林讜字訓同。然則昌，本字；黨，假借字也。」段氏以爲作昌者古文，作黨、讜者今文，三字音同，而昌爲本字，黨爲假字，確爲的論。然亦有可補充者，陳喬樅《今文尚書經說考》云「以愚考之，作讜作黨者，蓋大小夏侯之本也；其《歐陽尚書》但作昌字。觀《史記・夏本紀》云『帝舜謂禹曰「汝亦昌言」，作昌字，可澄《歐陽尚書》之同於古文者也。』考班習用《小夏侯尚書》，故此引文作讜言；又《論衡》之於《尚書》用歐陽之說。（見陳喬樅《今文尚書經說考》「納于大麓」條），而《論衡》亦作「昌言」與《史記》同，益見《歐陽尚書》作「昌言」，與古文同也。陳氏之說可補段氏之未及矣。

42. 辟雍詩：「……皤皤國老，迺父迺兄。」（〈班固傳〉）

　　按：〈秦誓〉云：「尚猷詢茲黃髮，則罔所愆。番番良士，旅力既愆，我尚有之。」此云「皤皤」者，即引〈秦誓〉之文。此引作「皤」者，用本字；今本《尚書》作「番」，乃省借字也。（詳見本章第 4.條之（2））

43. 靈臺詩：「……帝勤時登，爰考休徵。……百穀湊湊，庶卉蕃蕪。……」
　　　（〈班固傳〉）

（1）爰考休徵

按：〈洪範〉云：「曰休徵：曰肅，時雨若；曰乂，時暘若；曰哲，時燠若；曰謀，時寒若；曰聖，時風若。」此云「休徵」，即隱括〈洪範〉之文。

（2）庶卉蕃蕪

按：〈洪範〉云：「八庶徵：曰雨、曰暘、曰燠、曰風、曰時。五者來備，各以其敘，庶草蕃廡。」此云「庶卉蕃蕪」者，乃隱括〈洪範〉之辭也。考《史記・宋世家》：「庶草絲廡。」《漢書・谷永傳》：「五徵時序，庶屮蕃滋。」《說文・無字》云：「森，豐也。从林奭。或說規模字，从大卅，數之積也。林者木之多也。卅與庶同意。《商書》曰：『庶草絲森。』」「絲」與「蕃」，同為唇音十四部，古二字多通用，蕃為本字，《說文》云：「蕃，艸茂也。」段玉裁《古文尚書撰異》云：「《爾雅・釋詁》『苞、蕪、茂、豐也』，《釋文》曰『蕪，古作森』。按許說本《爾雅》、《爾雅》古本作森是也。隸變森作無，以為有無字，遂改《爾雅》之森、茂从艸作蕪。〈鴻範〉之絲無从广作廡，皆非本字。」孔傳曰：「廡，豐也。」許書引〈商書〉作森，是其古文本字當「森」，今作廡字為假借。此引「蕪」字，為後造形聲字。史公引書與古文同，是歐陽字作「絲廡」，此引「蕃蕪」，乃《夏侯尚書》也。

44. 〈典引〉篇：「……陶唐舍胤而禪有虞，虞亦命夏后，稷、契熙載，越成湯、武。股肱既周，天乃歸功元首，將授漢劉。俾其承三季之荒末，值元龍之災孽，懸象暗而恆文乖，彝倫斁而舊章缺。故先命玄聖，使綴學立制，宏亮洪業，表相祖宗，贊揚迪哲，備哉燦爛，真神明之式也。……」
（〈班固傳〉）

（1）陶唐舍胤而禪有虞

按：〈堯典〉云：「曰：『疇咨，若時登庸。』放齊曰：『胤子朱啟明。』帝曰：『吁！嚚訟可乎。』」此云「陶唐舍胤子而禪有虞」者，即隱括〈堯典〉之辭。

（2）契稷熙載

按：〈堯典〉云：「舜曰：『咨四岳、有能奮庸，熙帝之載，使宅百揆，亮采惠疇！』」又曰：「帝曰：『棄，黎民阻飢，汝后稷，播時百穀。』帝曰：『契，百姓不親，五品不遜，汝作司徒，敬敷五教，在寬。』」此云「稷、契熙載」者，蓋隱括〈堯典〉之辭也。

（3）股肱既周，天乃歸功元首

按：〈皋陶謨〉曰：「乃賡歌曰：『元首明哉！股肱良哉！庶事康熙！』」此云「股

肱既周，天乃歸功元首」者，即櫽括〈皋陶謨〉之辭。

（4）彝倫斁而舊章缺

按：〈洪範〉云：「帝乃震怒，不畀〈洪範〉九疇，彝倫攸斁。」此云「彝倫斁」者，即櫽括〈洪範〉之文。

（5）贊揚迪哲

按：〈無逸〉云：「嗚呼！自殷王中宗、及高宗、及祖甲、及我周文王，茲四人迪哲。」此云「贊揚迪哲」者，櫽括〈無逸〉之文。

45. 「……然後欽若上下，恭揖羣后，正位度宗，有于德不台淵穆之讓，靡號師矢敦奮撝之容。蓋以膺當天之正統，受克讓之歸運。……」（〈班固傳〉）

（1）欽若上下

按：〈堯典〉云：「欽若昊天。」又曰：「格于上下」此云「欽若上下」者，乃櫽括〈堯典〉之文。

（2）正位度宗

按：〈顧命〉云：「延入翼室，恤宅宗。」此云「度宗」者，即引〈顧命〉之文。此引作「度」者，考李賢注引《尚書》曰：「『延入翼室，恤度宗。』度、居也；宗尊也。」李賢所引，蓋襲取蔡邕〈典引〉注爲之，蔡氏丹書石經用小夏侯本，而班固亦習小夏侯，故同作「度」也。段玉裁《古文尚書撰異》云：「凡《古文尚書》宅字，《今文尚書》皆作度。考〈堯典〉「宅嵎夷」「宅南交」「宅西」「宅朔方」「三危既宅」「五流有宅」「五宅三居」諸「宅」字，《史記》、《周禮》鄭注引《今文尚書》，皆作「度」，（詳見第五章183條），段氏之說是也。

（3）有于德不台淵穆之讓

按：〈堯典〉云：「舜讓于德，弗嗣。」此云：「有于德不台淵穆之讓」者，蓋櫽括〈堯典〉之文也。考《史記・五帝本紀》：「舜讓于德、不懌。」徐廣：「音亦，《今文尚書》作不怡，怡，懌也。」《史記・自敘》曰：「唐堯遜位，虞舜不台。」《索隱》曰：「台音怡，悅也。」《史記・自敘》：「惠之早霣，諸呂不台。」徐廣《音義》曰：「怡，懌也。」《漢書・司馬遷傳》〈遷報任少卿書〉曰：「主上為之食不甘味，聽朝不怡。」《史記・夏本紀》注引鄭玄注〈禹貢〉「祗台德先」云：「其敬悅天子之德既先。」《隸釋》載〈魏公卿上尊號〉云：「讓德不嗣。」裴松之《三國志》注引《甲子魏王上書》曰：「猶執謙讓于德不嗣。」《文選》〈典引〉李善注引《尚書》曰：「舜攘于德，不台。《漢書・音義》韋昭曰：『古文台為嗣。』」此文李賢注引「前書曰：『舜讓于德不台。』《音義》曰：『台讀若嗣。』」

《史記‧自敘》作「不台」，司馬貞，徐廣均解作「怡」「懌」，而〈夏本紀〉引鄭注「台」亦作「悅」，則「台」之爲「怡悅」，蓋古訓也。〈五帝本紀〉作「懌」，蓋以訓詁字代經字也。徐廣曰：「《今文尚書》作不怡」，李善注引《漢書‧音義》曰：「古文台爲嗣。」皆可證《今文尚書》作「台」「怡」，而《古文尚書》作「嗣」也。江聲《尚書集注音疏》云「然則古《尚書》實作不台，其作弗嗣者，亂經者也。」據《漢書‧音義》，《隸釋》載文及裴松之《三國志》注，皆可證古文實作「嗣」、江氏之說非是。嗣，从口冊司聲；嗣之古文作𤔲，亦從辛冂（司）聲。辭之籀文作𤔲，其與嗣皆从司聲。又辭於金文或作辝，从辛台聲，與台、怡同。伯康殷「夙夜無𤔲」，即詩之「夙夜無斁」，梓材「和懌」之懌，《釋文》又作「斁」，然則台、怡、懌、斁、嗣、嗣、皆同音，故相通叚也。台、司均屬一部。《公羊》「治兵」作「祠兵」，韓詩「嗣音」作「詒音」，此台司爲二字同音通借之證。

（4）受克讓之歸運

按：〈堯典〉云：「允恭克讓。」此云「克讓」者，蓋引〈堯典〉之文。

46.「……乘其命賜彤弧黃戚之威，用討韋、顧、黎、崇之不格。至乎三五華夏，京遷鎬、亳，遂自北面，虎離其師，革滅天邑。……」（〈班固傳〉）

按：〈西伯戡黎〉云：「西伯既戡黎。」此云「用討韋顧黎崇之不格」者，即欒括〈西伯戡黎〉之辭。

又：〈牧誓〉云：「勖哉夫子。尚桓桓，如虎、如貔、如熊、如羆，于商郊。」此云「虎離其師」者，乃欒括〈牧誓〉之辭。其作「離」者，蓋《今文尚書》也。（詳參第二章第 11.條之（2））

又：〈多士〉云：「予一人惟聽用德，肆予敢求爾于天邑商。」此云「天邑」者，即引〈多士〉之文。

47.「……然後宣二祖之重光，襲四宗之緝熙。神靈日燭，光被六幽，仁風翔乎海表，威靈行於鬼區，匿亡迴而不泯，微胡瑣而不頤。故夫顯定三才昭登之績，匪堯不興；鋪聞遺策在下之訓，匪漢不弘。」（〈班固傳〉）

（1）宣二祖之重光

按：〈顧命〉曰：「昔君文王、武王，宣重光。」此云「宣二祖之重光」者，蓋欒括〈堯典〉之文。

（2）光被六幽

按：〈堯典〉云：「允恭克讓，光被四表。」此云「光被六幽」者，即櫽括〈堯典〉文也。

（3）仁風翔乎海表

按：〈立政〉云：「以陟禹之迹，方行天下，至于海表，罔有不服。」此云「海表」者，乃引〈立政〉之文。

（4）顯定三才昭登之績，匪堯不興；鋪聞遺策在下之訓，匪漢不弘

按：〈文侯之命〉云：「丕顯文武，克慎明德，昭升于上，敷聞在下。」此云「昭登之績」「鋪聞在下」者，即櫽括〈文侯之命〉之文。考《史記・晉世家》：「昭登于上，布聞在下。」《後漢書・東平憲王傳》曰：「傅聞在下。」蔡邕〈太尉汝南李公碑〉：「懿鑠之美，昭登于上。」蔡邕〈太尉楊公碑〉：「敷聞于下，昭升于上。」蔡邕《典引》注：「《尚書》曰：『昭登于上。』」史公用《歐陽尚書》，班固用《小夏侯尚書》，蔡邕習《小夏侯尚書》，而所引皆作「登」，段玉裁《古文尚書撰異》云：「此《今文尚書》也。如升鼎耳而雊，《史記》、《漢書》皆作登。凡古文作升，凡今文作登。」登，都膝切；升，識蒸切，古音同屬端紐六部，而其義亦近似，故相通用。〈楊公碑〉作「升」者，蓋後人據《今本尚書》改之。又《史記》作「布聞」，用訓詁字代經字也。《後漢書》作「傅聞」者，〈禹貢〉「禹敷土」，〈洪範〉「用敷錫厥民」「皇極之敷言」，《史記》俱作「傅」；〈堯典〉「敷奏以言」，〈皋陶謨〉「敷納以言」，《漢書・文帝》、〈宣帝〉、〈成帝紀〉，俱作「傅」，可知作「傅聞」者為《今文尚書》矣，亦可見史公之本作「傅」也。此引作「鋪聞」者，亦三家之異文。「傅」「敷」「鋪」同從甫聲，古音相同通用；作「傅」者假借字也。

48.「……兢兢業業……」（〈班固傳〉）

按：〈皋陶謨〉云：「兢兢業業，一日二日萬幾。」此云「兢兢業業」者，即引〈皋陶謨〉文。

49.「……躬奉天經、惇睦辯章之化洽，巡靖黎蒸，懷保鰥寡之惠浹。」（〈班固傳〉）

按：〈堯典〉云：「克明俊德，以親九族，九族既睦，平章百姓。」此云「惇睦辯章之化」者，乃櫽括〈堯典〉之文也。此引作「辯章」者，蓋《今文尚書》也。（詳見本章41.條）

又：〈無逸〉云：「文王卑服，即康功田功。徽柔懿恭，懷保小民，惠鮮鰥寡。」

此云「懷保鰥寡之惠」者，乃櫽括〈無逸〉之文。

50. 「……是以來儀集羽族於觀魏，肉角馴毛宗於外圃。」（〈班固傳〉）

按：〈皋陶謨〉云：「簫韶九成，鳳皇來儀。」此云「來儀」者，即引〈皋陶謨〉文。

51. 「……昔姬有素雉、朱鳥、玄秬、黃鬯之事耳。」（〈班固傳〉）

按：此云「姬有朱鳥」之事，蓋櫽括〈今文泰誓〉之辭。考《尚書大傳》：「武王伐紂，觀兵于盟津，有火流於王屋，化爲赤鳥，三足。」《史記‧周本紀》：「既渡，有火自上復于下，至于王屋，流爲烏，其色赤，其聲魄云。」《史記‧封禪書》：「周得火德，有赤鳥之符。」《漢書‧董仲舒傳》對策曰：「《書》曰：『白魚入于王舟，有火復於王屋，流爲烏。』」《漢書‧劉輔傳》：「昔武王周公，承順天地，以享魚、鳥之端。」師古曰：「事見《今文尚書》。」《春秋繁露‧同類相動》篇云：「《尚書傳》：『周將興之時，有火赤鳥銜穀之種，而集王屋之上者。』」《論衡‧講瑞》篇：「武王之時，火流爲烏，云其色赤。」荀悅《前漢記‧孝武皇帝記》：「《書》曰：『白魚入于王舟，有火復於王屋，流爲赤鳥。』」《尚書‧泰誓序》引馬融〈書序〉云：「〈泰誓〉云：『八百諸侯不召自來，不期同時，不謀同辭。火復于上，至於王屋，流爲雕，五至以穀俱來。』」《詩‧周頌‧思文》鄭箋：「武王渡孟津，白魚躍入于舟，出涘以燎，後五日，火流爲烏，五至以穀自來。」《正義》：「武王渡孟津至以穀俱來，皆《尚書》文。」《禮記‧檀弓上》〈正義〉：「《尚書‧泰誓》：火流爲烏，王動色變。」《墨子‧非攻下》云：「赤鳥銜珪，降周之岐社。」《呂氏春秋‧名類》篇云：「及文王之時，天先見火，赤鳥銜丹書，集于周社。」是先秦時已有「火流赤鳥」之說，蓋皆本乎先秦所行說〈泰誓〉之書也。漢代載籍及〈今文泰誓〉，亦本此書。《史記》、《春秋繁露》及《大傳》，蓋本先秦說〈泰誓〉之書，以其在武帝末以前也。《漢書》引董氏〈對策〉稱「《書》曰」者，蓋班固所改，據《春秋繁露》可知之。《漢書》、《論衡》、《前漢紀》、《周頌‧思文箋》、《禮記‧檀弓上‧正義》、《尚書泰誓序》引馬融序等，皆在武帝末以後，所據當係〈今文泰誓〉也。

52. 「……若然受之，宜亦勤恁旅力，以充厥道，啟恭館之金縢，御東序之秘寶，以流其占。」（〈班固傳〉）

按：〈秦誓〉云：「番番良士，旅力既愆，我尚有之。」此云「旅力」者，即引〈秦誓〉之文。

又：〈金縢〉云：「王與大夫盡弁，以啓金縢之書。」此云「啓恭館之金縢」者，即隱括〈金縢〉之文。

又：〈顧命〉云：「大玉、夷玉、天球、河圖在東序。」此云「御東序之秘寶」者，蓋隱括〈顧命〉之辭也。

53. 「……既成羣后之讜辭，又悉經五繇之碩慮。……」（〈班固傳〉）

按：〈皋陶謨〉云：「禹拜昌言。」又曰：「來禹，汝亦昌言。」此云「讜辭」者，乃隱括〈皋陶謨〉之辭也。此引作「讜辭」者，作「讜」乃《夏侯尚書》。（詳見本章 41.條）。辭即言也。

54. 「……汪汪乎丕天之大律，其疇能亘之哉？」（〈班固傳〉）

按：此云「丕天之大律」者，蓋引〈今文泰誓〉之文也。考《漢書·郊祀志》：「〈太誓〉曰：『正稽古立功立事，可台永年，丕天之大律。』」師古曰：「〈今文泰誓〉周書也。」本文李賢注引《今文尚書·太誓》篇曰：「立功立事，可以永年，丕天之大律。」所引與《漢書·郊祀志》同，此引「丕天之大律」，即《漢書》所引〈太誓〉之辭也。班固引文在武帝末之後，其時〈今文泰誓〉已出，歐陽、夏侯已收入《尚書》中，則此所引蓋據〈今文泰誓〉也。（詳參第二章 2.條及第三章 49.條）

55. 上疏曰：「《書》曰：『臣無作威作福，其害于而家，凶于而國。』」（〈第五倫傳〉）

按：〈洪範〉云：「臣之有作福作威玉食，其害于而家，凶于而國。」此引《書》曰云云，即〈洪範〉之文也。此引先威後福者，蓋《今文尚書》也。（詳見第三章 14.條）。又此引無「玉食」者，蓋約引之辭也。

56. 曰：「……陛下即位，躬天然之德，體晏晏之姿，以寬弘臨下。」（〈第五倫傳〉）

按：〈堯典〉云：「欽、明、文、思、安安。」此云「晏晏之姿」，即引〈堯典〉之文。此引作「晏」者，蓋《今文尚書》也。（詳見第二章 71.條之（3））

57. 「……不宜遽加喜怒，以明在寬。」（〈第五倫傳〉）

按：〈堯典〉云：「百姓不親，五品不遜，汝作司徒，敬敷五教，在寬。」此云「以明在寬」者，即隱括〈堯典〉之文也。

58. ……意以為從禽廢政，常當車陳諫般樂遊田之事，天子即時還宮。（〈鐘離意傳〉）

按：〈無逸〉云：「文王不敢盤于遊田，以庶邦惟正之供。」此云「般樂遊田」即引〈無逸〉之文。考《國語‧楚語》左史倚相引〈周書〉曰：「惟政之共」晏子《諫下》篇云：「昔文王不敢盤遊於田，故國易而民安。」《漢書‧谷永傳》：「自今嗣王其母淫于酒，毋劮于遊田，維正之共。」漢石經殘字：「酒毋劮于遊田，維口口共。」張衡〈西京賦〉：「盤于游田。」《後漢書‧郅鄆傳》：「昔文王不敢槃于游田，以萬人為憂。」又〈陳蕃傳〉：「周公戒成王，無槃于遊田。」諸史書及石經均作「盤（槃）于遊（游）田」，則晏子作「盤遊於田」有誤，皮錫瑞以為「疑後人妄改之」是也。此引作「般樂」，諸書多作盤，作槃，《說文》八篇下云：「般，辟也。象舟之旋。从舟从殳。殳令舟旋者也。」段注云：「《論語》包氏注足躩如盤辟皃也，盤當作般；般辟，漢人語，謂退縮旋轉之皃也。《大射儀賓辟注》曰：辟，逡遁不敢當盛。〈釋言〉曰：般，還也。還者，今之環字，旋也。荀爽注《易》曰：盤桓者動而退也，般之本義如是，引伸為般遊般樂。」則此作般，用其本字也。盤、槃，《說文》六篇上云：「槃，承槃也，从木般聲。盤，籀文從皿。」二字為一字之異體則作盤、槃者，假借字。三字皆從般聲，故可假借通用也。

又：《說文》七篇云：「游，旌旗之流也。从㫃汓聲。遊，古文游。」段注云：「从辵者，流行之義也。从学者，汓省聲也。俗作遊者，合二篆為一字。」依段說則字當从游，从遊者，俗所改。

「從禽廢政」之政，即「惟正之供」之正。偽孔傳曰：「則當以正道供待之故。」下又曰：「用萬民當惟正身以供待之故。」則其義為「正當」，不與「政」同。《國語‧楚語》作「政」，《漢書》作「正」；陳喬樅《今文尚書攷證》云：「政、正古相通用，《谷永傳》引下文維正之共，亦作正字，是作正者《今文尚書》，作政者，《古文尚書》也。《周禮‧凌人注》曰：『故書正作政』，是其驗矣。」又曰：偽孔傳『惟正之供』上有庶邦三字，江聲曰：『惟政之共』，謂文王敬共於政事。據《國語》引〈周書〉云云，則不得有『以庶邦』三字，此偽孔傳所增也。」

總考上述，則此作般用本字也；作政，解作「政事」，合於真《古文尚書》，而與偽孔傳大異。

59. 意復上疏曰：「……願陛下垂聖德，揆萬機。」（〈鐘離意傳〉）

按：〈皋陶謨〉云：「兢兢業業、一日二日萬幾。」此云「撥萬機」者，即隱括〈皋陶謨〉之辭也。此引作「機」者，蓋漢魏《尚書》本作此，與今本作「幾」者異。（詳見第二章 22.條之（2））

60. 乃上疏諫曰：「陛下至孝烝烝，恩愛隆深。……昔周公懷聖人之德，有致太平之功，然後王曰叔王，加以錫幣。」（〈宋意傳〉）

（1）陛下至孝烝烝

按：〈堯典〉云：「岳曰：『瞽子。父頑、母嚚、象傲、克諧以孝，烝烝乂，不格姦。』此云「至孝烝烝」者，即隱括〈堯典〉之文也。此引以「烝烝」絕句者，蓋漢、魏《尚書》之本然，今本以「烝烝乂」為句，釋為使「進進以善治」者，乃孔傳誤讀也。（詳見第二章 26.條）

（2）然後王曰叔父，加以錫幣

又：〈召誥〉云：「太保乃以邦家君，出取幣，乃復入，錫周公。」此云周公之事，蓋隱括〈召誥〉之辭也。考宋意傳父業，習《大夏侯尚書》，則此引周公之事為大夏侯今文之說。《尚書正義》引鄭玄注云：「召公見眾殷之民大作，周公德隆功成，有反政之期，而欲顯之，因大教天下。故以諸侯出取幣使戒成王立于位，以其命賜周公。」鄭君所云與宋意大夏侯說合，則鄭君於此用今文說也。

61. 蒼即上書諫曰：「臣聞時令，盛春農事，不聚眾興功。傳曰：『田獵不宿，食飲不享，出入不節，則木不曲直。』此失春令者也。」（〈光武十王列傳〉）

按：《尚書·洪範五行傳》曰：「田獵不宿，飲食不享，出入不節，奪人農時，及有姦謀，則木不曲直。」《續漢書·五行志》引亦同，則此所引「傳曰」者，蓋《尚書·洪範五行傳》之辭也。

62. 策曰：「……出作蕃輔，克慎明德，率禮不越，傅聞在下。」（〈光武十王列傳〉）

按：〈文侯之命〉云：「丕顯文武，克慎明德，昭升于上，敷聞在下。」此云「克慎明德」「傅聞在下」者，即引〈文侯之命〉之辭。此引作「傅聞」者，用《今文尚書》也。

63. 太學生劉陶等數千人詣闕上書訟穆曰：「……天下有識，皆以穆同勤禹、稷，而被共、鯀之戾。……」（〈朱穆傳〉）

按：〈皋陶謨〉云：「禹拜曰：『都、帝，予何言，予思日孜孜。』又曰：「暨稷

播奏，庶艱食鮮食，懋遷有無化居，烝民乃粒，萬邦作乂。」此云「同勤禹、稷」者，蓋檃括〈皋陶謨〉之辭。

又：〈堯典〉云：「流共工于幽州，放驩兜于崇山，竄三苗于三危，殛鯀于羽山。」此于「共、鯀之戾」者，即檃括〈堯典〉之文。

64. 論曰：「**朱穆見比周傷義，偏黨毀俗。**」（〈朱穆傳〉）

按：〈洪範〉云：「無偏無黨，王道蕩蕩，無黨無偏，王道平平。」此云「偏黨毀俗」者，檃括〈洪範〉之文也。

65. **和帝未親萬機。**（〈樂恢傳〉）

按：〈皋陶謨〉曰：「兢兢業業，一日二日萬幾。」此云「未親萬機」者，即引〈皋陶謨〉之辭。此作「機」者，蓋漢魏原本；今本作「幾」，孔傳改之。（詳見第二章二二條之（2））

66. **敞奏記曰：「……明公履晏晏之純德。**」（〈何敞傳〉）

按：〈堯典〉云：「欽、明、文、思、安安。」此云「晏晏」者，即引〈堯典〉之文。此引作晏者，《今文尚書》也。（詳見第二章 71.條之（3））本傳云敞六世祖比干學《尚書》於朝錯，朝錯即西漢文帝時太常掌故，往受伏生《尚書》者也。則何氏傳《今文尚書》矣。何敞習家學，用今文，此作「晏晏」即其明徵。

67. 「**……是以夏禹玄圭，周公束帛。**」（〈何敞傳〉）

按：〈禹貢〉云：「禹錫玄圭，告厥成功。」此云「夏禹玄圭」者，即檃括〈禹貢〉之文也。

又：〈召誥〉云：「太保乃以庶邦冢君，出取幣，乃復入，錫周公。」此云「周公束帛」者，蓋檃括〈召誥〉之辭也。

68. **敞上疏諫曰：「……陛下履晏晏之姿。……**」（〈何敞傳〉）

按：〈堯典〉云：「欽、明、文、思，安安。」此云「晏晏」者，即引〈堯典〉之文。此引作「晏」者，用《今文尚書》也。（詳見第二章71.條之（3））

69. **禹上言：「方諒闇密靜之時，不宜依常有事於苑囿。**」（〈張禹傳〉）

按：〈無逸〉云：「其在高宗，時舊勞于外，爰暨小人，作其即位，乃或亮陰，三年不言。」又〈堯典〉云：「帝乃殂落，百姓如喪考妣，三載，四海遏密八音。」

此云「諒闇密靜之時」者，蓋隱括〈無逸〉、〈堯典〉之文也。此以「諒闇」「密靜」同舉，則是以「諒闇」作居喪解，其作「諒闇」者，《今文尚書》也。（詳見第二章69.條）

70.「……陛下體蒸蒸之至孝，親省方藥……」（〈張禹傳〉）

按：〈堯典〉云：「克諧以孝，烝烝乂、不格姦。」此云「蒸蒸之至孝」者，則隱括〈堯典〉之文也。此引作「蒸蒸之至孝」，是以「以孝蒸蒸」句，與偽孔古大作「克諧以孝，烝烝乂」句讀不同，蓋作「以孝蒸蒸」絕句，乃漢魏《尚書》本如此；今偽古文誤讀，失之。（詳見第二章26.條）

71. 廣復與敞、虔上書駁之，曰：「……《書》載稽疑，謀及卿士。」（〈胡廣傳〉）

按：〈洪範〉云：「七稽疑。」又曰：「汝則有大疑，謀及乃心，謀及卿士，謀及庶人，謀及卜筮。」此云「《書》載稽疑，謀及卿士」者，蓋隱括〈洪範〉之辭也。

72. 尚書史敞等薦廣曰：「……『明試以功』，典謨所美；『五服五章』，天秩所作。……」（〈胡廣傳〉）

（1）「明試以功」，典謨所美

按：〈堯典〉云：「敷奏以言，明試以功，車服以庸。」又〈皋陶謨〉云：「敷納以言，明庶以功，車服以庸。」此云「明試以功，典謨所美」者，蓋引〈堯典〉、〈皋陶謨〉文也。考《春秋·僖公二十七年》《左傳》云：「趙衰曰：『〈夏書〉曰：賦納以言，明試以功，車服以用。君其試之。』」《續漢書·輿服志》：「《書》曰：『明試以功，車服以用。』夫禮服之興也，所以報功章德，尊仁尚賢。」王符《潛夫論·考績篇》云：「《書》曰：『賦納以言，明試以功，車服以庸，誰能不讓，誰能不敬應，此堯之所以養黎民而致時雍也。』」《左氏傳》引〈夏書〉，作「明試以功」，杜預注曰：「明試以功，攷其事也。」則左氏所引作「試」，《續漢志》及王符《潛夫論》引亦同作「明試」，此引「明試以功」，以〈典〉〈謨〉同稱，則亦作「明試」，與左氏同。左氏古文而漢儒多用今文，然同作「明試」，是見古文今文同也。今本作「明庶」者，蓋偽孔本改之也。日本山井鼎七《經孟子考文》曰：「足利古本庶作試」，足證作「明庶」者誤也。

（2）五服五章，天秩所作

按：〈皋陶謨〉云：「天秩有禮，自我五禮有庸哉！同寅協恭和衷哉！天命有德，

五服五章哉！」此云「五服五章，天秩所作」者，蓋隱括〈皋陶謨〉之文。考《漢書‧王嘉傳》：「《書》云：『天命有德，五服五章哉。』《後漢書‧應劭議》曰：『《尚書》稱天秩有禮，五服五章哉，天討有罪，五刑五用哉。』」而《潛夫論‧述赦》篇：「《書》稱天命有德，五服五章；天討有罪，五刑五用。」此引文以「五服五章」與「天秩」連屬，《後漢書‧應劭傳》同，似其文作「天秩有禮，五服五章」者，然考之《漢書》、《潛夫論》所引，均與今本《尚書》同序，則此引文不當有此大異，蓋約而引之者，非其序如此也。

73. **居處仄陋，以耕學為業。**（〈袁閎傳〉）

按：〈堯典〉云：「明明揚側陋。」此云「仄陋」者，引〈堯典〉之文也。古今文《尚書》皆有作「仄」者，今本《尚書》作「側」，乃衛包所改定。仄、側古同音多通作。（說見第三章 19.條）

74. **詔報曰：「經云：『身雖在外，乃心不離王室。』」**（〈張酺傳〉）

按：〈康王之誥〉云：「今予一二伯父，尚胥暨顧，綏爾先公之臣，服于先王，雖爾身在外，乃心罔不在王室。」此云經之者，蓋即隱括〈康王之誥〉之文也。考《漢書‧谷永傳》：「經曰：『雖爾身在外，乃心無不在王室。』《後漢書》荀彧勸操曰：『雖禦難於外，乃心無不在王室。』〈谷永〉、〈荀彧〉引文，均作「無不在」，與今本《尚書》作「罔不在」異，蓋漢儒多用今文，谷永引經，必為立官之本，則作「無不在」者，《今文尚書》也。無與罔二字同屬明紐，無屬五部，罔在十部對轉通用，此猶亡之與無古字多通用也。今肅宗詔作「不離」者，肅宗受《歐陽尚書》，其引文義同而文異者，蓋雖稱經云云，然乃略引其辭，非歐陽經如此也。

75. **乃上疏曰：「……故唐堯著典，『眚灾肆赦』；周公作戒，『勿誤庶獄』；伯夷之典，『惟敬五刑，以成三德』，由此言之，聖賢之政，以刑罰為首。」**（〈陳寵傳〉）

(1) 唐堯著典「眚灾肆赦」

按：〈堯典〉云：「眚災肆赦，怙終賊刑，欽哉欽哉，惟刑之恤哉。」此云「眚灾肆赦」者，即引〈堯典〉之文。今本《尚書》以此分為〈舜典〉者，今據此稱「唐堯著典」，知漢時仍屬之〈堯典〉，今分在〈舜典〉者，偽孔本之大謬也。

(2) 周公作戒，「勿誤庶獄」

又：〈立政〉云：「今文子文孫，孺子王矣，其勿誤于庶獄。」此云「勿誤庶獄」

者，即引〈立政〉之文也。此引無「于」字者，蓋行文之便耳。

（3）伯夷之典，「惟敬五刑，以成三德」

又：〈呂刑〉云：「伯夷降典，折民惟刑。」又曰：「雖畏勿畏，雖休勿休，惟敬五刑，以成三德。」此云「伯夷之典」「惟敬五刑，以成三德」者即引〈呂刑〉文也。

76. 「……**數昭羣僚，弘崇晏晏**……」（〈陳寵傳〉）

按：〈堯典〉云：「欽、明、文、思、安安。」此云「晏晏」者，即引〈堯典〉之文。其作「晏晏」者，蓋《今文尚書》也。（詳見第二章71.條之（3））

77. 「……**或因公行私，逞縱威福。**……」（〈陳寵傳〉）

按：〈洪範〉云：「臣之有作福作威玉食，其害于而家，凶于而國。」此云「威福」者，即檃括〈洪範〉之辭也。此引先威後福者，蓋《今文尚書》也。（詳見第三章14.條）

78. 「……**方今聖德充基，假于上下。**……」（〈陳寵傳〉）

按：〈堯典〉云：「允恭克讓，光被四表，格于上下。」此云「假于上下」者，即引〈堯典〉之文。此引作「假」者，《今文尚書》也。（詳見第二章12.條之（4））

79. 「……**革百載之失，建永年之功。**」（〈陳寵傳〉）

按：《漢書·郊祀志》引〈今文太誓〉曰：「正稽古立功立事，可以永年，丕天之大律。」此云「永年之功」者，蓋檃括〈今文泰誓〉之辭也。（詳見第三章49.條）

80. 寵又鉤校律令，溢於〈甫刑〉者除之。（〈陳寵傳〉）

按：〈呂刑〉云：「五刑之屬三千。」此云「律令溢於〈甫刑〉者」，即檃括〈呂刑〉三千之義也。此引作「〈甫刑〉」者，用《今文尚書》也。（說見第三章5.條）

81. 曰：「臣聞禮經三百，威儀三千，故〈甫刑〉大辟二百，五刑之屬三千。」
（〈陳寵傳〉）

按：〈呂刑〉云：「大辟之罰，其屬二百。五刑之屬三千。」此云「〈甫刑〉大辟二百，五刑之屬三千」者，即檃括〈呂刑〉文也。此引稱〈甫刑〉者，《今文尚書》也。（詳見第三章5.條）

82. 忠自以世典刑法，用心務在寬詳。初父寵在延尉，上陳漢法溢於〈甫刑〉者，未施行。（〈陳忠傳〉）

（1）用心務在寬詳

按：〈堯典〉云：「敬敷五教，在寬。」又〈呂刑〉云：「王曰：『吁，來，有邦有土，告爾祥刑。』」又：「受王嘉師，監于茲祥刑。」此云「用心務在寬詳」，檃括〈堯典〉、〈呂刑〉之文。考《周禮‧大宰職注》：「《書》曰：『度作詳刑以詰四方。』」又〈大司寇注〉：「《書》曰：『王旂荒，度作詳刑以詰四方。』」《正義》注皆作「詳審」《漢書敘傳》：「季世不詳，背本爭末。」師古注：「不詳謂不盡用刑之理。〈周書〉曰：『告爾詳刑』。」《後漢書‧劉愷傳》曰：「非先王詳刑之意也。」李賢注：「《尚書》曰：『有邦有土，告爾詳刑。』鄭玄注云：『詳審察之也。』」王仲宣〈從軍詩〉：「司典告詳刑。」李善注引《尚書》『王曰：有邦有土，告爾詳刑。』段玉裁《古文尚書撰異》云：「合數條觀之，知古文今文，鄭本孔本，皆作从言之詳，顏籀李善之注可證也。古祥、詳多通用，蓋僞孔本亦作詳而讀爲祥，後經改作祥，如鳥讀爲島，後經改作島，非也。又按《史記‧周本紀》作祥者，淺人所改也。」段說是也。而詳祥古多通用。易履卦「視履考詳」，《釋文》：「祥本亦作詳。」《荀子‧成相篇》：「百家之說誠不詳。」注：「詳或爲祥。」此二字古通之證。今僞孔傳云：「告汝以善用刑之道」，以善訓詳，此讀詳爲祥也。後世遂改詳爲祥，並據改《史記》，段氏之說是也。

此作詳，據〈劉愷傳〉李賢注當作「詳審察之」義，且下文云「盜賊並起，郡縣更相飾匿莫肯糾發，忠獨以爲憂，上疏陳」云云者，可證也，則用義同鄭玄而與僞孔訓「善」不同。

（2）上除漢法溢於〈甫刑〉者

按：〈呂刑〉云：「墨罰之屬千，劓罰之屬五百，宮罰之屬三百，大辟之罰，其屬二百：五刑之屬三千。」此云「溢於〈甫刑〉者」，即檃括〈呂刑〉之義。而此稱〈甫刑〉者與僞孔本異，是用同漢儒及鄭玄之說。（詳見第三章5.條）

83. 上疏曰：「……《書》曰：『小不可不殺。』」（〈陳忠傳〉）

按：〈康誥〉云：「人有小罪非眚，乃惟終，自作不典，式爾，有厥罪小，乃不可不殺。」此稱《書》曰，所引即爲〈康誥〉之辭也。此引無「乃」字，又「小」字上無「有厥罪」者，蓋檃括其文也。

84. 「……庶有讜言，以承天誡。」（〈陳忠傳〉）

按：〈皋陶謨〉云：「禹拜昌言。」此云「讜言」者，即引〈皋陶謨〉文也。其作「讜」者，乃《夏侯尚書》也。（詳見本章41.條）

85. 忠上疏曰：「臣聞〈洪範〉五事，一曰貌，貌以恭，恭作肅，貌傷則狂，而致常雨。」（〈陳忠傳〉）

按：〈洪範〉云：「二、五事：一曰貌、二曰言、三曰視、四曰聽、五曰思。貌曰恭，言曰從，視曰明，聽曰聰，思曰睿。恭作肅，從作乂，明作哲，聰作謀，睿作聖。」又《洪範五行傳》之：「一曰貌。貌之不恭，是謂不肅，厥咎狂，厥罰常雨。」此云「〈洪範〉五事一曰貌」云云者，蓋隱括〈洪範〉及〈五行傳〉之辭也。

86. 上疏諫曰：「……上順國典，下防威福。」（〈陳忠傳〉）

按：〈洪範〉云：「臣無有作福，無有作威，無有玉食。」此云「下防威福」者，乃隱括〈洪範〉之文也。其引先威後福者，用《今文尚書》也。（詳見第三章14.條）

87. 論曰：「……忠能承風，亦庶乎明慎用刑而不留獄。」（〈陳忠傳〉）

按：〈康誥〉曰：「惟乃丕顯考文王，克明德慎罰。」此引「明慎用刑」句，乃約取〈康誥〉之文。

88. 昭上書請超曰：「……恐開姦宄之源，生逆亂之心。……」（〈班超傳〉）

按：〈堯典〉云：「蠻夷猾夏，寇賊姦宄。」此云「姦宄」者，正引〈堯典〉之文。此引作「姦宄」與《今本尚書》同，而與《史記》、《漢書・刑法志》、〈食貨志〉作「軌」不同者，史公用歐陽，班固《漢書》用小夏侯，皆作「軌」，則此引作「宄」者，必《大夏侯尚書》而與古文同。班固用《小夏侯尚書》（見《漢書・《尚書》說考微》），昭為其妹，習亦當同，此或偶用之耳。

89. 乃上疏曰：「……陛下聖明，德被四表……」（〈楊終傳〉）

按：〈堯典〉云：「允恭克讓，光被四表。」此云「德被四表」者，隱括〈堯典〉之文也。

90. 「……昔殷民近遷洛邑，且猶怨望。」（〈李法傳〉）

按：〈盤庚序〉云：「盤庚五遷，將治亳殷，民咨胥怨。」此云「殷民近遷洛邑，且猶怨望」者，即隱括書〈序〉之辭也。

91. 「……陛下誠仁思周洽，以親九族……。」（〈翟酺傳〉）

按：〈堯典〉云：「克明俊德，以親九族。」此云「以親九族」者，正引〈堯典〉之文也。

92. 於是興學校，舉仄陋。（〈應奉傳〉）

按：〈堯典〉云：「明明揚側陋。」此云「舉仄陋」者，即引〈堯典〉之文。作舉者，以詁訓字代經字；作仄者，古側、仄音同通作。（說見第三章 19.條）

93. 尚書陳忠以罪疑從輕，議活次、玉。（〈應劭傳〉）

按：〈呂刑〉云：「五刑之疑有赦，五罰之疑有赦。……墨辟疑赦，其罰百鍰，閱實其罪。劓辟疑赦，其罰惟倍，閱實其罪。剕辟疑赦，其罰倍差，閱實其罪。宮辟疑赦，其罰六百鍰，閱實其罪。大辟疑赦，其罰千鍰，閱實其罪。」墨、劓、剕、宮、大辟，皆重罪也，疑則舍此重罪而從輕罰。此云「罪疑從輕」，即隱括〈呂刑〉之義也。今本《偽孔尚書》〈大禹謨〉之「罪疑惟輕，功疑惟重」者，殆或據《後漢書》而偽。

94. 其議曰：「《尚書》稱天秩有禮，五服五章哉，天討有罪，五刑五用哉！」（〈應劭傳〉）

按：〈皋陶謨〉云：「天秩有禮，自我五禮有庸哉！同寅協恭和衷哉！天命有德，五服五章哉！天討有罪，五刑五用哉！」此云「《尚書》稱」者，蓋隱括〈皋陶謨〉之文也。（詳見本章 72.條之（2））

95. 「……夫時化則刑重，時亂則刑輕。《書》曰：『刑罰時輕時重』，此之謂也。」（〈應劭傳〉）

按：〈呂刑〉云：「輕重諸罰有權，刑罰世輕世重。」此引《書》曰者，正引〈呂刑〉之文也。考《荀子·正論》篇：「故治則刑重，亂則刑輕，犯治之罪固重，犯亂之罪固輕。《書》曰：『刑罰世輕世重。』此之謂也。」《漢書·刑法志》：「故治則刑重，亂則刑輕，犯治之罪固重，犯亂之罪固輕也。《書》云：『刑罰世輕世重。』此之謂也。」《周禮·大司寇》鄭注云：「周則變焉，所謂刑罰世輕世重者也。」《漢書·刑法志》所引，本諸《荀子·正論》篇，而應劭之文，亦出《荀子》，而《荀子》、《漢書》皆作「世」，惟應劭獨作「時」者，蓋唐人避諱改之，「時」「世」同義，其本亦作「世」，鄭君引亦作世，則今古文同也。

96. 「……雖未足綱紀國體，宣洽時雍，庶幾觀察，增闢聖德。惟因萬機之餘暇，游意省覽焉。」（〈應劭傳〉）

按：〈堯典〉云：「黎民於變時雍。」此云「時雍」者，即引〈堯典〉之文也。

又：〈皋陶謨〉云：「兢兢業業，一日二日萬幾。」此云「萬機之餘暇」者，乃隱括〈皋陶謨〉之文。其引作「機」者，乃漢、魏《尚書》之本然。作「幾」者乃偽孔改之。（詳見第二章 22.條之（2））

97. 延因上封事曰：「……故周公戒成王曰『其朋其朋』，言慎所與也。……」

（〈爰延傳〉）

按：〈洛誥〉曰：「孺子其朋，孺子其朋。其往。」此云「其朋其朋」者，蓋約引〈洛誥〉之文也。考《三國志・魏志》何晏奏曰：「周公戒成王曰『其朋其朋』，言慎所與也。」又〈蔣濟傳〉濟上疏曰：「昔大舜佐治，戒在比周；周公輔政，慎於其朋。」李賢注本文曰：「孺子其朋，孺子其朋，慎其往。」多一慎字。足利本、內野本、敦煌本二七四八並同。此本有慎字，故爰延申之曰「慎與也」。又《三國志・魏志》二條，亦有慎字，則此文本實有「慎」字，李賢引時尚有之，其後傳寫脫之。段玉裁以為「此疑妄增」，過矣。

98. 論曰：「孫懿以高明見忌，而受欺於陰計。」（〈徐璆傳〉）

按：〈洪範〉云：「無虐煢獨而畏高明。」又曰：「高明見忌」者，即隱括〈洪範〉之文。

99. 《潛夫論・貴忠》篇：「……《書》稱『天工人其代之』。王者法天而建官，故明主不敢以私授，忠臣不敢以虛受。」（〈王符傳〉）

按：〈皋陶謨〉云：「無曠庶官，天工人其代之。」此引《書》稱者，正引〈皋陶謨〉文。其下云「法天而建官」，是今文家之說也。（詳參第三章 1.條及第四章 1.條）

100. 〈浮侈篇〉：「……飢寒並至，則民安能無姦軌？姦軌繁多，則吏安能無嚴酷？嚴酷數加，則下安能無愁怨？愁怨者多，則咎徵並臻。」（〈王符傳〉）

按：〈堯典〉云：「蠻夷猾夏，寇賊姦宄。」此云「姦軌」者，即引〈堯典〉之文也。其作「軌」者，蓋歐陽、小夏侯《尚書》也。（詳見本章 13.條）

又：〈洪範〉云：「曰咎徵：曰狂，恆雨若；曰僭，恆暘若；曰豫，恆燠若；

日急，恆寒若；曰蒙，恆風若。」此云「咎徵並臻」者，即檃括〈洪範〉之辭也。

101. 〈愛日篇〉：「**是以堯勑羲和，欽若昊天，敬授民時。**」（〈王符傳〉）

按：〈堯典〉云：「乃命羲和，欽若昊天，曆象日月星辰，敬授人時。」此云「堯勑羲和，欽若昊天，敬授民時」者，蓋檃括〈堯典〉之文也。其引作「民時」者，《尚書》本作「民時」，唐時避諱始改作「人時」，唐以前皆作「民時」。（說見第三章第 59.條）

102. 〈述赦篇〉：「……**《書》曰『文王作罰，刑茲無赦』**」（〈王符傳〉）

按：〈康誥〉云：「乃其速由文王作罰，刑茲無赦。」此引《書》曰者，正引〈康誥〉之文。

103. 「……**故經稱『天命有德，五服五章哉！天討有罪，五刑五用哉！』**」（〈王符傳〉）

按：〈皋陶謨〉云：「天命有德，五服五章哉；天討有罪，五刑五用哉。」此云「經稱」者，即〈皋陶謨〉之文。

104. 〈損益篇〉：「……**故淺其根本，輕其恩義，猶尚假一日之尊，收士民之用。**」（〈仲長統傳〉）

按：〈呂刑〉云：「天齊于民，俾我，一日非終惟終，在人。」此云「假一日之尊，乃檃括〈呂刑〉之文也。此云「假」者，《今文尚書》也。至「一日」絕句者，與楊賜所引用，當亦《今文尚書》也。（詳參第五章 27.條）

105. 「……**身無半通青論之命，而竊三辰龍章之服。……**」（〈仲長統傳〉）

按：〈皋陶謨〉云：「予欲觀古人之象，日月星辰、山、龍、華蟲，作會；宗彝、藻、火、粉米、黼、黻，絺繡，以五采彰施于五色，作服，汝明。」此云「三辰龍章之服」者，即檃括〈皋陶謨〉之辭也。

106. 「……**今令五刑有品，輕重有數，科條有序，名實有正，非殺人逆亂鳥獸之行甚重者，皆勿殺。嗣周氏之秘典，續呂侯之詳刑，此又宜復之善者也。**」（〈仲長統傳〉）

按：〈呂刑〉云：「五辭簡孚，正于五刑。」又云：「上刑適輕下服，下刑適輕上服，輕重諸罰有權。」此云「五刑有品，輕重有數」者，蓋檃括〈呂刑〉

之辭。

又：〈呂刑〉云：「有邦有土，告爾祥刑。」此云「續呂侯之詳刑」者，即隱括〈呂刑〉之文。此引作「詳」者，蓋本作「詳」，後人據偽孔傳訓「善」改作「祥」。（詳見第二章一六條之（2））又此引稱「呂侯」，與漢儒稱作〈甫刑〉者不同，蓋偶用古文也。（詳見第三章五條）

107. 「……庶績不咸熙，未必不由此。」（〈仲長統傳〉）

按：〈堯典〉云：「允釐百工，庶績咸熙。」此云「庶績不咸熙」者，即引〈堯典〉之文。

108. 安帝詔曰：「……出入顛覆，風淫于家……其貶莨爵臨湖侯，朕無『則哲』之明……」（〈孝明八王列傳〉）

按：〈皋陶謨〉云：「罔晝夜頟頟，罔水行舟，朋淫于家，用殄厥世」。此云「風淫于家」者，蓋引〈皋陶謨〉之文也。此引作「風」者，考《說文》鳳字下云：「鳳，神鳥也。……从鳥凡聲。朋古文鳳。象形。鳳飛群鳥從之以萬數，故以為朋黨字。」而甲骨文鳳字作𦮼、𦮼，而其義多借作風字解。羅振玉《殷墟書契考釋》曰：「王氏國維曰『卜辭中屢云「其遘大鳳」，即其遘大風。《周禮‧大宗伯》風師作飌師，从蔮，而卜辭作鳳，二字甚相似。』予案此說是也。考卜辭中諸鳳字誼均為風，古金文不見風字，《周禮》之飌，乃卜辭中鳳字之譌，蓋譌𡄾為臽，譌凡為風耳。據此知古者假鳳為風矣。」其說是也。《史記‧夏本紀》註引鄭玄云：「朋淫，淫門內。」鄭氏以「門內」訓「朋」，古者以為「同門曰朋」，鄭既以門內釋之，則其本作朋無疑矣。鄭玄注《古文尚書》，其作朋者乃《古文尚書》也，且《說文》鳳字之古文朋，即朋字，益可明「朋」為《古文尚書》。今此文作「風淫」，古者多借鳳為風，且鳳、風二字均從凡聲，同音相通借，然則作「風淫」者，三家之異文也。蓋壁中經文本或作「朋」，伏生沿古讀作「風」，後世今文遂有隸定作風者；而孔安國則從其經字之本形讀作朋，由是古文作朋，今文或作風也。許叔重解朋字曰「或以為朋黨字」，亦據古文之說。此所謂「風淫」者，風即《左傳‧僖公四年》「惟是風馬牛不相及也」，費誓「牛馬其風」之風，凡禽畜雌雄情動相誘而亡佚者，謂之風；風淫即男女相惑亂也，於義亦通。

又：〈皋陶謨〉云：「惟帝其難之。知人則哲，能官人。」此云「則哲之明」者，即隱括〈皋陶謨〉之文也。

第五章　《後漢書·傳》引《尚書》考辨（下）

1. 龜臨行，上疏曰：「……焉可不日昃勞神，垂撫循之恩哉！唐堯親捨其子以禪虞舜者，是欲民遭聖君，不令遇惡主也。」（〈陳龜傳〉）

    按：〈無逸〉云：「自朝至于日中昃，不遑暇食。」此云「日昃勞神」者，乃檃括〈無逸〉之文也。

    又：〈堯典〉云：「帝曰：『疇咨，若時登庸？』放齊曰：『胤子朱啓明。』帝曰：『吁！嚚訟，可乎？』」此云「堯捨其子以禪虞舜」者，檃括〈堯典〉之辭也。

2. 「……聖德滂以橫被兮，黎庶愷以鼓舞。闢四門以博延兮，彼幽牧之我舉。」（〈崔駰傳〉）

    按：〈堯典〉云：「允恭克讓，光被四表。」此云「聖德滂以橫被兮」者，乃檃括〈堯典〉之文。此作「橫被」者，蓋《歐陽尚書》也。（詳見第二章 7.條）

    又：〈堯典〉云：「闢四門，明四目，達四聰。」此云「闢四門以博延」者，乃檃括〈堯典〉之文也。

3. 「……睹嫚臧而乘釁兮，竊神器之萬機。思輔弼以媮存兮，亦號咷以讎咨。」（〈崔駰傳〉）

    （1）竊神器之萬機

    按：〈皋陶謨〉云：「兢兢業業，一日二日萬機。」此云「萬機」者，即引〈皋陶謨〉文。此引作「機」者，乃《書》之本然，今作「幾」者，蓋偽孔改之。

    （2）亦號咷以讎咨

    按：〈堯典〉云：「帝曰：『疇咨，若予采？』」此云「讎咨」者，即引〈堯典〉之文。《說文》：「疇，耕治之田也。从田𤔴。象耕田溝詰詘也。」又「讎、詶

也。从言州聲。」二字同在三部舌音，同音通用；皆假借字也。《說文》二篇上云：「⿰口㠯，誰也。从口㠯又聲。㠯，古文疇。」段注云：「按此篆疑有誤。白部云『⿰白㠯，詞也。从白㠯聲』引〈唐書〉曰『帝曰⿰白㠯咨』與此音義大同，但其字从口㠯聲足矣，不當兼从又聲，又聲在一部，非聲也。」段說字當作从口㠯聲是也。⿰口㠯即爲本字也。

4. 「……若天紛纙塞路，凶虐播流，人有昏墊之厄，主有疇咨之憂。」(〈崔駰傳〉)

　　按：〈皋陶謨〉：「洪水滔天，浩浩懷山襄陵，下民昏墊。」此云「人有昏墊之厄」者，即欑括〈皋陶謨〉之辭也。

　　又：〈堯典〉云：「帝曰：『疇咨，若予采？』」此云「疇咨之憂」者，蓋欑括〈堯典〉之文也。

5. 「……德讓不修，則非忠也。」(〈崔駰傳〉)

　　按：〈皋陶謨〉云：「虞賓在位，羣后德讓。」此云「德讓」者，即引〈皋陶謨〉文。

6. 「……羣生得理，庶績其凝。」(〈崔駰傳〉)

　　按：〈皋陶謨〉云：「百僚師師，百工惟時，撫于五辰，庶績其凝。」此云「庶績其凝」者，即引〈皋陶謨〉之文。

7. 駰獻書誡之曰：「……竊見足下體淳淑之咨，躬高明之量。」(〈崔駰傳〉)

　　按：〈洪範〉云：「無虐煢獨而畏高明。」此云「高明之量」者，即欑括〈洪範〉之文也。

8. 「……當堯舜之盛世，處光華之顯時。……」(〈崔駰傳〉)

　　按：《通鑑前編》〈帝舜十五〉載引《尚書大傳》云：「於時俊乂百工，相和而歌〈卿雲〉。帝乃倡之曰：『卿雲爛兮，糺縵縵兮，日月光華，旦復旦兮。』」又李賢注引《大傳》亦同，則此云「光華之顯時」者，蓋欑括《大傳》之辭也。

9. 「……《書》曰：『鑒于有殷。』可不慎哉。」(〈崔駰傳〉)

　　按：〈召誥〉云：「王敬作所不可不敬德，我不可不監于有夏，亦不可不監于有殷。」此云《書》曰「鑒于有殷」者，即〈召誥〉之文也。此引作「鑒」者，考《說文》「監，臨下也。」「鑑，大盆也。从金監聲。一曰鑑諸，可以取明水

於月。」《酒誥》云：「人無於水監，當於民監。」古人臨水以察形，則監者視察也；鑑即鏡也，所以察形見影；二字義近音同而相叚。段注《說文鑑》下云：「《尚書》監字多有同鑒者。」又監下注云：「古字少而義晐，今字多而義別。監與鑒互相假。」其說是也。此作「鑒」者，或三家之異文。

10. 「……矜矜業業，無殆無荒。」（〈崔駰傳〉）

按：〈皋陶謨〉云：「兢兢業業，一日二日萬幾。」此云「矜矜業業」者，即引〈皋陶謨〉之文也。此引作「矜矜」者，考「矜」字从今聲，古音在七部，而矜字則入十二部，兢字古音在六部，矜、兢兢同屬見紐，六、七部旁轉相通也。作「矜矜」者，或三家之異文。

11. 乃謂長史陳輝曰：「……若拒違天意，久曠神器，則將以無罪并辜元惡。」（〈崔瑗傳〉）

按：〈康誥〉曰：「王曰：『封，元惡大憝，矧惟不孝不友。』」此云「元惡」者，即引〈康誥〉之文。

12. 「……故皋陶陳謨而唐虞以興，伊、箕作訓而殷周用隆。」（〈崔寔傳〉）

按：此云「皋陶陳謨」者，即〈皋陶謨〉也。

又：〈書序〉云：「成湯既沒，太甲元年，伊尹作伊訓。」又云：「武王勝殷，殺受，立武庚，以箕子歸，作〈洪範〉。」此云「伊、箕作訓」者，即檃括〈書序〉之辭。

13. 「……昔盤庚愍殷，遷都易民；周穆有闕，甫侯正刑。……」（〈崔寔傳〉）

按：〈盤庚〉中云：「盤庚作惟涉河，以民遷。」又曰：「今予將試以汝遷，安定厥邦。」此云「盤庚愍殷，遷都易民」者，即檃括〈盤庚中篇〉之文也。

又：〈呂刑序〉云：「呂命，王訓夏贖刑，作〈呂刑〉。」此云「周穆有闕，甫侯正刑」者，蓋檃括〈呂刑〉序文也。此引作「甫侯」者，用《今文尚書》也。（詳見第三章5.條）

14. 「……故嚴刑峻法，破姦軌之膽。」（〈崔寔傳〉）

按：〈堯典〉云：「蠻夷猾夏，寇賊姦宄。」此云「姦軌」者，即引〈堯典〉之文。作「軌」者，歐陽、《小夏侯尚書》也。（詳見第四章13.條）

15. 「……樂作而鳳皇儀，擊石而百獸舞。」（〈崔寔傳〉）

按：〈皋陶謨〉云：「下管鼗鼓，合止柷敔。笙鏞以間，鳥獸蹌蹌。簫韶九成，鳳皇來儀。夔曰：『於，予擊石拊石，百獸率舞，庶尹允諧。』」此云「樂作而鳳皇儀，擊石而百獸舞」者，乃檃括〈皋陶謨〉之辭也。

16. 「……若使擢登三事，協亮天工。」（〈徐稺傳〉）

按：〈堯典〉云：「帝曰：『咨汝一十有二人，欽哉，惟時亮天功。』」此云「協亮天工」者，乃檃括〈堯典〉之文也。此作「天工」者，《今文尚書》也。（詳見第三章 1.條）

17. 震上疏曰：「……是以唐虞俊乂在官，四凶流放，天下咸服，以致雍熙。方今九德未事，嬖倖充庭。……」（〈楊震傳〉）

（1）唐虞俊乂在官

按：〈皋陶謨〉云：「九德咸事，俊乂在官。」此云「俊乂在官」者，即引〈皋陶謨〉之文。

　　考《史記・夏本紀》云：「九德咸事，俊乂在官。」又《漢書・谷永傳》永對曰：「經曰『九德咸事，俊艾在官，未有賢布於官而不治也。』」《後漢書・楊賜傳》：「明慎庶官，俊乂在職。」《論衡・恢國》篇曰：「皇帝敦德，俊乂在官。」〈漢巴郡太守樊敏碑〉：「《書》載俊乂。」〈郎中郭君碑〉：「□兆俊艾。」史公、王充、楊震均習《歐陽尚書》，而皆作「乂」，是《歐陽尚書》作「乂」也。而〈谷永傳〉、〈郭君碑〉作「艾」，當為《夏侯尚書》，要之為三家異文也。（參見第三章 15.條）

（2）四凶流放，天下咸服

按：〈堯典〉云：「流共工于幽州，放驩兜于崇山，竄三苗于三危，殛鯀于羽山，四罪而天下咸服。」此云「四凶流放，天下咸服」，即檃括〈堯典〉之文。

（3）以致雍熙

按：〈堯典〉云：「黎民於變時雍。」又云：「三載考績，三考黜陟幽明，庶績咸熙。」此云「雍熙」者，乃檃括〈堯典〉之文也。

（4）九德未事，嬖幸充庭

按：〈皋陶謨〉云：「九德咸事，俊乂在官。」此云「九德未事，嬖倖充庭」者，檃括〈皋陶謨〉之文也。

18. 「……《書》誡牝雞牡鳴。」（〈楊震傳〉）

按：〈牧誓〉云：「古人有言曰：『牝雞無晨；牝雞之晨，惟家之索。』」此云「《書》

誠牝雞牡鳴」者，乃隱括〈牧誓〉之文。

19. 「……擬蹤往古，比德哲王。」（〈楊震傳〉）

按：〈康誥〉云：「往敷求于殷先哲王。」此云「哲王」者，蓋引〈康誥〉之文。

20. 「《書》曰：『僭恒陽若，臣無作威作福玉食。』」（〈楊震傳〉）

按：〈洪範〉云：「曰僭恒暘若。」此云「僭恒陽若」者，即引〈洪範〉之文。此作「陽」者，「陽」、「暘」皆从易聲，同音相通，而暘爲本字。

又：〈洪範〉曰：「臣無有作福作威玉食。」此云「臣無作威作福玉食」者，即引〈洪範〉之辭。此引文先威後福者，《今文尚書》也。（詳見第三章 14.條）。又此引無「有」字，乃引文約省也。

21. 「……殷周哲王，小人嵒嵒，則還自敬德。」（〈楊震傳〉）

按：〈無逸〉云：「自殷王中宗，及高宗，及祖甲，及我周文王，茲四人迪哲。厥或告之曰：『小人怨汝詈汝，則皇自敬德。』」此云「殷周哲王，小人怨詈，則還自敬德」，即隱括〈無逸〉之文。

22. 「……況以先王法服而私出槃游。」（〈楊秉傳〉）

按：〈無逸〉云：「文王不敢盤于游田。」此云「槃游」者，隱括〈無逸〉之文也。此作「槃」者，盤、槃爲一字異體，故可通作。

23. 「……元惡大憝，終爲國害。」（〈楊秉傳〉）

按：〈康誥〉云：「王曰：『封，元惡大憝，矧惟不孝不友。』」此云「元惡大憝」者，即引〈康誥〉之文也。

24. 秉復上疏曰：「臣聞先王建國，順天制官。……皋陶誡虞，在於官人。……」
（〈楊秉傳〉）

按：〈皋陶謨〉云：「天工人其代之。」此云「順天制官」者，即歐陽「天工人代」之解也。

又：〈皋陶謨〉云：「咸若時，惟帝其難之，知人則哲，能官人」。此云「皋陶誡虞，在於官人」者，即隱括〈皋陶謨〉之文。

25. 「……四佞放而眾服。」（〈楊秉傳〉）

按：〈堯典〉云：「流共工于幽州，放驩兜于崇山，竄三苗于三危，殛鯀于羽山，

四罪而天下咸服。」此云「四佞放而眾服」者，即隱括〈堯典〉之辭也。

26. 賜上封事曰：「……休徵則五福應，咎徵則六極至。」（〈楊賜傳〉）

按：〈洪範〉云：「曰休徵：曰肅，時雨若；曰乂，時暘若；曰晢，時燠若；曰謀，時寒若；曰聖，時風若。曰咎徵：曰狂，恒雨若；曰僭，恒暘若；曰豫，恒燠若；曰急，恒寒若；曰蒙，恒風若。」又云：「九五福：一曰壽，二曰富，三曰康寧，四曰攸好德，五曰考終命。六極：一曰凶短折；二曰疾，三曰憂，四曰貧，五曰惡，六曰弱。」此云「休徵則五福應，咎徵則六極至」者，乃隱括〈洪範〉之文也。

27. 「……《尚書》曰：『天齊乎人，假我一日。』是其明徵也。」（〈楊賜傳〉）

按：〈呂刑〉云：「今爾罔不由慰曰勤，爾罔或戒不勤，天齊于民、俾我，一日非終惟終，在人。」此引《尚書》曰者，即〈呂刑〉之文也。考《尚書正義·釋文》云：「天齊于民絕句。馬云『齊，中也』，俾我絕句。俾，必爾反。馬本作矜；矜，哀也。」偽孔傳云：「天整齊於下民，使我為之；一日所行非為天所終，惟為天所終，在人所行。」李賢注云：「我謂君也。天意欲整齊于人，必假於君也。今《尚書》文『假』作『俾』，俾、使也，義亦通。」

據《釋文》所引以較孔傳，則孔傳絕句乃據馬融《尚書》；李賢注則據偽孔傳也。《釋文》云「天齊于民絕句」，與楊賜所引同，是陸德明所見，此當為《今文尚書》句讀，蔡沈《集傳》亦用之。〈仲長統傳〉〈損益篇〉云「猶尚假一日之尊」絕句亦同，則今文以「一日」絕句，字作「假」可見也。楊賜此引《尚書》，以明「王者心有所惟，意有所想，雖未形顏色，而五星以之推移，陰陽為其變度」，其意以為「天之與人，豈不符哉」，則所謂「天齊乎人」者，即「天與人齊同符應」；所謂「假我一日」者，即「在于王者一日中之思與行」，此說與馬融齊訓中，偽孔齊訓整頓皆異，蓋歐陽家之說也。

28. 「……夫皇極不建，則有蛇龍之孽。」（〈楊賜傳〉）

按：《續漢書·五行志》引《洪範五行傳》云：「皇之不極，是謂不建，厥咎瞀，厥罰常陰，厥極弱，時則有射妖，時則有龍蛇之孽。」此云「皇極不建，則有蛇龍之孽」者，即隱括《洪範五行傳》之文。

29. 「……是以唐虞兢兢業業，周文日昃不暇，明慎庶官，俊乂在職，三載考績，以觀厥成。」（〈楊賜傳〉）

（1）唐虞兢兢業業

按：〈皋陶謨〉云：「兢兢業業，一日二日萬幾。」此云「唐虞兢兢業業」者，即引〈皋陶謨〉文。

（2）周文日昃不暇

按：〈無逸〉云：「文王卑服，即康功田功，徽柔懿恭，懷保小民，惠鮮鰥寡，自朝至于日中昃，不遑暇食。」此云「周文日昃不暇」者，即欒括〈無逸〉之辭也。

（3）明慎庶官

按：〈康誥〉云：「惟乃丕顯考文王，克明德慎罰。」此云「明慎庶官」者，乃欒括〈康誥〉之辭。

（4）俊乂在職

按：〈皋陶謨〉云：「九德咸事，俊乂在官。」此云「俊乂在職」者，欒括〈皋陶謨〉之文也。

（5）三載考績

按：〈堯典〉云：「三載考績，三考黜陟幽明。」此云「三載考績」者，即引〈堯典〉之文。

30.「……觀鷹犬之執，極槃遊之荒。」（〈楊賜傳〉）

按：〈無逸〉云：「文王不敢盤于遊田。」此云「極槃遊之荒」者，即欒括〈無逸〉之文也。作「槃」者，盤、槃為一字之異體，故可通作。

31.「……如驩兜，共工更相薦說。」（〈楊賜傳〉）

按：〈堯典〉云：「驩兜曰：『都，共工方鳩僝功。』」此云「驩兜，共工更相薦說」者，即欒括〈堯典〉之文也。

32.「……殆非所謂『若保赤子』之義。」（〈楊賜傳〉）

按：〈康誥〉云：「若保赤子，惟民其康乂。」此云「若保赤子」者，即引〈康誥〉之文。

33. 言曰：「三后成功，惟殷于民，皋陶不與焉，蓋吝之也。」（〈楊賜傳〉）

按：〈呂刑〉云：「乃命三后，恤功于民：伯夷降典，折民惟刑；禹平水土，主名山川，稷降播種，農殖嘉穀。三后成功，惟殷于民。」此云「三后成功，惟殷于民」者，即引〈呂刑〉文也。其下云「皋陶不與焉，蓋吝之也」，即《歐陽

尚書》說也。（參見第四章 12.條之（3））

34. 策曰：「……九德純備……禮設殊等，物有服章。」（〈楊賜傳〉）

    按：〈皋陶謨〉云：「九德咸事。」此云「九德純備」者，即隱括〈皋陶謨〉文也。〈皋陶謨〉又云：「天秩有禮，自我五禮有庸哉！同寅協恭和衷哉！天命有德，五服五章哉！」此云「禮設殊等，物有服章」者，亦隱括〈皋陶謨〉之文。

35. 彪曰：「移都改制，天下大事，故盤庚五遷，殷民胥怨。」（〈楊彪傳〉）

    按：〈書序〉云：「盤庚五遷，將治亳殷，民咨胥怨。」此云「盤庚五遷，殷民胥怨」者，即隱括〈書序〉之文。

36. 「……〈周書〉父子兄弟罪不相及。」（〈楊彪傳〉）

    按：《左傳·昭公二十年》菀何忌曰：「在〈康誥〉曰：『父子兄弟，罪不相及。』」又《左傳·僖公三十三年》臼季曰：「〈康誥〉曰：『父不慈，子不祗，兄不友，弟不恭，不相及也。』」此引〈周書〉云云者，蓋用《左傳》引〈康誥〉之辭。《左傳》所引〈康誥〉，乃〈康誥〉之逸文也。（詳見第二章 36.條）

37. 「……諒闇已來二十八月……《書》不云乎『用德章厥善』。」（〈章帝八王傳〉）

    按：〈無逸〉云：「乃或亮陰，三年不言。」此云「諒闇」者，即引〈無逸〉之文也。其作「諒闇」者，《今文尚書》也。

    又：〈盤庚上〉云：「無有遠邇，用罪伐厥死，用德彰厥善。」此云「用德章厥善」者，即引〈盤庚上〉篇之文。此作章者，同音假借也。

38. 「……未見保傅九德之義。」（〈張皓傳〉）

    按：〈皋陶謨〉云：「皋陶曰：『都，亦行有九德，亦言其人有德。乃言曰載采采。』禹曰：『何？』皋陶曰：『寬而栗，柔而立，愿而恭，亂而敬，擾而毅，直而溫，簡而廉，剛而塞，彊而義。』」此云「九德之義」者，即隱括〈皋陶謨〉之文義也。

39. 「……不能敷揚五教。」（〈張綱傳〉）

    按：〈堯典〉云：「百姓不親，五品不遜，汝作司徒，敬敷五教，在寬。」此云「敷揚五教」者，即隱括〈堯典〉之文也。

40. 「……若喪考妣。」（〈張綱傳〉）

按：〈堯典〉云：「二十有八載，帝乃殂落，百姓如喪考妣。」此云「若喪考妣」即引〈堯典〉之文也。如、若，雙聲同義通用。

41. 功曹張敞奏記諫曰：「五教在寬，著之經典。」（〈王暢傳〉）

按：〈堯典〉云：「百姓不親，五品不遜，汝作司徒，敬敷五教，在寬。」此云「五教在寬」者，即引〈堯典〉之文也。此引「五教」與「在寬」句讀連屬者，蓋《尚書》本作「敬敷五教，五教在寬」，重「五教」字。今本《尚書》不重者，後人奪之。（詳見第二章 27.條之（3））

42. 「……孳孳求姦，未若禮賢。」（〈王暢傳〉）

按：〈皋陶謨〉云：「予思日孳孳。」此云「孳孳求姦」者，即隱括〈皋陶謨〉之文。作「孳」者，乃《今文尚書》。（詳見第三章 27.條）

43. ……烏桓望風率服。（〈種暠傳〉）

按：〈堯典〉云：「蠻夷率服。」此云「率服」者，乃引〈堯典〉之文也。

44. 「……目不視鳴條之事。」（〈劉陶傳〉）

按：〈書序〉云：「伊尹相湯伐桀，升自陑，遂與桀戰于鳴條之野。」此云「鳴條之事」者，蓋隱括〈書序〉之文也。

45. 「……斯豈唐咨禹、稷，益典朕虞，……」（〈劉陶傳〉）

按：〈堯典〉云：「帝曰：『俞，咨禹；汝平水土，惟時懋哉。』」又曰：「帝曰：『棄，黎民阻飢，汝后稷，播時百穀。』」又曰：「帝曰：『俞，咨益，汝作朕虞。』」此云「唐咨禹稷，益典朕虞」者，乃隱括〈堯典〉之文也。

46. 「……故武丁得傅說，以消鼎雉之災。」（〈劉陶傳〉）

按：〈書序〉云：「高宗夢得說，使百工營求諸野，得諸傅巖。」又云：「高宗祭成湯，有飛雉升鼎耳而雊。」此云「武丁得傅說，以消鼎雉之災」者，蓋隱括〈書序〉之文也。武丁即高宗也。以鼎雉繫於高宗，乃漢人依〈書序〉為說者，今人王國維〈高宗肜日說〉已明其非（見《觀堂集林》）。

47. 「……是以先王觀象育物，敬授民時。」（〈劉陶傳〉）

按：〈堯典〉云：「乃命羲、和，欽若昊天，曆象日月星辰，敬授人時。」此云

「觀象育物，敬授民時」者，乃檃括〈堯典〉之辭也。今本作「人時」者，避唐諱而改之，《尚書》本作「民時」也。

48. 「……得其人則五氏來備。」（〈李雲傳〉）

按：〈洪範〉云：「日時五者來備，各以其敘，庶草蕃廡。」此云「五氏來備」者，即引〈洪範〉之文。

　　考《史記·宋世家》云「庶徵：曰雨、曰暘、曰奧、曰寒、曰風、曰時五者來備，各以其序，庶草緐廡。」《後漢書·荀爽傳》云「嘉瑞降天，吉符出地，五趣咸備，各以其敘。」李賢注云：「趣，是也。《史記》曰：『庶徵：曰雨、曰暘、曰燠、曰風、曰寒，五者來備，各以其序。』本條李注引《史記》作「五者來備」，與〈荀爽傳〉注「五是來備」不同，而二條句式與今本《史記》作「日時五者來備」又異，若本條注本作「五者」，則必云「日時五者」，今不然，則「五者」當為「五是」，作「者」乃後人所改。據李賢注二條，可證《史記》本作「五是來備」，今作「日時五者來備」者，乃裴駰集解引偽孔傳云「五者各以時」與正文不相應；於是後人或增改「五是」為「日時五者」也。段玉裁《古文尚書撰異》云：「『日時五者來備。凡六字，此《古文尚書》也。李雲、荀爽皆用《今文尚書》，非用《史記》也。『日時五者來備』一句，時、是也。『日是五者』今文約之云『五是』。氏者是之假借，趣者是之轉注也。』」段氏之說分析有理，可從。則此云「五氏來備」者，《今文尚書》也。

49. 「……及開東序金縢史官之言……」（〈劉瑜傳〉）

按：〈顧命〉云：「大玉、夷玉、天球、河圖在東序。」又〈金縢〉云：「公歸，乃納冊于金縢之匱中。」又曰：「王與大夫盡弁，以啓金縢之書。」此云「開東序金縢史官之言」者，即檃括〈顧命〉、〈金縢〉之辭也。

50. 「……《鴻範傳》曰：『厥極弱，時則有蛇龍之孽。』」（〈謝弼傳〉）

按：《洪範五行傳》云「皇之不極，是謂不建，厥咎眊，厥罰常陰，厥極弱，時則有射妖，時則有龍蛇之孽。」此引《鴻範傳》云云者，即《洪範五行傳》文也。

51. 「……《書》云：『父子兄弟，罪不相及。』」（〈謝弼傳〉）

按：《左昭二十年傳》引〈康誥〉曰：「父子兄弟，罪不相及。」又《左僖三十三年傳》引〈康誥〉曰：「父不慈，子不祗，兄不友，弟不恭，不相及也。」此

稱《書》云者，蓋引《左傳》引〈康誥〉之語。《左傳》所引〈康誥〉，蓋〈康誥〉逸文。（詳見第二章 36.條）

52.　「……願陛下仰慕有虞烝烝之化……」（〈謝弼傳〉）

按：〈堯典〉云：「瞽子，父頑，母嚚，象傲，克諧以孝，烝烝乂，不格姦。」此云「有虞烝烝之化」者，即檃括〈堯典〉之文。此引作「烝烝」者，烝與乂同音通用，亦三家之異文也。（詳見第二章 26.條）

53.　「……唯司空劉寵斷斷守善。……」（〈謝弼傳〉）

按：〈秦誓〉云：「如有一介臣，斷斷猗，無他技。」此云「斷斷守善」者，即檃括〈秦誓〉之文也。

54.　贊曰：「鄧不明辟。」（〈謝弼傳〉）

按：〈洛誥〉云：「朕復子明辟。」此云「鄧不明辟」者，即引〈洛誥〉之文也。

55.　「……是故虞舜升朝，先除四凶。……陛下宜思虞舜四罪之舉，速行佞讒放殛之誅。」（〈傅燮傳〉）

按：〈堯典〉云：「流共工于幽州，放驩兜于崇山，竄三苗于三危，殛鯀于羽山，四罪而天下咸服。」此云「虞舜升朝，先除四凶」，又云「虞舜四罪之舉」、「放殛之誅」者，皆檃括〈堯典〉之文也。

56.　遂乃研覈陰陽，妙盡璇機之正，作渾天儀。（〈張衡傳〉）

按：〈堯典〉云：「在璿璣玉衡，以齊七政。」此引〈堯典〉之文也。此引作璇機者，璿、璇為一字異體，故可通作；今本作機者，乃涉上璿字玉旁而誤，字本作木旁之機也。（說見第二章 54.條）

又：考《尚書大傳》云：「旋機者何也？傳曰：旋者還也。機者幾也，微也。其變幾微而所動者大，謂之旋機。是故旋機謂之北極。」鄭注云：「轉運者為機，持正者為衡；璿機玉衡，渾天儀也，皆以玉為之。」《漢書·律曆志》：「衡，平也，其在天也，佐助旋機，斟酌建指，以齊七政。」〈漢堯廟碑〉曰：「據旋機之政。」〈周公禮殿記〉：「旋機離常。」《史記·五帝本紀》：「在璇璣玉衡，以齊七政。」鄭康成注《大傳》曰：「渾儀中軸為旋機，外規為玉衡。」《大傳》作旋，《漢書》、漢碑同，是今文本當作旋字。史公時《尚書》唯有歐陽，歐陽傳自伏生，當與《大傳》同，則《史記》亦當作「旋」也。鄭玄作璿者，蓋其

依馬融之說，以爲渾天儀，以玉爲之，故从玉旁，馬、鄭注《古文尚書》，則此必爲《古文尚書》無疑矣。然康成注《大傳》，有作旋者，兼取今文，故有轉運之義，而其解尚用渾天之說也。

　　僞孔傳曰：「機衡，王者正天文之器，可運轉者。」是文義俱用鄭康成之說也。今此引作璇機，與上陰陽對舉，是指星名而言，不與渾天之說同也。

57. 「……立功之事，式昭德音。」（〈張衡傳〉）

按：《漢書・郊祀志》引〈泰誓〉曰：「正稽古立功立事，可以永年，丕天之大律。」此云「立功之事」者，即引〈今文泰誓〉也。（詳見第三章 49.條）

58. 「……咎單，巫咸，寔守王家。」（〈張衡傳〉）

按：〈書序〉云「咎單作明居。」〈君奭〉云：「巫咸乂王家。」此云「咎單、巫咸，寔守王家」者，乃檃括〈書序〉、〈君奭〉之辭。

59. 衡因上疏諫曰：「伏惟陛下宣哲克明……故能一貫萬機，靡所疑惑，百揆允當，庶績咸熙。」（〈張衡傳〉）

（1）宣哲克明

按：〈堯典〉云：「克明俊德。」此云「宣哲克明」者，乃檃括〈堯典〉之文。

（2）一貫萬機

按：〈皋陶謨〉云：「兢兢業業，一日二日萬幾。」此云「萬機」者，即引〈皋陶謨〉文。此作「機」者，乃《尚書》之本然，僞孔本改作「幾」，故不同。

（3）百揆允當

按：〈堯典〉云：「納于百揆，百揆時敘。」此云「百揆允當」者，乃檃括〈堯典〉之文。

（4）庶績咸熙

按：〈堯典〉云：「三載考績，三考黜陟幽明，庶績咸熙。」此云「庶績咸熙」，正引〈堯典〉之文。

60. 「……頃年雨常不足，思求所失，則〈洪範〉所謂『僭恒陽若』者也。懼羣臣奢侈，昏踰典式，自下逼上，用速咎徵。」（〈張衡傳〉）

按：〈洪範〉曰：「曰咎徵：曰狂恒雨若；曰僭恒暘若。」此云〈洪範〉云云及咎徵之事，即檃括〈洪範〉之辭也。

61. 「〈洪範〉曰：『臣有作威作福玉食，害于而家，凶于而國。』」（〈張衡傳〉）

按：〈洪範〉云：「臣之有作福作威玉食，其害于而家，凶于而國。」此云〈洪範〉曰者，正引其文。此引先威後福者，乃《今文尚書》也。（詳見第三章 14.條）。又此引臣字下無「之」字，害字上無「其」字者，蓋行爲約者之便爾。

62. 「……《尚書》堯使鯀理洪水，九載績用不成，鯀則殛死，禹乃嗣興。」（〈張衡傳〉）

按：〈堯典〉云：「帝曰：『咨四岳，湯湯洪水方割，蕩蕩懷山襄陵，浩浩滔天，下民其咨，有能俾乂？』僉曰：『於，鯀哉。』帝曰：『吁，咈哉！方命圮族。』岳曰：『异哉！試可，乃已。』帝曰：『往欽哉。』九載績用弗成。」此云「堯使鯀理洪水，九載績用不成」者，乃隱括〈堯典〉之文也。

又：〈洪範〉云：「帝乃震怒，不畀〈洪範〉九疇，彝倫攸斁，鯀則殛死，禹乃嗣興。」此云「鯀則殛死，禹乃嗣興」者，正引〈洪範〉之文。

63. 「……幽獨守此仄陋兮……」（〈張衡傳〉）

按：〈堯典〉云：「明明揚側陋。」此云「仄陋」者，乃引〈堯典〉之文。其引作「仄」者，「仄」、「側」同音，漢時已多通用也。（詳見第三章 19.條）

64. 「……且獲讟于羣弟兮，啟金縢而乃信。……」（〈張衡傳〉）

按：〈金縢〉云：「武王既喪，管叔及其羣弟，乃流言於國，曰：『公將不利於孺子。』」又云：「王與大夫盡弁，以啟金縢之書，乃得周公所自以爲功代武王之說。二公及王乃問諸史，與百執事。對曰：『信。噫，公命，我勿敢言。』」此云「且獲讟于羣弟兮，啟金縢而乃信」者，即隱括〈金縢〉之辭也。

65. 「……彼天監之孔明兮，用棐忱而佑仁。」（〈張衡傳〉）

按：〈高宗肜日〉云：「惟天監下民，典厥義，降年有永有不永。」此云「彼天監之孔明」者，乃隱括〈高宗肜日〉之辭。又〈康誥〉云：「天畏棐忱，民情大可見。」此云「用棐忱而佑仁」者，即隱括〈康誥〉之文。

66. 「……咎繇邁而種德兮，……」（〈張衡傳〉）

按：今本《尚書·大禹謨》云：「皋陶邁種德，德乃降。」孔傳云：「皋陶布行其德，下洽於民。」考《左莊公八年傳》云：「夏，師及齊師圍郕，郕降於齊師。仲慶父請伐齊師。公曰：『不可。我實不德，齊師何罪，罪我之由。〈夏書〉

曰：「皋陶邁種德」，德乃降。姑務修德以待時乎。』」杜預注「皋陶邁種德」
一句云：「〈夏書〉，逸書也。」注「德乃降」一句曰：「言苟有德乃爲人所降服
也。」察乎杜注所謂逸書，乃亡逸之書，非謂逸於二十九篇外之十六篇也。此
所謂逸書乃亡於秦漢之際，杜預未知所屬何篇，故云逸書。杜預以爲「德乃降」
一句爲莊公釋「邁種德」之語，非〈夏書〉逸文。而僞孔本襲取《左傳》之辭，
並「德乃降」一句，以入今本《大禹謨》文中，實僞作之明證。（詳見閻若璩
《尚書古文疏證》）然則此云「咎繇邁而種德兮」者，即引《左傳》所引〈夏
書〉之文也。又此引作「咎繇」者，《說文》竹部「鼐，眾與詞也。从竹自聲。
〈虞書〉曰：『鼐咎繇』。綮、古文鼐。」據《說文》以「綮」爲古文，則所引
〈虞書〉「鼒咎繇」當爲今文也。《史記》作「皋陶」，是《歐陽尚書》作皋陶
也。《漢書·百官公卿表》作「咎繇」，班固習《小夏侯尚書》，然則作「咎繇」
者，爲《夏侯尚書》也。咎、皋同在三部見紐，繇、陶亦同在三部疊韻，故通
用也。

67. 「……故『夔擊鳴球』，載於虞謨。」（〈馬融傳〉）

   按：〈皋陶謨〉云：「夔曰：『夔擊鳴球，搏拊琴瑟以詠，祖考來格。』」此云「夔
   擊鳴球，載於虞謨」者，乃引〈皋陶謨〉之文。此稱虞謨者，蓋〈皋陶謨〉在
   〈虞書〉也。今僞孔傳本此句在所謂〈益稷〉篇中，乃因僞孔本《尚書》強析
   原〈皋陶謨〉之後半而別爲〈益稷〉篇故也；漢之時未爲分判，故此句以虞謨
   稱之。

68. 「……重以皇太后體唐堯親九族篤睦之德，陛下履有虞烝烝之孝。……」
   （〈馬融傳〉）

   按：〈堯典〉云：「克明俊德，以親九族，九族既睦，平章百姓。」此云「唐堯
   親九族篤睦之德」者，即隱括〈堯典〉之文也。

   又：〈堯典〉云：「師錫帝曰：『有鰥在下，曰虞舜。』，帝曰：『俞，予聞。何
   如？』岳曰：『瞽子。父頑，母囂，象傲。克諧以孝，烝烝乂，不格姦。』」此
   云「有虞烝烝之孝」者，即隱括〈堯典〉之文也。

69. 「……譬猶鍾山之玉，泗濱之石，累珪璧不爲之盈，採浮磬不爲之索。」
   （〈蔡邕傳〉）

   按：〈禹貢〉曰：「泗濱浮磬。」此云「泗濱之石」、「採浮磬不爲之索」者，蓋
   隱括〈禹貢〉之文。

70. 「……舒之足以光四表。」（〈蔡邕傳〉）

按：〈堯典〉云：「允恭克讓，光被四表。」此云「光四表」者，即隱括〈堯典〉之文。

71. 邕上封事曰：「……雖周成遇風，訊諸執事。」（〈蔡邕傳〉）

按：〈金縢〉云：「秋大熟。未穫。天大雷電以風。禾盡偃，大木斯拔，邦人大恐。王與大夫盡弁，以啓金縢之書，乃得周公所自以爲功代武王之說。二公及王，乃問諸史，與百執事。」此云「周成遇風，訊諸執事」者，即隱括〈金縢〉之文也。

72. 「……《鴻範傳》云：『政悖德隱，厥風發屋折木。』」（〈蔡邕傳〉）

按：《漢書・五行志》云：「周道敝，孔子述《春秋》，則乾坤之陰陽，效〈洪範〉之咎徵，天人之道，粲然著矣。漢興，承秦滅學之後，景武之世，董仲舒治《公羊春秋》，始推陰陽，爲儒者宗。宣元以後，劉向治《穀梁春秋》，數其禍福，傳以〈洪範〉，與仲舒錯。至向子歆治《左氏傳》，其《春秋》意亦已乖矣；言〈五行傳〉又頗不同。是以攬仲舒，別向、歆，傳載眭孟、夏侯勝、京房、谷永、李尋之徒，所陳行事，訖於王莽，舉十二世，以傳春秋，著於篇。」是鑽研〈洪範〉五行者多矣，然其文言者著述，多所亡佚，不可詳考。今此云《鴻範傳》者，未知爲何家之說。

73. 「……蜺墜雞化，皆婦人干政之所致也。」（〈蔡邕傳〉）

按：〈牧誓〉云：「古人有言曰：『牝雞無晨。牝雞之晨，惟家之索。』今商王受，惟婦言是用。」此云「雞化」者，即隱括〈牧誓〉之文也。

74. 「……臣願陛下忍而絕之，思惟萬機。……」（〈蔡邕傳〉）

按：〈皋陶謨〉云：「兢兢業業，一日二日萬幾。」此云「萬機」者，即引〈皋陶謨〉之文。引作「機」者，蓋《尚書》之本然，今本《尚書》作「幾」，乃僞孔之意也。（詳見第二章 22.條之（2））

75. 上疏陳事曰：「臣聞柔遠和邇，莫大寧人；寧人之務，莫重用賢；用賢之道，必存考黜。是以皋陶對禹，貴在知人。安人則惠，黎民懷之。」（〈左雄傳〉）

（1）柔遠和邇

按：〈堯典〉云：「食哉惟時，柔遠能邇，惇德允元，以難任人，蠻夷率服。」此云「柔遠和邇」者，蓋引〈堯典〉之文。引作「和邇」者，行文稍變其辭耳。

（2）必存考黜

按：〈堯典〉云：「三載考績，三考黜陟幽明。」此云「必存考黜」者，即檃括〈堯典〉之文也。

（3）皋陶對禹貴在知人，安人則惠，黎民懷之

按：〈皋陶謨〉云：「皋陶曰：『都，在知人，在安民。』」又曰：「知人則哲，能官人；安民則惠，黎民懷之。」此云「皋陶對禹，貴在知人」者，乃檃括〈皋陶謨〉之辭；而云「安人則惠，黎民懷之」者，即直引其文也。引作「安人」者，行文對仗而改之也。

76. 「……至於文、景，天下康乂，誠由玄清寬柔，克慎官人故也。降及宣帝，興於仄陋……」（〈左雄傳〉）

按：〈康誥〉云：「若保赤子，惟民其康乂。」此云「康乂」者，即引〈康誥〉之文也。

又：〈皋陶謨〉云：「惟帝其難之，知人則哲，能官人。」此云「克慎官人」者，檃括〈皋陶謨〉之辭也。

又：〈堯典〉云：「明明揚側陋。」此云「興於仄陋」考，即檃括〈堯典〉之文。引作「仄」者，漢時「側」、「仄」通用。（詳見第三章19.條）

77. 「……故能降來儀之瑞。」（〈左雄傳〉）

按：〈皋陶謨〉云：「簫韶九成，鳳皇來儀。」此云「來儀之瑞」者，檃括〈皋陶謨〉之文也。

78. 「猶古之諸侯，拜爵王庭，輿服有庸。」（〈左雄傳〉）

按：〈堯典〉、〈皋陶謨〉皆曰：「車服以庸。」此云「輿服有庸」者，蓋檃括〈堯典〉、〈皋陶謨〉之文也。

79. 下策問曰：「……五品不訓，王澤未流……」（〈周舉傳〉）

按：〈堯典〉云：「百姓不親，五品不遜。」此云「五品不訓」者，即引〈堯典〉之文。此作「訓」者，乃《今文尚書》也。（詳見第三章7.條）

80. 舉對曰：「……昔武王入殷，出傾宮之女。」（〈周舉傳〉）

按：《尚書大傳》云：「遂入殷，封比干之墓，表商容之閭，發鉅橋之粟，散鹿臺之財，歸傾宮之女。」此云「武王入殷，出傾宮之女」者，乃𨷖括《大傳》文也。

81.「……夫五品不訓，責在司徒。」（〈周舉傳〉）

按：〈堯典〉云：「百姓不親，五品不遜，汝作司徒，敬敷五教，在寬。」此云「五品不訓，責在司徒」者，𨷖括〈堯典〉之辭也。此引作「訓」者，《今文尚書》也。（詳見第三章7.條）

82.「言事者多云，昔周公攝天子事，及薨，成王欲以公禮葬之，天為動變。及更葬以天子之禮，即有反風之應。」（〈周舉傳〉）

按：《尚書大傳》云：「周公死，成王欲葬之於成周，天乃雷雨以風，禾盡偃，大木斯拔，國人大恐。王乃葬周公於畢，示不敢臣也。」則此引周公成王之事，蓋據《大傳》之辭而𨷖括之也。考《論衡‧感類》篇云：「〈金縢〉曰：『秋，大熟。天乃雷電以風，禾盡偃，大木斯拔，邦人大恐。』當此之時，周公死。儒者說之以為成王狐疑于周公，欲以天子禮葬公，公，人臣也；欲以人臣禮葬公，公有王功；狐疑于葬周公之間，天大雷雨，動怒示變，以彰聖功。古文家以武王崩，周公居攝，管蔡流言，王意狐疑周公，周公奔楚，故天雨雷以悟成王。夫一雷一雨之變，或以為葬疑，或以為信讒，二家未可審。」然則東漢時，大雷雨以風之變，蓋有二說，古文家以為周公時未卒而奔楚，今文家以為周公已死之後。《白虎通‧喪服》篇云：「養從生，葬從死。周公以王禮葬何？以為周公踐阼理政，與天同志，展興周道，顯天度數，萬物咸得，休氣充塞，原天之意，子愛周公，與文武無異，故以王禮葬，使得郊祀。《尚書》曰：『今天動威，以彰周公之德。』下言禮亦宜之。」又《後漢書‧張奐傳》奐上疏云：「昔周公葬不如禮，天乃動威。」《漢書‧儒林傳》谷永上疏曰：「昔周公薨，成王葬以變禮，以當天心。」又〈梅福傳〉福上書曰：「昔成王以諸侯禮葬周公而皇天動威，雷雨著災。」《白虎通》為班固所錄，班氏習《小夏侯尚書》，張奐師事太尉朱寵，學《歐陽尚書》，並約牟氏章句，則用《歐陽尚書》也，二者均以風雨之變在周公卒葬之時；又谷永、梅福諸儒，所說盡同，是今文家之說如是。《尚書正義》引鄭玄《尚書注》云：「明年將踐阼，周公欲代之攝政，羣叔流言，周公辟之，居東都，時成王年十三也。居東二年，成王收捕周公之屬黨，時成王年十四也。明年秋，大熟，遭風雷之變，時周公居東三年，成王年

十五。迎周公反，則居攝之元年也。」鄭玄此說，與今文諸儒所說不同，而與《論衡》謂之古文家者同，鄭康成注古文，蓋此即古文家之說也。鄭玄此說，殆必有所本，惜古書亡佚，無從援證。李鼎祚《周易集解》於〈蒙〉初六說「桎梏」引干寶云「此成王始覺周公至誠之象，將正四國之罪，宜釋周公之黨。」與鄭說合，此亦或據古文家說也。

此周舉之對，亦用今文之說，與《大傳》同。然舉之父防，師事徐州刺史蓋豫，受《古文尚書》，舉傳父業，當亦通《古文尚書》，而對風雷動變，改葬周公之問，與今文同者，蓋舉雖或通古文，然於朝廷對策疏諫，固依立官之《尚書》說爲宜也。今本孔傳云：「周公以成王未悟，故留東未還。改過自新，遣使者迎之，亦國家禮有德之宜。」此乃襲古文家說爲之也。

83. 「……《書》曰：『僭恒暘若。』」（〈周舉傳〉）

　　按：〈洪範〉云：「僭，恒暘若。」此稱《書》曰者，正〈洪範〉之文也。

84. 「……昔在前世，求賢如渴，封墓軾閭，以光賢哲。……」（〈周舉傳〉）

　　按：《尚書大傳》云：「遂入殷。封比干之墓，表商容之閭。」此云「封墓軾閭」者，蓋檃括《大傳》之文也。

85. 「……出入京輦，有欽哉之績，……」（〈周舉傳〉）

　　按：〈堯典〉云：「咨汝二十有二人，欽哉。」此云「欽哉之績」者，即檃括〈堯典〉之辭也。

86. 「……雖《詩》詠成湯之不怠遑，《書》美文王之不暇食，誠不能加。」（〈黃瓊傳〉）

　　按：〈無逸〉云：「自朝至于日中昃，不遑暇食。」此云「《書》美文王之不暇食」者，即檃括〈無逸〉之文義也。

87. 琬奉手對曰：「蠻夷猾夏，責在司空。」（〈黃琬傳〉）

　　按：〈堯典〉云：「蠻夷猾夏，寇賊姦宄。」此云「蠻夷猾夏」者，即引〈堯典〉之文也。

88. 「昔周公營洛邑以寧姬。……」（〈黃琬傳〉）

　　按：〈書序〉云：「召公既相宅，周公往營成周，使來告卜，作〈洛誥〉。」此云「周公營洛邑以寧姬」者，檃括〈書序〉之文義也。

89. 「……〈堯典〉曰：『釐降二女媯汭，嬪于虞。』」（〈荀爽傳〉）

　　按：〈堯典〉云：「釐降二女嬀汭，嬪于虞。」此云〈堯典〉曰者，正引此文。

90. 「……五罷咸備，各以其敍矣。」（〈荀爽傳〉）

　　按：〈洪範〉云：「八庶徵：曰雨，曰暘，曰燠，曰寒，曰風。曰時，五者來備，各以其敍，庶草蕃廡。」此云「五罷來備，各以其敍」，即引〈洪範〉之文也。此引作「五罷來備」者，蓋用《今文尚書》，「罷」即「是」之轉注字。《古文尚書》作「曰時五者來備。」（詳見本章 48.條）

91. 「……故周公之戒曰：『不知稼穡之艱難，不聞小人之勞，惟耽樂之從，時亦罔或克壽。』是其明戒。……」（〈荀爽傳〉）

　　按：〈無逸〉云：「不知稼穡之艱難，不聞小人之勞，惟耽樂之從，自時厥後，亦罔或克壽。」此云周公之戒者，正引〈無逸〉之文，蓋〈無逸〉乃周公戒成王之辭也。考《漢書‧鄭崇傳》：「……故周公著戒曰『惟王不知艱難，耽樂是從，時亦罔有克壽。』」《論衡‧語增》篇：「經曰：『惟湛樂是從，時亦罔或克壽。』」《中論‧天壽》篇：「自時厥後，立王生則逸，不知稼穡之艱難，不知小人之勞苦，惟耽樂是從，自時厥後，亦罔或克壽。」〈鄭崇傳〉、〈荀爽傳〉、《論衡‧語增》篇引文，「亦罔或克壽」句上皆僅有「時」字，無「自時厥後」句，此當爲《今文尚書》也。《漢書》引作「罔有克壽」，而〈荀爽傳〉及《論衡》作「罔或克壽」者，考《史記》「不或亂政」作「不有亂政」、「乃或亮陰」作「乃有亮陰」，皆古文作「或」，史公作「有」，史公用歐陽《今文尚書》，則今文當作「有」，〈荀爽傳〉、《論衡》作「或」字，疑是後人改之。又《論衡》作「湛」，當爲三家異文。《中論》作「不知小人之勞苦」，疑涉上文而誤也。

92. 「……〈洪範〉云：『惟辟作威，惟辟作福，惟辟玉食。』凡此三者，君所獨行而臣不得同也。今臣僭君服，下食上珍，所謂『害于而家，凶于而國』者也。……」（〈荀爽傳〉）

　　按：〈洪範〉云：「惟辟作威，惟辟作福，惟辟玉食。臣無有作福作威玉食。臣之有作福作威玉食，其害于而家，凶于而國。」此稱〈洪範〉云云者，即引〈洪範〉之文。又云「臣僭君服，下食上珍」者，檃括之辭也。此引文先威後福者，蓋《今文尚書》如此也。（詳見第三章 14.條）

93. 「……雖使契布五教，皋陶作士，政不行焉。……」（〈荀悅傳〉）

按：〈堯典〉云：「帝曰：『契，百姓不親，五品不遜，汝作司徒，敬敷五教，在寬。』帝曰：『皋陶，蠻夷猾夏，寇賊姦宄，汝作士。』……」此云「契布五教，皋陶作士」者，即櫽括〈堯典〉之文也。此引作「布五教」者，以訓詁字代經字也。

94. 「……釐降二女，陶唐之典。……」（〈荀悅傳〉）

按：〈堯典〉云：「釐降二女嬀汭，嬪于虞。」此云「釐降二女」者，即引〈堯典〉之文也。

95. 贊曰：「……太丘奧廣，模我彝倫。」（〈陳紀傳〉）

按：〈洪範〉云：「我不知其彝倫攸叙。」又：「帝乃震怒，不畀洪範九疇，彝倫攸斁。」此云「彝倫」者，即引〈洪範〉之文。

96. 「然夕惕孳孳……」（〈李固傳〉）

按：〈皋陶謨〉云：「予惟日孜孜。」此云「孳孳」者，即引〈皋陶謨〉文。作孜者古文也。作孳者今文。（詳見第三章 27.條）

97. 「……又宜止槃遊，專心庶政。……」（〈李固傳〉）

按：〈無逸〉云：「文王不敢盤于遊田，以庶邦惟正之供。」此云「宜止槃遊，專心庶政」者，即櫽括〈無逸〉之文也。引作「槃」者，盤、槃為一字之異體，皆般字之叚借字也。（詳見第四章 58.條）又此「庶政」之政，即「惟正」之正，政、正古多通用。僞孔傳以「正道」訓「正」，乃誤解矣。（詳見第四章 58.條）

98. 「臣聞君不稽古，無以承天；臣不述舊，無以奉君。昔堯殂之後，舜仰慕三年……」（〈李固傳〉）

按：〈堯典〉云：「曰若稽古帝堯。」此云「稽古」者，引〈堯典〉之文也。鄭玄注〈堯典〉云：「稽，同也。古，天也。言能同天而行者帝堯。」此李固曰「不稽古，無以承天」，在鄭注之前，蓋鄭注之說，前亦有所本者也。

又：〈堯典〉云：「帝乃殂落，百姓如喪考妣，三載，四海遏密八音。」此云「堯殂之後，舜仰慕三年」者，櫽括〈堯典〉之辭也。

99. 「……作威作福，莫固之甚。臣聞台輔之位，實和陰陽，琁機不平，寇賊姦軌，則責在太尉。……」（〈李固傳〉）

（1）作威作福

按：〈洪範〉云：「臣無有作福作威玉食。」此云「作威作福」者，即引〈洪範〉之文。此引先威後福者，蓋《今文尚書》如此。（詳見第三章 14.條）

（2）琁機不平

按：〈堯典〉云：「在璿璣玉衡，以齊七政。」此云「琁璣」者，即引〈堯典〉之文。引作「琁璣」者，琁、璿一字之異體，又可作璇。今本《尚書》作「璣」者，從玉旁，乃後人涉上璿字之玉旁而誤也。（詳見第二章 54.條）

（3）寇賊姦軌

按：〈堯典〉云：「蠻夷猾夏，寇賊姦宄。」此云「寇賊姦軌」者，即引〈堯典〉之文。引作「軌」者，《今文尚書》也。（詳見第四章 13.條）

100. 「……陛下隆於友于，不忍遏絕。……」（〈史弼傳〉）

按：《論語・爲政》篇：「子曰：『《書》云「孝乎惟孝，友于兄弟」』。」此云「友于」者，即引《論語》所引之《書》篇也。蓋《論語》所引爲《尚書》逸文，未知何篇。今僞孔本襲取以入〈君陳篇〉。

101. 論曰：「……吳季英親人畏傷，發言烝烝。」（〈史弼傳〉）

按：〈堯典〉云：「克諧以孝，烝烝乂，不格姦。」此云「烝烝」者，即引〈堯典〉之文也。此以「烝烝」絕句，與僞孔古文異，蓋漢魏時句讀本如是也。（詳見第二章 26.條）

102. 「……《書》陳『謀及庶人』。」（〈盧植傳〉）

按：〈洪範〉云：「汝則有大疑，謀乃及心，謀及卿士，謀及庶人，謀及卜筮。」此稱「《書》陳謀及庶人」者，即〈洪範〉之文也。

103. 「臣聞《五行傳》『日晦而月見謂之脁，王侯其舒。』」（〈盧植傳〉）

按：《尚書大傳》云：「晦而月見西方謂之脁。脁則侯王其荼。」此云〈五行傳〉云云者，即引《洪範五行傳》之辭。其文有小異者，引文不嚴謹故也。此引作「舒」，《大傳》作「荼」，即今本《尚書》之「豫」也。《尚書正義》云：「鄭、王本豫作舒。鄭云『舉遲也』，王肅云『舒，隋也』。」鄭注《大傳》云：「荼，緩也。」則鄭本作舒，其注《大傳》仍其文曰「緩也」，實荼即舒也。考豫、舒二字皆從予聲，古同音通用；而予、余古同屬定紐五部，古書亦多通作。豫、舒、荼三字古同音通用也。段玉裁《古文尚書撰異》云：「是《今文尚書》皆作舒，舒與急爲反對之詞，此經當從鄭王本。僞孔作豫、訓

逸豫，義稍隔。」段說是也。

104. 「……宜依黜陟，以章能否，縱不九載，可滿三歲。」（〈盧植傳〉）

按：〈堯典〉云：「三載考績，三考黜陟幽明，庶績咸熙。」此云「宜依黜陟，以章能否」者，即櫽括〈堯典〉之文也。考《尚書大傳》云：「《書》曰：『三載考績，三考黜陟幽明。』，其訓曰：三歲而小考者，正職而行事也；九歲而大考者，黜無職而賞有功也。」《白虎通‧考黜》篇云：「所以三載一考績何？三年有成，故於是賞有功黜不肖。《尚書》曰：『三載考績，三考黜陟。』何以知始考輒黜之？《尚書》曰：『三年一考，少黜以地。』《書》所言三考黜者，謂爵土異也。」《白虎通》爲班固所錄，以「三考黜陟」爲句，《漢書‧食貨志》同，又《史記》云「三歲一考功，三考絀陟」，亦以「黜陟」爲句。（詳見第二章 1.條）是歐陽、《小夏侯尚書》句讀相同，則其說亦不異。《史記》云「三歲一考功」與《白虎通》云「始考輒黜之」說法正同，是二者皆以爲三年即考其功績，有所黜陟也。而《大傳》則以爲三歲之考，乃正職而行事，並無黜陟之事，二說不同。《漢書‧谷永傳》引《書》句讀與《大傳》同，而谷永用今文，則必爲《大夏侯尚書》也。今盧植云「宜依黜陟，以章能否」，「能否」即「幽明」，是其所本當爲「三考黜陟幽明」，與《大傳》、《大夏侯》同；而彼云「縱不九載，可滿三歲」，義亦與《大傳》同，然則盧植所用乃《大夏侯尚書》也。本傳云盧植與鄭玄俱事馬融，能通古今學，今此上書，即用立官之學，亦彼通今文之證也。

105. 「……威福之來，咸歸權倖。……」（〈皇甫規傳〉）

按：〈洪範〉云：「惟辟作福，惟辟作威，惟辟玉食。」此云「威福」者，即引〈洪範〉之文。此引先威後福者，《今文尚書》如此。（詳見第三章 14.條）

106. 「……昔周公葬不如禮，天乃動威。」（〈張奐傳〉）

按：《尚書大傳》云：「周公死。成王欲葬之於成周。天乃雷雨以風，禾盡偃，大木斯拔。國人大恐。王乃葬公於畢，示不敢臣也。」此云「周公葬不如禮，天乃動威」者，即櫽括《大傳》之辭也。此云天動威在周公已死之後，是今文家之說也。（說見本章 82.條）

107. 「……撫養百姓，同之赤子。」（〈陳蕃傳〉）

按：〈康誥〉云：「若保赤子，惟民其康乂。」此云「撫養百姓，同之赤子」

者，隱括〈康誥〉之辭也。

108. 「……故皋陶戒舜，『無教逸遊』，周公戒成王，『無槃于遊田』。」（〈陳蕃傳〉）

（1）故皋陶戒舜「無教逸遊」

按：〈皋陶謨〉云：「無教逸欲有邦。」此云「無教逸遊」者，即隱括〈皋陶謨〉之辭也。考《史記‧夏本紀》：「毋教邪淫奇謀。」《漢書‧王嘉傳》：「臣聞咎繇戒帝舜『亡敖佚欲有國。兢兢業業，一日二日萬機。』」袁宏《後漢紀》：「陳蕃上書云：『皋陶誡舜曰：『無敢遊佚。』」史公、陳蕃作「教」，王嘉作「敖」，蓋作「敖」者乃三家異文也。《後漢紀》引作「敢」，殆「教」字之誤。又此引作「逸遊」者，乃隱括之辭也。

（2）周公戒成王，「無槃于遊田」

按：〈無逸〉云：「文王不敢盤于遊田。」此云「無槃于遊田」者，乃隱括〈無逸〉之文也。其引作「槃」者，蓋槃、盤爲一字之異體，故可通作。

109. 「……齊七政，訓五典，……」（〈陳蕃傳〉）

按：〈堯典〉云：「在璿璣玉衡，以齊七政。」此云「齊七政」者，即引〈堯典〉之文。

又：〈堯典〉云：「百姓不親，五品不遜。」此云「訓五典」者，即隱括〈堯典〉之辭。五典即五品。此引遜作「訓」者，用《今文尚書》也。（詳見第三章7.條）

110. 「……君爲元首，臣爲股肱。」（〈陳蕃傳〉）

按：〈皋陶謨〉云：「元首明哉！股肱良哉！庶事康哉！」此云「君爲元首，臣爲股肱」者，即隱括〈皋陶謨〉之文也。

111. 「昔武王克殷，表閭封墓。」（〈陳蕃傳〉）

按：《尚書大傳》云：「遂入殷，封比干之墓，表商容之閭。」此云「表閭封墓」者，即隱括《大傳》之辭也。

112. 論曰：「……則哲之鑒，惟帝所難。」（〈郭太傳〉）

按：〈皋陶謨〉云：「禹曰：『吁！咸若時，惟帝其難之。知人則哲，能官人。』」此云「則哲之鑒，惟帝所難」者，即引〈皋陶謨〉之辭也。此引「則哲」在「惟

帝所難」前，蓋其行文之便耳。（參見第四章9.條）

113. 「如此則咎徵可消。」（〈竇武傳〉）

　　按：〈洪範〉云：「曰咎徵：曰狂，恒雨若；曰僭，恒暘若；曰豫，烜燠若；曰急，恒寒若；曰蒙，恒風若。」此云「咎徵」者，即引〈洪範〉之辭。

114. 袁紹勸進便於此決之，至于再三。（〈何進傳〉）

　　按：〈多方〉云：「我惟時其教告之，我惟時其戰要囚之，至于再、至于三，乃有不用我降爾命，我乃其大罰殛之。」此云「于至再三」者，引〈多方〉之辭也。皮錫瑞《今文尚書考證》云：「今文再下無于至字，三下無乃字。《漢書‧文三王傳》，廷尉賞、大鴻臚由移書梁王傅、相、中尉曰：『《書》曰：「至于再三，有不用我降爾命。」』。師古曰：『此《周書‧多方》篇之辭也。言我教汝，至于再三，汝不能用，則我下罰黜汝命也』。段玉裁說：『按此少至于字、乃字，蓋《今文尚書》本然。』，錫瑞按：《論衡‧譴告》篇曰：『管、蔡篡畔，周公告教之，至于再三。』與《漢書》合。」今本作「至于再，至于三」，乃本《古文尚書》，作「至于再三」則《今文尚書》如此，皮說是也。此引作「至于再三」與今文同，而與偽孔本異。〈隋志〉以為東晉時，歐陽大小夏侯均亡，而《晉書‧束晳傳》云東晉仍有鄭氏及孔氏古文，則此引今文如此，其或據鄭氏乎。

115. 贊曰：「……惟女惟弟，來儀柴房。」（〈何進傳〉）

　　按：〈皋陶謨〉云：「簫韶九成，鳳皇來儀。」此云「來儀」者，引〈皋陶謨〉之辭也。

116. 「況今德政赫赫，股肱惟良。」（〈鄭太傳〉）

　　按：〈皋陶謨〉云：「元首明哉！股肱良哉。」此云「股肱惟良」者，乃檃括〈皋陶謨〉之文也。

117. 「是太甲之思庸。」（〈孔融傳〉）

　　按：〈書序〉云：「太甲既立，不明，伊尹放諸桐。三年，復歸于亳，思庸。」此云「太甲之思庸」者，即檃括〈書序〉之辭。

118. 「蓋聞唐虞之朝，有克讓之臣。」（〈孔融傳〉）

　　按：〈堯典〉云：「禹拜稽首，讓于稷、契，暨皋陶。」又曰：「垂拜稽首，讓于殳斨暨伯與。」又曰：「益拜稽首讓于朱虎、熊羆。」又曰：「伯拜稽首，讓

于夔、龍。」又曰：「舜讓于德，弗嗣。」此云「唐虞之朝，有克讓之臣」者，即隱括〈堯典〉之文也。

119. 「……雖禦難於外，乃心無不在王室。」（〈荀彧傳〉）

按：〈康王之誥〉云：「雖爾身在外，乃心罔不在王室。」此云「乃心無不在王室」者，即引〈康王之誥〉之文也。引作「無」者，亡無音近同相通用也。

120. 論曰：「……而舍格天之大業。」（〈朱儁傳〉）

按：〈君奭〉云：「〈君奭〉，我聞在昔，成湯既受命，時則有若伊尹，格于皇天。」此云「格天大業」者，即引〈君奭〉之文。考《史記‧燕召公世家》：「〈君奭〉不說周公，周公乃稱湯時有伊尹假于皇天。」《漢書‧王莽傳》：「咸有聖德，假於皇天。」《論衡‧感類》篇：「周公曰：『伊尹格于皇天。』」〈漢博陵太守孔彪碑〉：「伊尹之休，格于皇天。」《漢司空文烈侯公碑》：「勛假皇天。」《三國志‧魏志武帝紀》潘勗作策命魏公曰：「伊尹格于皇天，周公光於四海。」《史記》作「假」，史公用《歐陽尚書》者：《漢書》作「假」，班固習《夏侯尚書》者；〈楊公碑〉作「假」，蔡邕亦習《夏侯尚書》者；然則三家今文皆作「假」也。又今本《尚書》之格字，兩漢諸儒引用多作「假」，是作「假」者為《今文尚書》無疑矣。皮錫瑞《今文尚書考證》云：「〈孔彪碑〉云『伊尹之休，格于皇天』。……《三國志》潘勗作策命魏公曰：『伊尹格于皇天』，亦皆作格，是兩漢今文家亦假、格並用，非皆傳寫為譌；〈孔彪碑〉今尚存，乃塙實可據者。」段玉裁《古文尚書撰異》云：「《今文尚書》無作『格』者。」《後漢書‧賈逵傳》云：「肅宗立，降意儒術，特好《古文尚書》、《左氏傳》。」則東漢時《古文尚書》已然大行，杜、衛、賈、馬、鄭諸大儒輩出，故漢碑用「格」字，非必今文家所用，《三國志》作「格」亦然，且鄭康成以後，各家師法多混而不分。由是言之，皮氏之說未允，段說可從。又此引作「格」者，即用《古文尚書》也。（詳參第二章 12.條之（2））

121. 「……昔太甲既立不明，昌邑罪過千餘，故有廢立之事。」（〈董卓傳〉）

按：〈書序〉云「太甲既立，不明，伊尹放諸桐。」此云「太甲既立不明」者，即引〈書序〉之文也。

122. 論曰：「……故得蹈藉彝倫，毀裂畿服。」（〈董卓傳〉）

按：〈洪範〉云：「帝乃震怒，不畀〈洪範〉九疇，彝倫攸斁。」此云「蹈藉彝

倫」者，即引〈洪範〉之文也。

123. 贊曰：「……董卓滔天，干逆三才。」（〈董卓傳〉）

按：〈堯典〉云：「帝曰：『吁，靜言庸違，象恭滔天。』」此云「滔天」者，乃引〈堯典〉之辭也。盧文弨札記云：「堯謂共工象恭滔天，孔傳說甚牽強，後來釋書者皆未詳，或以為脫誤，或以為衍文，唯《管城碩記》當塗徐位山解曰：『《竹書紀年》堯帝十九年命共工治河，六十一年命崇伯鯀治河，則鯀未命以前四十一年中，治河者皆共工也。時帝問誰順予事？而驩兜美共工之僝功，帝謂其貌若恭順，而洪水仍致滔天，與下文浩浩滔滔同一義。』」錢大昕《潛研堂集》問：「〈堯典〉象恭滔天，宋儒疑滔天二字因下文洪水滔天相似而誤，然乎？曰：《史記·夏本紀》引此文作『似恭漫天』與傳訓滔為漫合，《漢書·王尊傳》亦有『靖言庸違，象龔滔天』之語，可證《尚書》古本皆作滔天無可疑者，《詩》『天降滔德』，毛公亦訓為漫，滔天猥言慢上也。《史記》于洪水滔天不易其字，而此獨為漫，文同義別，孔傳均訓為漫矣。」夫共工治水，亦見《淮南》、《國語》、徐氏據《竹書》為解，《竹書》偽作，不可據也，兩漢諸儒均未作此解，可見滔天之訓「漫天」，實為古誼；且上言「靜言庸違」，下言「象恭滔天」，皆指個人心性表現而言，不可以「洪水滔天」解之，錢氏之說可信，而徐說不可從也。

124. 「……若大事克捷，罪人斯得。……」（〈公孫瓚傳〉）

按：〈金縢〉云：「周公居東二年，則罪人斯得。」此云「罪人斯得」者，即引〈金縢〉之文。

125. 論曰：「自帝室王公之胄，皆生長脂腴，不知稼穡。」（〈公孫瓚傳〉）

按：〈無逸〉云：「自時厥後，立王生則逸；生則逸，不知稼穡之艱難，不聞小人之勞。」此檃括〈無逸〉之文也。劉逢祿《尚書古今文集解》云：「生則逸，《中論》引不重出。」考之《漢石經復原圖》（見屈萬里〈漢石經《尚書》殘字集證〉），「生則逸」亦不重出，是今文本不重出之證。此云「生長脂腴」者，即所謂「生則逸」，則此引亦不重「生則逸」也。然此乃檃括之辭，不可遽定。

126. 「以臣頗有一介之節。」（〈袁紹傳〉）

按：〈秦誓〉云：「如有一介臣，斷斷猗，無他技。」此云「一介之節」者，即檃括〈秦誓〉之文也。

127. 「……竦劍翼室。」（〈袁紹傳〉）

按：〈顧命〉云：「延入翼室。」此云「翼室」者，蓋引〈顧命〉之文也。

128. 「……臣雖小人，志守一介。」（〈袁紹傳〉）

按：〈秦誓〉云：「如有一介臣，斷斷猗，無他技。」此云「志守一介」者，即櫽括〈秦誓〉之文。

129. 「……威福由己，……」（〈袁紹傳〉）

按：〈洪範〉云：「惟辟作福，惟辟作威，惟辟玉食。」此云「威福由己」者，蓋櫽括〈洪範〉之辭也。此引先威後福者，用《今文尚書》也。（詳見第三章14.條）

130. 「……使王室震蕩，彝倫攸斁。」（〈袁譚傳〉）

按：〈洪範〉云：「帝乃震怒，不畀〈洪範〉九疇，彝倫攸斁。」此云「彝倫攸斁」者，即引〈洪範〉之文。

131. 「……昆弟之嫌，未若重華之於象傲。」（〈袁譚傳〉）

按：〈堯典〉云：「瞽子。父頑，母嚚，象傲。克諧以孝，烝烝乂，不格姦。」此云「重華之於象傲」者，櫽括〈堯典〉之義。

132. 「……伏惟將軍至孝烝烝。」（〈袁譚傳〉）

按：〈堯典〉云：「克諧以孝，烝烝乂，不格姦。」此云「至孝烝烝」者，即櫽括〈堯典〉之文。此引以「至孝」、「烝烝」連屬為句，與《今文尚書》句讀不同，漢人句讀皆如此，今本《尚書》乃偽孔誤讀者也。（詳見第二章 26.條）。又此作「烝」者，同音通借也。

133. 贊曰：「……闚圖訊鼎，禋天類社。」（〈劉表傳〉）

按：〈堯典〉云：「肆類于上帝，禋于六宗。」此云「禋天類社」者，即櫽括〈堯典〉之文也。考孫星衍《尚書古今文注疏》：「今《尚書》夏侯、歐陽說『類，祭天名也，以事類祭之，奈何大位在南方，就南郊祭之是也』。古《尚書》說非時祭天謂之類，言以事類告也。」又曰：「許氏謹案《周禮》郊天無言類者，知類非常祭，從古《尚書》說，鄭氏無駁。案：非時祭天謂之類者有二，攝位其一也。〈王制〉云：『天子將出征，類乎上帝』，《詩‧皇矣》云：『是類是禡。』《爾雅》、鄭箋亦同如此。〈釋天〉云：『師祭也。』」此作「類社」，明非今文

家說也。又鄭玄《周禮・肆師》：「凡師甸用牲于社宗」注云：「社，軍社也。」又《周禮・大司寇》「涖戮于社」注：「社謂社主在者也。」則與《禮記・王制》及《詩・皇矣箋》、《爾雅》合，則此「類社」是用鄭康成《古文家說》，是興師祭社之義也。

又《尚書》「禋于六宗」之義，眾說紛紜。伏生《大傳》云：「萬物非天不生，非地不載，非春不動，非夏不長，非秋不收，非冬不藏；禋于六宗，此之謂也。」《漢書・郊祀志》引歐陽、大小夏侯說「六宗者，上不謂天，下不謂地，旁不謂四方，在六者之間，助陰陽變化，實一而名六，聲聞之師曰：『六宗，明堂六帝也。』」劉昭注《後漢志》引賈逵曰：「六宗謂日宗、月宗、星宗、岱宗、河宗、海宗。」〈堯典釋文〉引馬融曰：「禋，精意之享也。萬物非天不覆，非地不載，非春不生，非夏不長，非秋不收，非冬不藏，此其謂六也。」《儀禮通解續》「因事之祭」引《大傳》鄭注云：「馬氏以為六宗謂日、月、星辰、泰山、河、海也。」（與《釋文》引異，然同屬古文家。）《周禮・大宗伯疏》引鄭玄云：「禋，煙也。取其氣達升報于陽也。六宗禋與祭天同名，則六者皆天神，謂星、辰、司中、司命、風伯、雨師也。」《大傳》鄭注：「月令天子祈來年于天宗，如此則六宗近謂天神，以《周禮》差之，則為星、辰、司中、司命、風師、雨師也。」王肅云：「禋，絜祀也。」（見釋文。）偽孔傳曰：「精意以享謂之禋。宗，尊也。所尊祭者其祀有六，謂四時也、寒暑也、日也、月也、星也、水旱也。」綜考諸說，今文家伏生、歐陽、大小夏侯、馬融為一系；古文家賈逵、馬融為一系；鄭玄自為一說。是馬融游走於古今文之間，鄭玄則混合眾說，自成新說。偽孔傳之六宗，實引〈祭法〉之說。此云「禋天」，則是用鄭康成「六者皆天神」之說，與偽孔不同。

134. 贊曰：「……既云天工，亦資人亮。」（〈劉表傳〉）

按：〈皋陶謨〉云：「無曠庶官，天工人其代之。」〈堯典〉云：「惟時亮天功。」此云「既云天工，亦資人亮」者，即隱括〈堯典〉、〈皋陶謨〉之文也。此引作「天工」，是二者均作「天工」，此乃《今文尚書》也。（說見第四章1.條）

135. 「……成湯討桀，稱『有夏多罪』。」（〈袁術傳〉）

按：〈湯誓〉云：「非台小子，敢行稱亂，有夏多罪，天命殛之。」此云「有夏多罪」者，正引〈湯誓〉之文。〈湯誓〉即商湯伐夏桀之辭也。

136. 然建武、永平之間，吏事深刻，亟以謠言單辭，轉易守長。（〈循吏列傳〉）

按：〈呂刑〉曰：「今天相民，作配在下，明清于單辭。民之亂，罔不中聽獄之兩辭。」此云「單辭」者，則引〈呂刑〉之文也。

137. **景乃商度地勢，鑿山阜，破砥績。」**（〈循吏列傳〉）

按：〈禹貢〉云：「和夷底績。」又曰：「原隰底績。」又曰：「覃懷底績。」又曰：「底柱析城。」此云「破砥績」者，引〈禹貢〉之文也。皮錫瑞《今文尚書考證》云：「今文作底柱，一作砥柱。《史記》作砥柱，《漢志》作底柱，師古曰：『底柱在陝縣東北，山在河中，形若柱也。……』《水經‧山澤》篇：『砥柱在河東大陽縣。』」考《說文‧九篇上》：「底，柔石也。以厂氐聲。砥，或從石。」段注云：「柔石，石之精細者，鄭注〈禹貢〉曰：『厲磨刀刃之石也，精者曰砥。……』」按，底者，砥之正字，後人乃謂砥爲正字，底與砥異用，強爲分別之過。底之引申之義爲致也、至也、平也，有假借耆字爲之者，如〈周頌〉「耆定爾功」，傳曰『耆，致也』是也。」二字皆從氐聲，而「厂」與「石」，其義不異，故二者可以互用，段說爲是。僞孔傳「底」字皆訓「致」，是用引申義，而於「底柱」則無訓，蓋此作專名用。《史記》及鄭玄注作「砥」，而此引作「砥績」，或是用鄭玄之說也，與今本《尚書》作「底」不同。

138. **《尚書》朱穆上疏，稱矩等良輔，及言殷湯、高宗不罪臣下之義。**（〈循吏列傳〉）

按：今《後漢書‧朱穆傳》，未載其文。李賢注引《尚書‧湯誥》曰：「余一人有罪，無以爾萬方，萬方有罪，在余一人。」又引〈說命〉下：「一夫之不獲，則曰時予之辜。」考殷湯不罪臣下之義，其見者在《論語‧堯曰》篇。其辭曰：「予小子履，敢用玄牡，敢昭告于皇皇后帝，有罪不敢赦，帝臣不蔽，簡在帝心。朕躬有罪，無以萬方，萬方有罪，罪在朕躬。」《集解》：「孔曰：《墨子》引〈湯誓〉，其辭若此。」然此實爲湯禱雨之辭也。《墨子‧兼愛》篇下引〈湯說〉曰：「惟予小子履，敢用玄牡，告於上天后曰：『今天大旱，即當朕身，履未知得罪于上下，有善不敢蔽，有罪不敢赦，簡在帝心；萬方有罪，即當朕身，朕身有罪，無及萬方。』」《國語‧周語》引〈湯誓〉曰：「余一人有罪，無以萬夫，萬夫有罪，在余一人。」與此文相類，是正《尚書‧湯誓》逸文，然此誓與〈書序〉云「遂與桀戰于鳴條之野，作〈湯誓〉」者不同（見許師《先秦典籍引書考》十八章第一節第十二條）。

又：《尚書‧無逸》篇云：「周公曰：嗚呼，自殷王中宗、及高宗及祖甲及我周

文王，茲四人迪哲，厥或告之曰：『小人怨汝詈汝』，則皇自敬德。厥愆，曰：
『朕之愆』，允若時，不啻不敢含怒。」是高宗不罪臣下，反求諸己身之明據；
漢時無今之《偽古文尚書》，故范曄所引者乃《論語》引〈湯說〉及〈無逸篇〉
之義也，注引偽〈湯誥〉及偽孔本〈說命下〉爲說，未允也。

139. **專事威斷，滅族姦軌。**（〈酷吏列傳〉）

　　按：〈堯典〉云：「蠻夷猾夏，寇賊姦宄。」此云「姦軌」者，即引〈堯典〉之
　　文也。此作「軌」者，用《今文尚書》，與偽孔本作「宄」不同。（説見第四章
　　13.條）

140. **論曰：「……與夫斷斷守道之吏，何工否之殊乎！」**（〈酷吏列傳〉）

　　按：〈秦誓〉云：「如有一介臣，斷斷猗，無他技。」此云「斷斷守道」者，即
　　引〈秦誓〉之文也。

141. **鄧后以女主臨政，而萬機殷遠。**（〈宦者列傳〉）

　　按：此引〈皋陶謨〉之文也。〈皋陶謨〉云：「兢兢業業，一日二日萬幾。」此
　　引作「機」者，乃漢魏相傳之本如是，與偽孔古文不同。（詳見第二章 22.條之
　　（2））

142. **雖忠良懷憤，時或奮發，而言出禍從，旋見孥戮。**（〈宦者列傳〉）

　　按：〈甘誓〉云：「用命，賞于祖，弗用命戮于社，予則孥戮汝。」又〈湯誓〉
　　云：「爾不從誓言，予則孥戮汝，罔有攸赦。」此云「孥戮」者，即引〈甘誓〉、
　　〈湯誓〉之文。考《史記・夏本紀》：「予則帑僇女。」《周禮・司厲》鄭司農
　　云：「謂坐爲盜賊而爲奴者，輸于罪隸、舂人、薰人之官也。由是觀之，今之
　　爲奴婢，古之罪人也。故《書》曰：『予則奴戮女。』」《漢書・王莽傳》：「莽
　　曰：『秦置奴婢之市，與牛馬同蘭，《書》曰：「予則奴戮女。」唯不用命者被
　　此辜矣。』」《詩・小雅・常棣》「帑爾妻帑」，傳曰：「帑，子也」，《正義》曰：
　　「《左傳》曰：秦伯歸其帑，《書》曰：『予則帑戮女』，皆是子也。」《尚書正
　　義》引鄭注〈湯誓〉云：「大罪不止其身，又孥戮其子孫，《周禮》云：其奴，
　　男人入于罪隸，女子入于舂。」《三國志・毛玠傳》：「鍾繇詰玠曰：『自古聖帝
　　明王，罪及妻子。《書》云：「左不共左，右不共右，予則孥戮女。」』」段玉裁
　　《古文尚書撰異》云：「古奴婢妻帑字皆作奴，故鄭司農釋《尚書》之奴爲奴
　　婢，假令如今本《尚書》作孥，則司農何至釋爲奴婢，故知孥是俗字，衛包所

改，《尚書》原文只作奴也。」又曰：「唐初孔傳本或作帑，《尚書》六書之假借，至衛包收作孥，則斷不可從。古時字少同一奴子，而或訓奴婢，或訓子息，皆一字可包眾說，後人因孔傳訓子，則改奴爲帑爲孥。」又曰：「〈王莽傳〉所用者《今文尚書》說也，先鄭注〈司厲〉引《尚書》亦用今文說，《漢書》〈季布‧欒布傳〉贊曰「奴僇苟活」，亦是用今文說，其字則古文今文皆作奴也。又按《漢書‧文帝紀》『盡除收奴律令』，應劭曰『奴，子也，秦法一人有罪，并其室家，今除此律』，師古曰：『奴讀與帑同，假借字也。』玉裁按此可證古字作奴不作帑，今本既依顏說改正文之奴爲帑，又將注中奴帑字互改而不可通矣。又按《匡謬正俗》說奴戮一條，經文本作奴，不作孥可證。」又曰：「《史記》作帑，淺人所改。」段氏之說，至爲詳盡，可從。

今《說文》無「孥」字，疑孥字乃涉奴訓子，二字合一而誤。《正義》引鄭玄說作孥，然引《周禮》作奴（孔廣森《尚書注》十卷正作奴，可證），是作孥者，後人所改也。此引作「孥戮」，與僞孔同，蓋亦爲後人竄改也。

又：《墨子‧明鬼下》篇引〈禹誓〉（即與今本《尚書》中〈甘誓〉文字大致相同，當是同一文本而諸子解讀不同，故命名亦因之而異爾。），無「予則孥僇汝」句，而《史記》則有之，蓋此句實爲秦時法家爲實連坐之法，而以私意羼入，以成其說，古人皆以爲帝王之刑不如此之嚴也。《左傳》引〈康誥〉云：「父子兄弟，不相及也。」又〈費誓〉作於季世，亦止云「汝則有常刑」、「汝則有大刑」，可見古文獻中當無連累子孫之刑法之說也。

143. **雖袁紹龔行，芟夷無餘。**（〈宦者列傳〉）

按：〈牧誓〉云：「今予發惟恭行天之罰。」又〈甘誓〉云：「天用勦絕其命，今予惟恭行天之罰。」此云「龔行」者，即引〈甘誓〉、〈牧誓〉之文也。此引作「龔」者，爲三家之異文。（說見第三章48.條）

144. **魏武因之，遂遷龜鼎。**（〈宦者列傳〉）

按：〈大誥〉曰：「寧王遺我大寶龜。」此云「龜鼎」之龜，即用〈大誥〉之義也。

145. **及太后崩，安帝始親萬機。**（〈宦者列傳〉）

按：〈皋陶謨〉云：「兢兢業業，一日二日萬幾。」此云「萬機」者，引〈皋陶謨〉之文也。此作「機」與漢、魏相傳之本同，而與僞孔本異。（詳見第二章22.條之（2））

146. 「……故舜有臣五人而天下理。」（〈宦者列傳〉）

按：〈堯典〉云：「帝曰：『俞咨禹。汝平水土，惟時懋哉。』」又曰：「棄，黎民阻飢，汝后稷，播時百穀。」又曰：「契，百姓不親，五品不遜，汝作司徒，敬敷五教，在寬。」又曰：「皋陶，蠻夷猾夏，寇賊姦宄，汝作士，五刑有服，五服三就，五流有宅，五宅三居，惟明克允。」又曰：「俞，咨伯，汝作秩宗，夙夜惟寅，直哉惟清。」此云「舜有臣五人而天下理」者，蓋檃括〈堯典〉之文也。

147. 「……昔高宗以雉雊之變，故獲中興之功。」（〈宦者列傳〉）

按：《尚書大傳》云：「武丁祭成湯。有飛雉升鼎耳而雊。武丁問諸祖己。祖己曰：『雉者野鳥也，不當升鼎。今升鼎者，欲為用也。遠方將有來朝者乎？』故武丁內反諸己，以思先王之道。三年，編髮重譯來朝者六國。」此云「高宗以雉雊之變，故獲中興之功」者，即檃括《大傳》之辭也。

148. 論曰：「……非直苟咨凶德，止於暴橫而已。」（〈宦者列傳〉）

按：〈盤庚下〉云：「用降我凶德。」〈多方〉云：「爾尚不忌于凶德。」此云「凶德」者，即引《尚書·盤庚》、〈多方〉之文也。

149. 贊曰：「……況乃巷職，遠參天機，舞文巧態，作惠作威，凶家害國，夫豈異歸。」（〈宦者列傳〉）

按：〈洪範〉云：「臣之有作福作威玉食，其害于而家，凶于而國。」此云「作惠作威，凶家害國」者，乃檃括〈洪範〉之文也。此所謂「作惠」者即「作福」也，是先福後威，用《古文尚書》，與鄭玄注及今本《尚書》同。（說見第三章 14.條）

150. 「……陛下聖德欽明，同符二祖，勞謙厎運，三年乃讙。」（〈儒林列傳〉）

（1）陛下聖德欽明

按：〈堯典〉云：「欽、明、文、思、安安。」此云「聖德欽明」者，即檃括〈堯典〉之文。

（2）三年乃讙

按：〈無逸〉云：「乃或亮陰，三年不言。其惟不言，言乃雍。」此云「三年乃讙」者，檃括〈無逸〉之辭也。此引作「讙」者，考《史記·魯世家》：「乃有亮闇，三年不言，言乃讙。」《集解》引鄭注云：「讙，喜悅也。」《史記·

殷本紀》:「殷道既衰,武丁修改行德,天下咸驩,殷道復興。」《禮記‧坊記子》曰:「高宗云:『三年其惟不言,言乃讙。』」鄭注:「讙當爲歡聲之誤也。其既言天下皆歡喜樂其政教也。」《禮記‧檀弓》篇:「子張問曰:『高宗三年不言,言乃讙。』」鄭注:「讙,喜說也。言乃喜說,則臣民望其言久矣。」〈商頌‧詩譜〉曰:「乃或諒闇,三年不言,言乃雍。」《尚書正義》引鄭注云:「其不言之時,時有所言,則羣臣皆和諧。」《史記》《禮記》同作「讙」,史公用《歐陽尚書》,而《禮記》傳自夏侯始昌,戴氏亦今文之學,與《尚書》同一師承,故用字多與《今文尚書》合,則作「讙」者,乃《今文尚書》也。鄭康成注《禮記‧坊記》、《檀弓》二篇,皆訓歡喜、喜悅,是就《禮記》本文「讙」字作訓,而用今文說訓之。而鄭氏《詩譜》作「雍」,《正義》引鄭注訓爲「和諧」,與今文之「讙」不同,蓋必爲《古文尚書》也。鄭玄兼通古今,其注《大傳》悉用今文家說,注古文則多用古文家學也。《殷本紀》作「驩」,乃同音通借字。〈魯世家〉《集解》所引,當爲〈檀弓〉注之文。

151. 「……昔殷庚去奢,行儉於亳;成周之隆,乃即中洛。遭時制都,不常厥邑。」（〈文苑傳〉）

按:〈書序〉云:「盤庚五遷,將治亳殷。」又曰:「成王在豐,欲宅洛邑。使召公相宅。」又云:「召公既相宅,周公往營成周。」此杜篤云遷都之事者,即檃括〈書序〉之辭。此引作「殷庚」者,熹平石經亦作「殷庚」,是《今文尚書》作「殷」。殷、盤乃同音通借也。

又:〈盤庚上〉云:「先王有服,恪謹天命,茲猶不常寧,不常厥邑,于今五邦。」此云「不常厥邑」者,即引〈盤庚上〉之文。

152. 「……夫雍州本帝皇所育業,〈禹貢〉所載,厥田惟上。」（〈文苑傳〉）

按:〈禹貢〉云:「黑水西河惟雍州。」又曰:「厥土惟黃壤,厥田惟上上。」此云「雍州」,而稱〈禹貢〉「厥田惟上」者,即引〈禹貢〉之文也。此引作「厥田惟上」,少一上字者,行文之便矣。

153. 「……朔南暨聲,諸夏是和。……」（〈文苑傳〉）

按:〈禹貢〉云:「朔南暨聲教。」此云「朔南暨聲」者,即引〈禹貢〉之文。此引少「教」字者,行文便爾。

154. 「肇十有二，是為贍腴。……」(〈文苑傳〉)

　　按：〈堯典〉云：「肇十有二州。」此云「肇十有二」者，即引〈堯典〉之文也。

155. 「……受命於皇上。」(〈文苑傳〉)

　　按：〈召誥〉云：「皇天上帝，改厥元子茲大國殷之命。惟王受命，無疆惟休，亦無疆惟恤。」此云「受命於皇上」者，即檃括〈召誥〉之辭也。

156. 「虩怒之旅，如虎如螭。」(〈文苑傳〉)

　　按：〈牧誓〉云：「如虎如貔，如熊如羆。」此云「如虎如螭」者，即引〈牧誓〉之文。作螭者，蓋用《今文尚書》也。(詳見第二章11.條之(2))

157. 「……蓋夫燔魚剸蛇……」(〈文苑傳〉)

　　按：李賢注引〈今文泰誓〉云：「太子發升舟，中流，白魚入於王舟，王跪取出，以燎。」鄭注云：「燔魚以祭，變禮也。」此云「燔魚」者，即檃括〈今文泰誓〉之辭。(詳見第二章2.條)

158. 迪志詩：「……日月逾邁，豈云旋復！哀我經營，旅力靡及。」(〈文苑傳〉)

　　按：〈秦誓〉云：「我心之憂，日月逾邁。」又曰：「番番良士，旅力既愆。」此云「日月逾邁」、「旅力」者，皆引〈秦誓〉之文。

159. 「……爰作股肱，萬邦是紀。」(〈文苑傳〉)

　　按：〈皋陶謨〉云：「帝曰：『臣作朕股肱耳目。』」此云「爰作股肱」者，即檃括〈皋陶謨〉之文也。

160. 「……漢之中葉，俊乂式序。」(〈文苑傳〉)

　　按：〈皋陶謨〉云：「九德咸事，俊乂在官。」此云「俊乂式序」者，檃括〈皋陶謨〉之辭也。

161. 「……農夫不怠，越有黍稷。……」(〈文苑傳〉)

　　按：〈盤庚上〉云：「乃不畏戎毒于遠邇，惰農自安，不昏作勞，不服田畝，越其罔有黍稷。」此云「農夫不怠，越有黍稷」者，即檃括〈盤庚上篇〉之文也。

162. 「……惟家之索，牝雞之晨。」（〈文苑傳〉）

按：〈牧誓〉云：「古人有言曰：『牝雞無晨。牝雞之晨，惟家之索。』」此云「惟家之索，牝雞之晨」者，即櫽括〈牧誓〉之文。此引二句倒序，乃行文之便耳。

163. 「……暴辛惑婦，拒諫自孤。」（〈文苑傳〉）

按：〈牧誓〉云：「今商王受，惟婦言是用。」又〈西伯戡黎〉曰：「王曰：『嗚呼！我生不有命在天。』」是受惑于妲己婦言而拒祖伊之諫也。此云「暴卒惑婦，拒諫自孤」者，乃櫽括〈牧誓〉、〈西伯戡黎〉之辭也。

164. 「……甲子昧爽。……」（〈文苑傳〉）

按：〈牧誓〉云：「時甲子昧爽，王朝至于商郊牧野，乃誓。」此云「甲子昧爽」者，即引〈牧誓〉之文。

165. 「……佞諂日熾，剛克消亡。」（〈文苑傳〉）

按：〈洪範〉云：「沈潛剛克，高明柔克。」此云「剛克」者，即引〈洪範〉之辭也。

166. 「……〈夏書〉曰：『念茲在茲。』庶事恕施，忠智之謂也。」（〈文苑傳〉）

按：《左襄二十一年傳》引〈夏書〉云：「念茲在茲，釋茲在茲，名茲在茲，允出茲在茲，惟帝念功。」此云〈夏書〉云云者，蓋引《左傳》所引〈夏書〉之文也。杜預注云「逸書」，蓋其篇亡於秦漢之際，杜云逸書者是也。今本《尚書》〈大禹謨〉亦有是文，乃襲取《左傳》所引為之。

167. 「……悟稼穡之艱難。」（〈文苑傳〉）

按：〈無逸〉云：「君子其〈無逸〉。先知稼穡之艱難，乃逸。」此云「悟稼穡之艱難」者，乃櫽括〈無逸〉之文。

168. 「……舉英奇於仄陋。……」（〈文苑傳〉）

按：〈堯典〉云：「明明揚側陋。」此云「舉英奇於仄陋」者，蓋櫽括〈堯典〉之辭。作「仄」者，同音通用。（詳見第三章 19.條）

169. 「君明哲以知人，官隨任而處能。百揆時敘，庶績咸熙。諸侯慕義，不召同期。」（〈文苑傳〉）

（1）君明哲以知人，官隨任而處能

　按：〈皋陶謨〉云：「知人則哲，能官人。」此云「君明哲以知人，官隨任而處能」者，隱括〈皋陶謨〉之文也。

（2）百揆時敘，庶績咸熙

　按：〈堯典〉云：「納于百揆，百揆時敘。」又云：「三考黜陟幽明，庶績咸熙。」此云「百揆時敘」、「庶績咸熙」者，皆引〈堯典〉之文。

（3）諸侯慕義，不召同期

　按：〈尚書正義泰誓序〉引馬融《書序》曰：「〈大誓〉云：『八百諸侯不召自來，不期同時，不謀同辭。』」馬融所引乃〈今文泰誓〉也。此引「諸侯慕義，不召同期」者，蓋隱括〈今文泰誓〉之辭。（詳見第二章 2.條）

170.「……明其果毅，尚其桓桓。」（〈文苑傳〉）

　按：〈牧誓〉云：「勖哉夫子，尚桓桓。」此云「尚其桓桓」者，即引〈牧誓〉之文。

171.「臣聞洪水橫流，帝思俾乂。」（〈文苑傳〉）

　按：〈堯典〉云：「帝曰：『咨，四岳，湯湯洪水方割，蕩蕩懷山襄陵，浩浩滔天，下民其咨，有能俾乂？』」此云「洪水橫流，帝思俾乂」者，即隱括〈堯典〉之辭。

172.「……疇咨熙載，羣士響臻。」（〈文苑傳〉）

　按：〈堯典〉云：「帝曰：『疇咨，若時登庸？』」又曰：「帝曰：『疇咨，若予采？』」又云：「舜曰：『咨四岳，有能奮庸熙帝之載？』」此云「疇咨熙載」，即隱括〈堯典〉之文。

173.「……遭遇厄運，勞謙日昃。」（〈文苑傳〉）

　按：〈無逸〉云：「自朝至于日中昃，不遑暇食。」此云「勞謙日昃」者，即隱括〈無逸〉之文也。

174.「……足以昭近署之多士，增四門之穆穆。」（〈文苑傳〉）

　按：〈堯典〉云：「賓于四門，四門穆穆。」此云「四門之穆穆」者，即引〈堯典〉之文。又《尚書》有〈多士〉篇，其中即有「多士」一詞多見。

175. 箕子之術。（〈方術列傳〉）

按：〈洪範〉云：「惟十有三祀，王訪于箕子，王乃言曰：『嗚呼、箕子；惟天陰騭下民，相協厥居，我不知其彝倫攸敘。』箕子乃言曰：『我聞在昔，鯀陻洪水，汩陳其五行，帝乃震怒，不畀洪範九疇，彝倫攸斁，鯀則殛死，禹乃嗣興，天乃錫禹洪範九疇，彝倫攸敘。』」箕子之術者，即箕子陳言武王洪範九疇之術也。

176.「臣聞堯登稷、契，政隆太平。」（〈方術列傳〉）

按：〈堯典〉云：「帝曰：『棄，黎民阻飢，汝后稷，播時百穀。』帝曰：『契，百姓不親，五品不遜，汝作司徒，敬敷五教，在寬。』帝曰：『皋陶，蠻夷猾夏，寇賊姦宄，汝作士，五刑有服，五服三就，五流有宅，五宅三居，惟明克允。』」此云「堯登稷、契」、「舜用皋陶」者，即隱括〈堯典〉之文也。此〈堯典〉文之帝，皆指舜，而曰堯登者，蓋稷、契皆舊臣，舜仍其任故也，亦行文之便爾。

177.「出自東州，厥土塗泥。而英姿挺特，奇偉秀出，才兼四科，行包九德。」（〈方術列傳〉）

按：〈禹貢〉云：「淮海惟揚州……厥土惟塗泥。」此云「厥土塗泥」者，即隱括〈禹貢〉之文。

又：〈皋陶謨〉云：「亦行有九德。」此云「行包九德」者，即隱括〈皋陶謨〉之文也。

178.「上令三辰順軌於歷象，下使五品咸訓于嘉時，必致休徵克昌之慶。」（〈方術列傳〉）

按：〈堯典〉云：「欽若昊天，歷象日月星辰。」此云「三辰順軌於歷象」者，隱括〈堯典〉之文也。

又：〈堯典〉云：「百姓不親，五品不遜。」此云「五品咸訓」者，亦隱括〈堯典〉之文。此引作「訓」者，《今文尚書》也。

又：〈洪範〉云：「曰休徵：曰肅，時雨若；曰乂，時暘若；曰晢，時燠若；曰謀，時寒若；曰聖，時風若。」此云「致休徵」者，即隱括〈洪範〉之文。

179. 是時白虹貫日，檀因上便宜三事，陳其咎徵。（〈方術列傳〉）

按：〈洪範〉云：「曰咎徵、曰狂，恒雨若；曰僭，恒暘若；曰豫，恒燠若；曰急，恒寒若；曰蒙，恒風若。」此云「咎徵」者，乃隱括〈洪範〉之文也。

180. 「……致來儀之鳳矣。」（〈逸民列傳〉）

　　按：〈皋陶謨〉云：「簫韶九成，鳳皇來儀。」此云「致來儀之鳳」者，欒括〈皋陶謨〉之文也。

181. 《詩》《書》之言女德尚矣。（〈列女傳〉）

　　按：〈牧誓〉云：「古人言曰：『牝雞無晨，牝雞之晨，惟家之索。』」此云「詩書之言女德」者，欒括〈牧誓〉之義也。

182. 「……隆唐虞之政，闢四門而開四聰。」（〈列女傳〉）

　　按：〈堯典〉云：「闢四門，明四目，達四聰。」此云「闢四門而開四聰」者，即引〈堯典〉之文。此引作「開」者，蓋用《夏侯尚書》也。（詳見第三章29.條）

183. 昔堯命羲仲宅嵎夷，曰暘谷，蓋日之所出也。（〈東夷列傳〉）

　　按：〈堯典〉云：「分命羲仲，宅嵎夷，曰暘谷。」此云「堯命羲仲宅嵎夷，曰暘谷」者，即欒括〈堯典〉之文也。段玉裁《古文尚書撰異》云：「宅《今文尚書》作度。《周禮》注引『度西曰柳穀』，此鄭引《今文尚書》也。然則『宅嵎夷』、『宅南交』、『宅朔方』今文皆本作度矣。楊雄《方言》曰：『度，尻也。東濟海岱之間或曰度』，與《今文尚書》合。考『三危既宅』、《夏本紀》作『既度』，『是降北宅土』，《風俗通義》作『度土』、『五流有宅、五宅三居』，〈五帝本紀〉作『有度』、『五度』，然則凡《古文尚書》皆作宅，凡《今文尚書》皆作度。〈五帝本紀〉『居郁夷』，『居南交』，『居西土』、『居北方』，皆作居者，以訓詁字代之也。……《尚書正義》卷二夏侯、歐陽等書『宅嵎鐵』字作『宅』者，蓋誤依古文《尚書》。」「度」字《說文》三篇下云：「法制也。從又庶省聲。」七篇下云：「宅，人所託尻也。從宀乇聲。」度字為定紐，古音在五部，宅字在澄紐，古聲在定紐，古韻在五部，二字古音相同，故可通借，而宅為本字也。段氏言「宅」古文，「度」今文是也。

　　段氏又云：「嵎夷，《古文尚書》作堣夷，《今文尚書》今禺銕。《說文》十三篇土部曰：『堣夷在冀州陽谷，立春日日值之而出，從土禺聲。《尚書》曰『宅嵎夷』玉裁按此許用《古文尚書》也。惟從土與從山異，蓋《古文尚書》字本從土，轉寫誤從山。』」又「《說文》九篇山部暘字下曰『嵎銕，暘谷也』，玉裁按此用《今文尚書》也。嵎本是禺，或增山旁耳。《史記‧夏本紀‧索隱》曰『嵎夷』《今文尚書》及〈帝命驗〉並作「禺鐵」，《尚書‧堯典‧釋文》曰

『《尚書‧考靈曜》及《史記》作「禺銕」』，《尚書正義》卷二曰『夏侯等書「宅嵎夷」爲「宅嵎鐵」』，玉裁按『嵎鐵』即「禺銕」，銕者古文鐵字，鐵者鐵之譌體也。……凡緯書皆出於漢人之手，故〈考靈曜〉、〈帝命驗〉皆用《今文尚書》。《釋文》引《史記》作『禺銕』，今《史記》作『郁夷』，乃禺銕之別本。郁在尤侯入聲，禺在侯部平聲。《釋文》之《史記》二字疑《說文》二字之誤，謂山部暘字下所云也。或陸氏所據《史記》與張守節司馬貞本不同。」段氏以郁、禺乃同部陰聲入聲之轉，故相通。然則夏侯書作「禺銕」，史公多用歐陽說作「郁夷」，古文作「堣夷」矣。

　　段氏又云：「《古文尚書》作暘，《今文尚書》作崵。《說文》七篇日部曰『暘，日出也。从日昜聲。〈虞書〉曰「日暘谷」』，此與土部『宅堣夷』相屬稱《古文尚書》也。九篇山部崵字下曰『一曰嵎銕，崵谷也』，此稱《今文尚書》也。以嵎銕今文，則知相屬之崵谷今文無疑。」段論是也。又《史記‧索隱》曰「《史記》舊本作湯谷，今並依《尚書》字」。是《史記》本作「湯谷」，司馬貞據唐《尚書》改之。作「湯谷」者，《史記》之外，《淮南子》云「日出湯谷，浴于咸池」。《楚辭‧天問》曰「出自湯谷」，王逸注云「言日出東方湯谷之中」，《論衡‧說日》篇曰：「〈禹貢〉《山海經》言日有十，在海外東方，有湯谷」，《說文》云「叒，日初出東方湯谷所登搏桑叒木」，皆作湯，與《史記》同。然則作「崵」者夏侯，作「湯」者歐陽歟？《說文》崵字云「首崵山在遼西」，《史記‧索隱》云「按《今文尚書》及〈帝命驗〉竝作禺鐵在遼西」則今文說以爲地在遼西。《說文》暘字云「日出也」，又叒下云「日初出東方湯谷」，則暘谷當在日出東方之地矣；然《說文》堣夷字下云「堣夷，冀州暘谷」，而遼西正在冀州，冀州在北方，則又與日出東方不同；江聲疑本作「青州」，作「冀州」者乃後人所改。《釋文》引馬融曰「嵎，海隅也；夷，萊夷也。暘谷，海隅之地名。」此是以〈禹貢〉青州「嵎夷既略」、「萊夷作牧」解之也，則馬融說與《說文》日出東方湯谷合。《史記》作「郁夷」、「湯谷」，章太炎先生曰「按毛詩『周道倭遲』，韓詩作「郁」，知此郁夷即「倭夷」，倭夷即今之日本，古之扶桑也，湯谷又在日初出東方之處，是則史公說亦以爲在東方日出處也。《後漢書‧儒林傳》曰「林同郡賈逵爲之作訓，馬融作傳，鄭玄注解。」則馬融當爲古文家說矣，《史記》說同馬氏，蓋或从孔安國問故而得之；《說文》暘字叒字之說亦古文說也；惟堣下之「冀州暘谷」又同今文之遼西，江聲疑作青州，其或然也。今此引《書》在〈東夷列傳〉，且篇首云「〈王制〉曰『東方曰夷』」，又云「蓋日之所出也」，則是用古文家之說也。僞孔傳云「東表之地稱嵎夷；

暘，明也，日出於谷而天下明，故稱暘谷。」則亦用古文說。

又：《尚書正義》曰：「庸生、賈、馬之等，惟傳孔學經文三十三篇，鄭與三家同以爲古文，而鄭承其後，所注皆同賈逵、馬融之學，題曰《古文尚書》，篇與夏侯等同，而經字多異。夏侯等書『宅嵎夷』爲『宅嵎鐵』，『昧谷』曰『柳谷』……是鄭注不同也。」閻若璩《尚書古文疏證》第二十三條以爲上爲夏侯等書，下爲鄭玄所據，如此則鄭於此用今文；段玉裁《古文尚書撰異》以爲上爲鄭所據，下爲夏侯等書，如此則鄭玄用古文；二說相反，然《周禮》縫人注引「度西曰柳穀」賈疏云：「是濟南伏生書傳文。」，夏侯歐陽皆出伏生，則作「柳谷」、「柳穀」；是夏侯等書在下也。由是知作「宅嵎鐵」爲夏侯等書，「宅嵎夷」爲鄭所據，則鄭玄於此亦用古文，段說是也。今此引《尚書》之文，文字與訓義均用《古文尚書》；僞孔亦同，蓋同本古文也。

184. 贊曰：「宅是嵎夷，曰乃暘谷。」（〈東夷列傳〉）

　　按：〈堯典〉云：「分命羲仲，宅嵎夷，曰暘谷。」此贊曰云云，即引〈堯典〉之文。（詳見本章 183 條）

185. 其在唐虞、與之要質，故曰要服。（〈南蠻西南夷列傳〉）

　　按：〈禹貢〉云：「五百里要服，三百里夷，二百里蔡。」此云「與之要質，故曰要服」者，即解〈禹貢〉要服之義也。考《史記集解》引馬融曰：「蔡，法也；受王者刑法而已。」《釋文》引馬云「夷，易也」。《漢書·地理志》師古注曰：「要，以文教要束之也；夷，易也，言行平易之法。三百里皆同。蔡，法也，遵刑法而已，二百里皆同。」《詩·齊譜正義》引鄭玄曰：「要服於周爲蠻服，其邸當夷服，在四千里之內。」《尚書正義》引鄭注曰：「蔡之言殺，減殺其賦。」僞孔傳曰：「綏服外五百里，要束以文教」又曰：「守平常之教，事王者而已。」又曰：「蔡，法也。法三百里而差簡。」此與顏師古同，而師古用馬說，則其明用馬融之說。此云「與之要質，故曰要服」者，與僞孔傳所謂「要束以文教」不同。而此引文在〈南蠻西南夷列傳〉，與康成所言「要服於周爲蠻服」同義，則此當用鄭玄之說也。

186. 武陵太守上書，以蠻夷率服，可比漢人，增其租賦。（〈南蠻西南夷列傳〉）

　　按：〈堯典〉云：「食哉惟時，柔遠能邇，惇德允元，而難任人，蠻夷率服。」此云「蠻夷率服」者，即引〈堯典〉文也。《史記》曰：「命十二牧論帝德行，厚德遠佞人則蠻夷率服。」《漢書·景武昭宣元成功臣表敍》曰：「昔《書》稱

蠻夷帥服，許其慕諸夏也。」皮錫瑞《今文尚書考證》曰：「案《儀禮‧聘禮》『使者朝服帥眾介夕』，鄭注『古文帥皆作率，帥大夫以八』，鄭注古文帥爲率，則今文多作帥可知。《毛詩》『率時農夫』，《韓詩》作『帥時農夫』，毛用古文，韓用今文，亦其證。」皮說是也。史公作率，與古文同，班固《漢書》作帥，是今文小夏侯作「帥」也。鄭玄注古文必作「率」矣。僞孔號稱古文，作「率」；此亦引作「率」，蓋亦同古文鄭氏說也。「帥」與「率」古音同在十五部，故可通用，二字皆假借字也。

187. **西羌之本，出自三苗，姜姓之別也，其國近南岳，及舜流四凶，徙之三危，河關之西南羌地是也。**（〈西羌傳〉）

按：〈堯典〉云：「流共工于幽州，放驩兜于崇山，竄三苗之三危，殛鯀于羽山，四罪而天下咸服。」此云流四凶，徙之三苗者，乃櫽括〈堯典〉之文也。此引作「徙之三苗」者，以訓詁字代之也。本字當作「竄」。（詳見第四章 10.條之（1））

考《史記集解》引馬融曰：「三危，西裔也。」又《尚書‧堯典釋文》云：「馬、王云：『國名也，縉雲氏之後，爲諸侯，蓋饕餮也。』」《尚書正義》曰：「鄭玄俱引《左傳》之文，乃云『命驩兜舉共工，則驩兜爲渾敦也；共工爲窮奇也，鯀爲檮杌也，而三苗爲饕餮亦可知。』」今僞孔傳云：「三苗，國名。縉雲氏之後爲諸侯，號饕餮。三危，西裔。」則知僞孔傳所據者，乃馬融之說也。**又**：僞孔傳云：「殛、竄、放、流皆誅也。」《正義疏》云：「孔傳竄三苗爲誅也，其身無復官爵。」而《尚書正義》於「分北三苗」下云：「鄭玄以爲流四凶者，卿爲伯，子、大夫爲男，降其位耳，猶爲國名，故以三苗爲西裔諸侯。」此可見僞孔傳說與鄭說大異。《尚書正義‧禹貢》「三苗丕敘」下引鄭玄引《地記書》云：「三危之山，在鳥鼠之西，南當岷山，則在積石之西南。」又《禹貢釋文》引馬融曰：「析支在河關西。」今范曄云三危在河關之西南羌地，又云「濱於賜支，賜支即〈禹貢〉之析支」，正與鄭云「鳥鼠之西，南當岷山，則在積石之西南」同地，然則范氏用鄭玄說可知矣。

188. **賜支者，〈禹貢〉所謂析支者也。**（〈西羌傳〉）

按：此引〈禹貢〉文也。〈禹貢〉云：「崑崙、析支、渠搜、西戎即敘。」「賜」、「析」二字，同屬心紐，古音在十六部，二字古音同，故可相通。

189. **及武王伐商，羌、髳率師會于牧野。**（〈西羌傳〉）

按：〈牧誓〉云：「時甲子昧爽，王朝至于商郊牧野，乃誓。……及庸、蜀、羌、
髳、微、盧、彭、濮人。」此云「武王伐商，羌、髳率師會于牧野」者，引〈牧
誓〉之文也。考《史記》曰：「武王朝至于商郊牧野，乃誓。」《說文》土部坶
字云：「〈周書〉武王與紂戰于坶野。」《大雅・大明》鄭箋云：「《書・牧誓》
曰：『時甲子昧爽，武王朝至於商郊牧野。』」段玉裁《古文尚書撰異》：「《詩・
大明》『矢于牧野』《正義》曰『〈牧誓〉云「至于商郊牧野，乃誓」』，〈書序〉
注云『牧野，紂南郊地名，《禮記》及《詩》作坶野，古字耳。』玉裁按此十
七字皆鄭注也。其下文云『今文本又不同者』《正義》謂今本《詩》與《禮記》
也。此可證鄭本《尚書》作牧不作坶。許君《說文》土部坶字下云『朝歌南七
十里地』，引『〈周書〉武王與紂戰于坶野』，此乃壁中原文，子國以今文字讀
之改爲牧。」今所見本今古文家皆作「牧」，段說是也。二字皆屬明紐，古音
在三部，音同故通用。僞孔傳云：「至牧地而誓眾。」又曰：「紂近郊三十里地
名牧」則訓義與許不同。此引作「牧野」則依相傳之本耳。

190. 「……〈禹貢〉雍州之域，厥田惟上。」(〈西羌傳〉)

按：〈禹貢〉云：「黑水西河惟雍州。……厥土黃壤，厥田惟上上。」此云「雍
州之域，厥田惟上」者，即〈禹貢〉之文也。此引少一「上」字者，行文之
便耳。

191. 贊曰：遏矣西胡，天之外區。(〈西域傳〉)

按：〈牧誓〉云：「王左杖黃鉞，右秉白旄以麾曰：『逖矣西土之人。』」此云「遏
矣西胡」者，隱括〈牧誓〉之文也。考《史記》曰：「曰：『遠矣，西土之人』。」
《爾雅・釋詁》：「遏，遠也。」郭注：「《書》曰：遏矣，西土之人。」《北齊
書・文苑傳》顏之推〈觀我生賦〉曰：「遏西土之有眾。」《文選・李善注》兩
引《書》皆作遏，是唐初本尚作「遏」，衛包據《說文》「逖」爲今字，「遏」
爲古文改之。二字古音同在透紐十六部，音同通用。

192. 「《書》戒猾夏。」(〈烏桓鮮卑列傳〉)

按：〈堯典〉云：「蠻夷猾夏，寇賊姦宄。」此云「《書》戒猾夏」者，引〈堯
典〉之文也。

第六章　結　論

　　東漢一代，承西漢之緒，經學昌明；《尚書》之學益盛，蓋《尚書》爲古聖王賢臣治政之語；典謨誥誓，莫非君臣所必讀者；是以研習《尚書》之學者，代爲帝師，尊崇極致。故皇帝詔令，群臣奏議，莫不援經引義，以爲依據。今就《後漢書》九十篇中引《尚書》之情狀，總理如下，以見其大概焉。

（一）范曄撰《後漢書》，《尚書》用鄭玄之學

　　范蔚宗嘗謂「贊自是吾文傑思，殆無一字空設」，「欲因就卷內發論，以正一代得失」，是論贊之文，乃蔚宗學識所在；今考其論贊引《尚書》者，用鄭康成之說，且其祖范甯教援必以鄭學，家學相傳，是知所撰《後漢書》亦用鄭說也。（詳見導論）

（二）《後漢書》載諸儒引《書》文字，從其原本師說

　　蔚宗刪削眾家，獨成《後漢》，所錄前儒引《書》文，多從其原本師說，不改經字。如〈皇后紀〉云：

> 太后諒闇既終。

其於〈魯肅傳〉記恭上疏之辭曰：

> 盡諒陰三年。

范氏作「諒闇」，魯恭作「諒陰」，是不改也。

（三）《後漢書》所引各家《尚書》之數

　　東漢諸儒引書，多用立官今文三家之文；然其文不載某用某家之說。然東漢古文寖盛，范氏亦用鄭玄之學，多古文家言；是《後漢書》所引，三家及古文均有之。

1. 《古文尚書》

　　皇甫嵩《朱儁列傳》論曰：「而舍格天之大業，蹈匹夫之小諒。」此云「格天」者，即引〈君奭〉「伊尹格于皇天」之文。此引作格者，即爲《古文尚書》也。又〈杜

林傳〉云：「周之五刑，不過三千。」此即引〈呂刑〉五刑三千之說。杜林傳古文，則此必古文說也。

2. 《歐陽尚書》

《後漢書》中，授《歐陽尚書》之儒，所引皆歐陽一家之說。如〈楊震傳〉，震因地震，上疏曰：「《書》曰：『僭恒陽若，臣無作威作福玉食。』」此必為歐陽家之文。

3. 《大夏侯尚書》

《後漢書》中，以《大夏侯尚書》教授者，所引皆《大夏侯尚書》。如〈宋意傳〉意上疏諫曰：「陛下至孝烝烝，恩愛隆深。」此云「至孝烝烝」者，即引〈堯典〉「以孝，烝烝乂」也。宋意習《大夏侯尚書》（見導言），此必為大夏侯之說。

4. 《小夏侯尚書》

《後漢書》中，習《小夏侯尚書》者，所引當為小夏侯之說。如〈班固傳〉〈典引〉云：「股肱既周，天乃歸功元首。」此乃用〈皋陶謨〉「元首明哉，股肱良哉」之辭。班固習《小夏侯尚書》，則此用小夏侯之學。

（四）《後漢書》引《尚書》稱名

《後漢書》中引《尚書》稱名不一，有如下諸式。

1. 稱引篇名

《後漢書》引《尚書》，有稱引篇名者，如〈陳忠傳〉忠上疏曰：「臣聞〈洪範〉五事，一曰貌，貌以恭，恭作肅。」

2. 稱《書》曰

《後漢書》引《尚書》，或稱《書》曰。如〈張純傳〉純奏上宜封禪曰：「《書》曰：『歲二月，東巡狩，至于岱宗，柴。』，則封禪之義也。」

3. 稱經曰

《後漢書》引《尚書》，或稱經曰。如〈梁充傳〉統對曰：「聞聖帝明王，制立刑罰；故雖堯舜之盛，猶誅四凶。經曰：『天討有罪，五刑五庸哉。』，又曰：『爰制百姓于刑之中。』」

4. 引《書》不舉篇名，不稱經曰、《書》曰

《後漢書》引《尚書》，或直引其句，不舉篇名，不稱《書》曰、經曰者。如〈李雲傳〉曰：「臣聞皇后天下母，德配坤靈得其人則五氏來備，不得其人則地動搖宮。」此「五氏來備」即〈洪範〉「曰時五者來備，各以其敘」也。

5. 隱括文義

《後漢書》引《尚書》，或用櫽括之辭。如〈鄧禹傳〉禹上言曰：「方諒闇密靜之時。」此即櫽括〈無逸〉「乃或諒陰」及〈堯典〉「四海遏密八音」者也。

（五）《後漢書》引《尚書》文句

《後漢書》引《尚書》文句，多引用原文，然亦有增減文字，改易辭句者。

1. 用原文

《後漢書》引《尚書》原文，其例非少。如《章帝八王傳》梁太后下詔曰：「……《書》不云乎：『用德章厥善。』」此即〈盤庚〉之文也。

2. 引文增字

《後漢書》引《尚書》，有於原文略加數字，以助文氣者。如〈班固傳・典引〉云：「汪汪乎丕天之大律。」《漢書・郊祀志》引〈泰誓〉曰：「正稽古立功立事，可以永年，丕天之大律。」此則多「汪汪乎」三字，以增其氣。

3. 引文省字

《後漢書》中引《尚書》文，有省字者。如〈陳忠傳〉忠上疏曰：「是用明者慎微，智者識幾。」《書》曰：「小不可不殺。」〈康誥〉云：「有厥罪，小乃不可不殺。」此引文少「乃」字。又〈申屠剛傳〉云：「伏念本朝躬聖德，舉義兵，冀行天罰。」〈甘誓〉云「今予惟恭行天之罰」，〈牧誓〉云「今予發惟恭行天之罰」，此引少「之」字，以順文氣。

4. 變易文辭

《後漢書》引《尚書》文，時有稍變其文者。如〈陳忠傳〉忠上疏薦愷曰：「股肱元首，鼎足居職，協和陰陽，調訓五品。」此云「調訓五品」，即引〈堯典〉「五品不遜」而稍變易之。又崔琦〈外戚箴〉云：「惟家之索，牝雞之晨。」此引〈牧誓〉「牝雞之晨，惟家之索」而倒易其文。

（六）《後漢書》引《尚書》之作用

《後漢書》中載東漢諸儒引書者甚多，范曄論贊，亦多引用，考其作用，凡有數端。

1. 歌功頌德

《後漢書》引《尚書》以歌功頌德者極多。如〈光武紀〉群臣因復奏曰：「受命之符，人應為大；萬里合信，不議同情，周之白魚，曷足比焉。」此即櫽括〈今文泰誓〉之辭以頌光武之德也。

2. 褒貶人物

《後漢書》引《尚書》文，時亦以為褒貶人物之用。如〈肅宗・章帝紀〉論曰：

「章帝素知人厭明帝之苛切；……割裂明都，以崇建周親。平伐簡賦，而人賴其慶。又體之以忠恕、文之以禮樂。故乃蕃輔克諧，群后德讓。」此褒章帝也。

又〈宦者列傳〉贊曰：「任失無小，過用則違。況乃巷職，遠參天機。舞文巧態，作惠作威，凶家害國，夫豈異歸。」此貶宦者之亂政也。

3. 勉諭諷勸

東漢君臣相勸勉者，莫不援引《尚書》文為之。《後漢書》載之頗多。如〈梁統傳〉汝南哀者詣闕上書曰：「……昔舜、禹相戒，無若丹朱；周公戒成王，無如殷王紂。」此所以諷戒桓帝也。

又〈顯宗·孝明帝紀〉明帝詔曰：「……有司其勉順時氣，勸督農桑，去其螟蜮，以及蝥賊；詳刑慎罰，明察單辭，夙夜匪懈，以稱朕意。」此明帝勉諭臣下也。

4. 說明古制

《後漢書》引《尚書》者，亦有以說明古制。如〈張純傳〉純奏上宜封禪曰：「《書》曰：『歲二月，東巡狩，至于岱宗，柴。』，則封禪之義也。」此借以明古封禪之制也。

5. 改革之據

古人上言改革時政，多援引經書以為依據；《後漢書》載東漢諸儒進言改革時弊者，援引《尚書》極多。如〈陳寵傳〉寵鈞校律令條法，溢於〈甫刑〉者除之，曰：「臣聞禮經三百，威儀三千；故〈甫刑〉大辟二百，五刑之屬三千。禮之所去，刑之所取，失禮則入刑，相為表裏者也。今律令死刑六百一十，耐罪千六百九十八，贖罪以下二千六百八十一，溢於〈甫刑〉者千九百八十九，其四百一十大辟，千五百耐罪，七十九贖罪。《春秋保乾圖》曰：『王者三百年一蠲法。』漢興以來三百二年，憲令稍增，科條無限。又律有三家，其說各異，宜令三公、廷尉平定律令，應經合義，可使大辟二百，而耐罪、贖罪二千八百，并為三千，悉刪除其餘令，與禮相應，以易萬人視聽，以致刑措之美，傳之無窮。」此即引〈甫刑〉三千之數據，以求削減律令科條也。

（七）《後漢書》未引《偽古文尚書》

《後漢書》著成於宋元嘉之時，而其中引《尚書》之文極多，然通考全書所引《尚書》文句，除〈董卓傳〉「刳肝斮趾之性」，「崑岡之火，自茲而焚」二句，有似《偽古文尚書》之外，他皆略未引及；而「刳肝」「崑岡」二句，經考辨知其非出於《偽孔古文尚書》（見導言），然則《後漢書》於《偽孔古文尚書》，實未引及。復以《後漢書》引《尚書》文之分篇情況，〈堯典〉與今之〈舜典〉合一，〈皋陶謨〉與

今之〈益稷〉合一，與漢、魏時今文二十九篇之數正同，而與今本僞孔古文相錯（亦見導言），由是益可證《後漢書》未引《僞古文尚書》矣。以此知之，范曄著《後漢書》時，《僞孔古文尚書》實未出世也。

附錄　司馬彪《續漢志》引《尚書》考辨

1. 〈虞書〉曰：「律和聲。」（〈律曆志〉）

   按：〈堯典〉云：「詩言志，歌永言，聲依永，律和聲。」此云〈虞書〉曰者，即引〈堯典〉之文也。

2. ……朕以不德，奉承大業，夙夜祗畏，不敢荒寧，予末小子……。（〈律曆志〉）

   按：〈無逸〉云：「嚴恭寅畏，天命自度，治民祗懼，不敢荒寧。」此云「夙夜祗畏，不敢荒寧」者，即檃括〈無逸〉之辭。

   又：〈顧命〉云：「王再拜興。答曰：『眇眇予末小子。』」此云「予末小子」，即引〈顧命〉之文。

3. ……夫庶徵休咎，五事之應。（〈律曆志〉）

   按：〈洪範〉云：「八、庶徵：曰雨、曰暘、曰燠、曰寒、曰風、曰時，五者來備，各以其敘，庶草蕃廡。一極備凶，一極亡凶。曰休徵：曰肅，時雨若；曰乂，時暘若；曰晢，時燠若；曰謀，時寒若；曰聖，時風若。曰咎徵：曰狂，恒雨若；曰僭，恒暘若；曰豫，恒燠若；曰急，恒寒若；曰蒙，恒風若。」又曰：「二、五事：一曰貌，二曰言，三曰視，四曰聽，五曰思。貌曰恭，言曰從，視曰明，聽曰聰，思曰睿。恭作肅，從作乂，明作晢，聰作謀，睿作聖。」此云「庶徵休咎，五事之應」者，檃括〈洪範〉之辭也。

4. 《書》曰：「惟先假王正厥事。」又曰：「歲二月，東巡狩，至岱宗，柴。望秩于山川。遂覲東后。叶時月，正日。」祖堯岱宗，同律度量，考在璣

衡，以正曆象。（〈律曆志〉）

（1）《書》曰：「惟先假王正厥事。」

按：〈高宗肜日〉云：「祖己曰：『惟先格王正厥事。』」此稱《書》曰云云者，即引〈高宗肜日〉之文。此引作「假」者，用《今文尚書》也。（說見第二章 12. 條（4））

（2）又曰：「歲二月，東巡狩，至于岱宗，柴。望秩于山川，肆覲東后。協時、月，正日。」

按：此所云「又曰」，承上《書》曰，正引〈堯典〉之文。此引作「狩」者，乃《今文尚書》（見二章 38 條）。「至岱宗」無「于」字者，引文不嚴故也。「遂覲東后」作「遂」者，《夏小正傳》云「肆，遂也。」江聲《尚書集注音疏》云：「肆有遂誼。」然則作「遂」者乃以訓詁字代經字也。又作「叶」者《說文》十三篇下云「協，同眾之龢也。从劦十。叶，古文協。从口十。」段注云：「字見《周禮》大史協事注曰『故事協作叶』。杜子春之『叶，協也』」然則協、叶一字之異體，故相通作也。

（3）同律度量

按：〈堯典〉云：「同律度量衡，修五禮、五玉。」此云「同律度量」者，即引〈堯典〉文。

（4）考在機衡，以正曆象

按：〈堯典〉云：「在璿璣玉衡，以齊七政。」又曰：「欽若昊天，曆象日月星辰。」此云「考在機衡，以正曆象」者，即隱括〈堯典〉之文。此引作「璣」者，與漢魏至唐初本作「機」者不同，而同今本《尚書》者，皆後人改之。（說見第二章 54.條）

5. ……冀百君子越有民，同心敬授，儻獲咸熙。（〈律曆志〉）

按：〈召誥〉云：「予小臣，敢以王之讎民百君子越友民，保受王威命明德。」此云「百君子越有民」者，即引〈召誥〉之辭。此引作「有民」者，蓋《今文尚書》。考〈牧誓〉「友邦」，《史記》作「有國」，此作「有」者亦類之。偽孔傳解作「友愛民者」，甚不辭，友當解作有無之有，猶〈呂刑〉之「有邦有土」之有，文義乃順。有、友古音同在一部，故可通作。

又：〈堯典〉云：「三歲考績，三考黜陟幽明，庶績咸熙。」此云「儻獲咸熙」者，即引〈堯典〉之文也。

6. 〈洪範〉「日月之行，則有冬夏。」（〈律曆志〉）

按：〈洪範〉云：「日月之行，則有冬有夏。」此云〈洪範〉云云者，即引其文。此引少一有字者，引文不嚴與行文之便耳。

7. 不稽先代，違於帝典。（〈律曆志〉）

按：〈堯典〉云：「曰若稽古帝堯。」此云「不稽先代，違於帝典」者，即檃括〈堯典〉之義也。此以「不稽先代」釋「稽古」，是以「順考古道而行之」同義。考陳壽之《三國志·少帝紀》云：「高貴鄉公幸大學，講《尚書》。帝問曰：『鄭玄云「稽古同天，言堯同于天也」，王肅云「堯順考古道而行之」，二義不同，何者爲是？』博士庾峻對曰：『先儒所執，各有乖異，臣不足以定之；然〈洪範〉三人占從二人之言，賈、馬及肅皆以爲順考古道，以〈洪範〉言之，肅義爲長。』」又《尚書正義·堯典》云：「鄭玄信緯，訓稽爲同，訓古爲天，言能順天而行之，與之同功。」緯書之說爲今文之學，則鄭玄同天之說乃用今文家說也；賈，馬皆古文家，則「順考古道」爲古文說矣。又考《後漢書·范升傳》曰「臣聞主不稽古，無以承天」，說同鄭玄，考范升爲建武博士，時尚書令韓歆欲爲〈費氏易〉、《左氏春秋》之博士，升獨持不可之議，是非好古學者也，然則「稽古同天」之說爲今文家言，益有證據。

8. 刑狂以錯，五是以備。（〈律曆志〉）

按：〈洪範〉云：「八、庶徵：曰雨、曰暘、曰燠、曰寒、曰風，曰時五者來備，各以其敘，庶草蕃廡。」此云「五是以備」者，即引〈洪範〉之文也。此作「五是」者，蓋《今文尚書》作「五是來備」，《古文尚書》作「曰時五者來備」，二者不同。（說見第五章 48.條）

9. 昔堯命羲和，曆象日月星辰；舜叶時、月，正日。（〈律曆志〉）

按：〈堯典〉云：「乃命羲和，欽若昊天，曆象日月星辰，敬授人時。」此云「堯命羲和，曆象日月星辰」者，即引〈堯典〉之文。〈堯典〉又云：「協時、月，正日。」此云「舜叶時、月，正日」者，即引〈堯典〉之文也。此引作「叶」者，協、叶一字異體也（見《說文》）。

10. 戒以「蠻夷猾夏，寇賊姦宄。」（〈律曆志〉）

按：〈堯典〉云：「蠻夷猾夏，寇賊姦宄。」此戒以云云者，正引〈堯典〉之文也。

11. 然協曆正紀，欽若昊天。(〈律曆志〉)

按：〈堯典〉云：「乃命羲和，欽若昊天，曆象日月星辰。」又云：「協時、月，正日。」此云「協曆正紀，欽若昊天」者，即欙括〈堯典〉之文。

12. 承聖帝之命，欽若昊天，典曆象三辰，以授民事，立閏定時，以成歲功，羲和其隆也。(〈律曆志〉)

按：〈堯典〉云：「乃命羲和，欽若昊天，曆象日月星辰，敬授人時。」又云：「咨汝羲暨和，朞三百有六旬有六日，以閏月定四時成歲。」此云「羲和其隆」者，即欙括〈堯典〉之文。

13. 夏后之時，羲和淫湎，廢時亂日，胤乃征之。(〈律曆志〉)

按：〈書序〉云：「羲和湎淫，廢時亂日，胤往征之。」此云「羲和淫湎，廢時亂日，胤乃征之」者，即欙括其文。

14. 紂作淫虐，喪其甲子，武王誅之。(〈律曆志〉)

按：〈牧誓〉云：「時甲子昧爽，王朝至于商郊牧野，乃誓。」又曰：「今商王受，惟婦言是用，昏弃厥肆祀，弗答；昏弃厥遺王父、母弟，不迪；乃惟四方之多罪逋逃，是崇是長，是信是使，是以爲大夫卿士，俾暴虐于百姓，以姦宄于商邑。今予發恭行天之罰。」此云「紂作淫虐，喪其甲子，武王誅之」者，即欙括〈牧誓〉之義也。

15. 不豫。(〈禮儀志〉)

按：〈金縢〉云：「王有疾，弗豫。」此云「不豫」者，即引〈金縢〉之文。此作「不豫」者，弗、不古同重唇入聲，聲音相近，古書亦多通作。

16. 秀猶固辭，至于再，至于三。(〈祭祀志〉)

按：〈多方〉云：「我惟時其教告之，我惟時其戰要囚之，至于再，至于三。」此云「至于再，至于三」者，即引〈多方〉之文。

17. 皇帝東巡狩，至于岱宗，柴；望秩於山川，班于羣神，遂覲東后。(〈祭祀志〉)

按：〈堯典〉云：「歲二月東巡守，至于岱宗，柴；望秩于山川，肆覲東后。」又曰：「肆類于上帝，禋于六宗，望于山川，徧于羣神。」此云「東巡狩，至于岱宗，柴；望秩於山川，班于羣神，遂覲東后」者，即引〈堯典〉之文也。此

以「班于羣神」置於東巡狩事之下，似本有是句者，此涉上文「禋于六宗，望于山川，徧于羣神」句而誤合爲一。考〈堯典〉上文稱「禋于六宗，望于山川，徧于羣神」，其「望于山川」，今文或作「望秩于山川」者（說見第二章 5.條）與東巡狩事下句同，故此刻石文或取其句連屬於此，以廣其義，此實合並成章，非有異文也。《詩・周頌・鄭箋》曰：「《書》曰『歲二月，東巡狩，至于岱宗，柴；望秩于山川，徧于羣神。』於東巡狩事下交有「徧于羣神」句，陳喬樅謂「據光武泰山刻石亦有『班于羣神』四字，與鄭所引《尚書》文合，是《今文尚書》本有此句也。」今考〈光武紀〉云「王莽天鳳中，乃之長安，受《尚書》，略通大義」；《後漢書・張酺傳》云「酺少從充受《尚書》，能傳其業。又事太常桓榮。」注引《東觀記》曰「充與光武同門學」，則光武與張充爲同學，所習當同；酺傳充業，而又事桓榮，榮乃習《歐陽尚書》者也（見本傳），然則所傳祖學與榮當相同，即歐陽之學，如此則光武所習亦歐陽學矣。今《續漢志・律曆志》元和二年詔（章帝）引此文，無「班于羣神」句，章帝受書于桓郁，郁乃桓榮子，所傳亦《歐陽尚書》也，引文無「班于羣神」四字，是本無此四字也。且鄭玄注《古文尚書》，雖兼採古今文之說，而其注《大傳》、《書緯》，則用《今文尚書》，今鄭箋引《書》非今文之注，所引非《今文尚書》，其引文作「徧」與今文作「班」、「辯」異（詳見下），是引文明非《今文尚書》之證也，陳氏之說未允。《周頌正義》云「《書》二月不言徧于羣神。此一句衍文，定本集注皆有此一句，是由二文相涉，後人遂增之耳」，其言爲是。

又：此引作「班」者，考《史記・五帝本紀》云「遂類于上帝，禋于六宗，望于山川，辯于羣神」，徐廣曰「辯音班」，《正義》曰「辯音遍，謂遍祭羣神也」，楊雄〈太常箴〉曰「稱秩元祀，班于羣神」，漢樊毅〈修西嶽廟記〉曰「乃利祀典，辨于羣神」。惠棟《九經古義》云：「《史記》作辯，漢樊毅〈脩西嶽廟記〉云辯于羣神，〈儀禮・鄉飲酒禮〉云『眾賓辯』，鄭康成云『今文辯皆作徧』，是辯爲古文，徧爲今文也。」段玉裁《古文尚書撰異》云：「蓋今文家辯讀班，相傳如此。惠氏定宇《左傳補注》云『〈王莽傳〉辨社諸侯，義作班。《左氏襄公廿五年傳》云男女以班，劉炫說哀元年蔡人男女以辨，與此同』。玉裁謂襄廿五年之男女以班，眾男女別而羣，而哀元年之男女以辨，三事一也。班別辨一聲之轉。〈士虞禮〉『明日以其班祔』，鄭康成說古文班爲辨。玉裁以爲今古文蓋本皆作辨。」據士虞注「古文班爲辨」，則今文作「班」可知，段氏謂今古文皆作辨，實有蹟于山陵之失，且所謂「古文班爲辨」未必與《尚書》相涉也。惠氏據《鄉飲酒注》「今文辯皆作徧」，即斷辯爲古文，徧爲今文，亦欠詳審；《鄉飲

酒》云「每一人獻則薦諸其席，眾賓辯有脯醢」，鄭注云「亦每一獻薦於其位，位在下。今文辯皆作徧」，考之經文注文，此所謂「今文辯皆作徧」者，乃釋其義，謂今經文作辯者皆當作徧解，否則鄭注于「辯」字無釋矣，且其謂「每一人」，是宜解作「徧」，其義乃順。《詩‧時邁序‧正義》、《史記‧五帝本紀》注引鄭注云「徧以尊卑次秩祭之」，鄭注《古文尚書》，今注如此，則其據本作徧當可信，是徧爲古文也，惠氏以徧爲今文未允。徧、辯、辨，皆幫紐，古音同在十一部，班字亦幫紐，古音在十四部，十二、十四音近，同屬舌尖鼻音，故四字古多通用，徧爲古文，辯辨班乃三家異文也。

19. 罪人斯得。黎庶得居爾田，安爾宅。（〈祭祀志〉）

按：〈金縢〉云：「周居東二年，則罪人斯得。」此云「罪人斯得」者，即引〈金縢〉之文。

又：〈多方〉云：「今爾尚宅爾宅，畋爾田。」此云「居爾田，安爾宅」者，即隱括〈多方〉之義也。

20. 同律度量衡。修五禮，五玉，三帛，二牲，一死。贄。（〈祭祀志〉）

按：〈堯典〉云：「同律度量衡，修五禮，五玉，三帛，二牲，一死，贄。」此云「同律度量衡。修五禮，五玉，三帛，二牲，一死，贄」者，即引〈堯典〉之文。考《史記‧五帝本紀》作「二生、一死、摯。」〈封禪書〉引《尚書》曰：「三帛、二牲、一死、贄。」《漢書‧郊祀志》曰：「三帛、二牲、一死爲贄。」考《史記》一作「生」一作「牲」，《漢書》作「牲」，班固習小夏侯今文、史公亦用歐陽今文之說，則今文本作「牲」字，歐陽夏侯同，《五帝紀》作「生」者，恐後人改耳；今此作「牲」，用《今文尚書》也。

又：〈五帝本紀〉作「摯」，〈封禪書〉作「贄」，〈帝紀‧正義〉云：「摯音至。摯，執也。鄭玄云『贄之言至，所以自致也。』」《釋文》曰：「贄本又作摯。」《說文》十二篇女部曰：「嬖，至也。从女執聲。〈商書〉曰『大命不嬖』。讀若摯同。一曰〈虞書〉雉嬖。」段玉裁《古文尚書撰異》云：「〈虞書〉雉嬖即〈堯典〉云一死摯也。此與土部坤字下文法正同。大命嬖，其字之本義也，雉嬖則引伸假借也。故引〈虞書〉在〈商書〉之後，中以讀若摯同，一曰隔之。《古文尚書》〈商書〉皆不作嬖而作摯者，安國以今文讀之，既改從今文矣。」則壁中字本作「嬖」，安國讀之改作「摯」。段氏又曰：「贄者後出之俗字，故定從摯。《說文》小徐本曰『从手執聲』，則知作贄者誤也。」段說可從。今之作「贄」

者，本當作「摯」也。鄭玄以至言摯，蓋得古文義矣。

21. **乾乾日昃，不敢荒寧。**（〈祭祀志〉）

　　按：〈無逸〉云：「自朝至于日中昃，不遑暇食。」此云「日昃」者，即引〈無逸〉文也。〈無逸〉又云：「治民祇懼，不敢荒寧。」此云「不敢荒寧」者，亦引〈無逸〉之文。

22. **安帝即位，元初六年，以《尚書》歐陽家說，謂六宗者，在天地四方之中，為上下四方之宗。以元始中故事，謂六宗《易》六子之氣，日、月、雷公、風伯、山、澤者為非是。**（〈祭祀志〉）

　　按：〈堯典〉云：「禋于六宗。」此所謂歐陽家說者，即歐陽解六宗之說也。六宗之說紛紜，詳見第五章 133 條。此所謂元始故事者，即西漢平帝之事也。時王莽秉權，其言說大行於廊廟；劉昭注引《李氏家書》曰：「及王莽謂六宗，易六子也。」則此謂「六宗《易》六子之氣」者，即王莽之說也。又注引劉歆云「六宗謂水、火、雷、風、山、澤」，引賈逵曰「六宗謂日宗、月宗、星宗、岱宗、海宗、河宗也」，此云日、月、雷公、風伯、山、澤者，即泛指古文諸家異說也。

23. **而堯時棄為后稷，亦植百穀。**（〈祭祀志〉）

　　按：〈堯典〉云：「棄，黎百阻飢，汝后稷，播時百穀。」此云「堯時棄為后稷，亦植百穀」者，即櫽括〈堯典〉之義。

24. **論曰：……言天地者莫大於《易》，《易》無六宗在中之象。若信為天地四方所宗，是至大也，而比太社，又為所失，難以為誠矣。**（〈祭祀志〉）

　　按：〈堯典〉云：「禋于六宗。」此所論六宗者，即〈堯典〉之六宗也。此論乃針對附錄 22.條安帝之事而言。《漢書・郊祀志》引歐陽、大小夏侯解六宗之說曰：「六宗上不謂天，下不謂地，傍不謂四方，在六者之間，助陰陽變化者也。」安帝據《歐陽尚書》說謂六宗者，在天地四方之中，為上下四方之宗，與《漢書・郊祀志》正同。今司馬彪云「若信為天地四方之宗，是至大也，而比太社，又為所失」，則其不从今文三家之說明矣。彼引《易》無六宗在中之象，以《易經》為據，則其說似本王莽之論（詳見附錄 22.條）。下贊曰「天地禋郊」，以屬天地禋，則本伏生馬融「非天不覆，非地不載」之說也。（詳見第五章 133 條）

25. 贊曰：天地禋郊，宗廟享祀，咸秩無文，山川具止。(〈祭祀志〉)

按：〈堯典〉云：「肆類于上帝，禋于六宗，望于山川，徧于羣神。」又〈洛誥〉云：「惇宗將禮，稱秩元祀，咸秩無文。」此贊曰云云者，即檃括〈堯典〉、〈洛誥〉之文也。

26. 唐虞之時，羲仲，和仲。(〈天文志〉)

按：〈堯典〉云：「乃命羲和，欽若昊天。」又曰：「分命羲仲，宅嵎夷。」又曰：「分命和仲，宅西。」此云「唐虞之時，羲仲、和仲」者，即檃括〈堯典〉之文也。

27. 〈五行傳〉曰：「田獵不宿，飲食不享，出入不節，奪民農時，及有姦謀，則木不曲直。」謂木失其性而為災也。又曰：「貌之不恭，是謂不肅。厥咎狂，厥罰恒雨，厥極惡。時則有服妖，時則有龜孽，時則有雞禍，時則有下體生上之痾，時則有青眚、青祥，惟金沴木。」說云：「氣之相傷謂之沴。」(〈五行志〉)

按：此引〈五行傳〉者，即《洪範五行傳》也。田獵不宿至木不曲直一段，即解五行中之「木曰曲直」、「曲直作酸」也。其下所引，則為五事之「貌」、「貌曰恭」、「恭作肅」與庶徵之雨，休徵之肅，咎徵之狂之關係，及不恭之妖祥也。注引鄭注云：「貌曰木，木主春，春氣生，生氣失則踰其節，故常雨也。」則鄭注《大傳》文所本作「常雨」，今此引作「恒雨」，蓋據經文「恒雨若」為之，且恒常義同，古亦多相通作，且漢文帝名恆，漢代著作多加避諱，改作常，如恒山亦稱常山是也。

28. 〈五行傳〉曰：「好攻戰，輕百姓，飾城郭，侵邊境，則金不從革。」謂金失其性而為災也。又曰：「言之不從，是謂不乂。厥咎僭，厥罰恒陽，厥極憂。時則有詩妖，時則有介蟲之孽，時則有犬禍，時則有口舌之痾，時則有白眚、白祥，惟木沴金。」(〈五行志〉)

按：此引即《洪範五行傳》也。好攻戰至金不從革者，釋《洪範》五行之金，「金曰從革」、「從革作辛」諸句也。其下所引者，則為解《洪範》五事之言，「言曰從」、「從作乂」與庶徵之暘，休徵之乂，咎徵之僭之關係及其不乂之妖祥也。

29. 〈五行傳〉曰：「棄法律，逐功臣，殺太子，以妾為妻，則火不炎上。」謂火失其性而為災也。又曰：「視之不明，是謂不悊。厥咎舒，厥罰常燠，

厥極疾。時則有草妖，時則有蠃蟲之孽，時則有羊禍，時則有赤眚、赤祥，惟水沴火。」蠃蟲，《劉歆傳》以為羽蟲。（〈五行志〉）

按：此引《洪範五行傳》也。棄法律至火不炎上者，釋《洪範》五行之火，「火曰炎上」、「炎上作苦」諸句也。又下引文至惟水沴火者，乃解五事之視，「視曰明」、「明作哲」與庶徵之燠，休徵之哲，咎徵之豫之關係及不明之妖祥也。〈洪範〉云：「明作哲。」此云「視之不明，是謂不悊」，作「悊」者，段玉裁《古文尚書撰異》云：「《說文》七篇日部『哲、昭晢，明也。从日折聲』。二篇口部『哲，知也。从口折聲』。十篇心部『悊，敬也。从心折聲』。三字各有所屬本義，而經傳多相假借。」考《說文》哲下云「悊、哲或从心」，則哲、悊於漢時已通用。哲，偽孔傳云「照了」，是所據本作哲，《史記·宋世家》云「明作智」，則史公所據本作「哲」或作「悊」也。《詩·小雅·小旻正義》引鄭玄云：「哲，讀為悊。」又曰：「君視明則臣照悊也。」則鄭本作哲。今偽孔本作哲，據鄭古文本也。晢、哲、悊三字皆折聲，古音相同，故相通作。

又：〈洪範〉咎徵曰「曰豫，恒燠若」，此作「舒」者，考《史記·宋世家》作「舒，常奧若」，《漢書·五行志》作「舒，恒奧若」，皆作舒，與此同；段玉裁《古文尚書撰異》云：「舒，偽孔本作豫，鄭王本作舒。鄭云『舉遲也』；王云『舒、惰也』合之。《大傳》作荼，《宋世家》、〈五行志〉、《漢紀》、《何休公羊注》、《論衡》作舒。荼亦舒也；是《今文尚書》皆作舒。舒與急為反對之詞，此經當從鄭、王本。偽孔作豫，訓逸豫，義稍隔。」據段說則今古文皆作舒也；荼、舒、豫三字，古音同為定紐五部，同音故可通作，段說是也。

又：此云「蠃蟲，《劉歆傳》以為羽蟲」者，考《春秋繁露·五行順逆》篇云：「如人君惑於讒邪，內離骨肉，外疏忠臣，至殺世子，誅殺不辜，逐忠臣，以妾為妻，棄法令，婦妾為政，賜予不當，則民病；血壅腫，目不明，咎及於火，則大旱，必有火災；摘巢探鷇，咎及羽蟲，則蜚鳥不為，冬應不來，梟鸮羣鳴，鳳凰高翔。」然則劉歆說〈五行傳〉以為羽蟲者，蓋亦有所本也。司馬彪於此段後亦引蠃蟲而多記羽蟲之孽，是亦據董、劉之說，以廣記異。

30. 〈五行傳〉曰：「簡宗廟，不禱祀，逆天時，則水不潤下。」謂水失其性而為災也。又曰：「聽之不聰，是謂不謀。厥咎急，厥罰恒寒，厥極貧。時則有鼓妖，時則有魚孽，時則有豕禍，時則有耳痾，時則有黑眚；黑祥，惟火沴水。」魚孽，《劉歆傳》以為介蟲之孽，謂蝗屬。（〈五行志〉）

按：此引《洪範五行傳》也。簡宗廟至水不潤下者，釋五行之水，「水曰潤下」、

「潤下作鹹」諸句也。聽之不聰至惟火沴水者，乃釋五事之聽，與庶徵之寒，休徵之謀，咎徵之急，六極之貧之關係及其不至之妖祥也。又引《劉歆傳》以爲介蟲之孽，謂蝗屬，而其後記有巨魚出及蝗災之事，是兩取之以爲錄也。

31. 〈五行傳〉曰：「治宮室，飾臺榭，內淫亂，犯親戚，侮父兄，則稼穡不成。」謂土失其性而爲災也。又曰：「思心不容，是謂不聖。厥咎霧，厥罰恒風，厥極凶短折。時則有脂夜之妖，時則有華孽，時則有牛禍，時則有心腹之痾，時則有黃眚、黃祥，惟金木水火沴土。」華孽，《劉歆傳》爲羸蟲之孽，謂螟屬也。（〈五行志〉）

按：此引《洪範五行傳》也。治宮室至稼穡不成，乃釋經中五行之土，「土爰稼穡」、「稼穡作甘」諸句。其下引文則釋五事之思，「思曰睿」、「睿作聖」與庶徵之風，休徵之聖，咎徵之蒙，六極之凶短折之關係及不至之妖祥也。〈洪範〉云：「五曰思。」又曰：「思曰睿。」此引文作「思心」，多心字者，段玉裁《古文尚書撰異》云：「《古文尚書》『五曰思』，《今文尚書》作『五曰思心』。《尚書大傳》《鴻範五行傳》：『長事一曰貌，貌之不恭，是謂不肅；次二事曰言，言之不从，是謂不乂；次三事曰視，視之不明，是謂不悊；次四事曰聽，聽之不聰，是謂不謀；次五事曰思心，思心之不容（今本改云「五事曰心維思，思之不容」），是謂不聖，此一證也。』又曰：『禦思心于有尤。』此二證也。《大傳》注云：『凡貌、言、視、聽、思心（今刻本無此二字，《文獻通考》有），一事失，則逆人之心。』又曰：『包貌、言、視、聽而載之以思心者。』又曰：『若思心不通。』又曰：『思心曰土。』又曰：『瞀與思心之咎同耳。』又曰：『六事：貌、言、視、聽、思心、王極也。』此三證也。《漢書‧藝文志》曰：『貌、言、視、聽、思心失，而五行之序亂。』此四證也。〈五行志〉曰：『經曰：「五曰思心（今本無心），思心（今本無心）曰容。」』傳曰：『思心之不容，是謂不聖。思心者，心思慮也。（此釋思心甚明，今本改云思之不容）。容，寬也。』此五證也。高誘注《戰國策》引〈五行傳〉曰：『思心之不容，是謂不聖。』此六證也。荀悅〈孝惠皇帝紀〉：『五曰思心（今本無心），土爲思心，思心曰容，容作聖（今本譌作「土爲思，思曰心，心曰叡，叡作聖。」）』此七證也。孝昭皇帝曰：『思心霧亂之應。』此八證也。司馬紹統《五行志》曰：『思心之不容，是謂不聖。』此九證也。惟《今文尚書》作『五曰思心，思心曰容』，而後伏生《鴻範五行傳》因之，各家言〈五行傳〉者又因之。學者不知有思心，往往妄爲刪改。」段說是也。

又：此引作容，與今本作睿異者，考《史記・宋世家》引與今本《尚書》同作「睿」，《漢書・五行志》引作「思曰睿」，皮錫瑞《今文尚書考證》曰：「《漢書・五行志》引經曰『思曰睿』，又引傳曰『思心之不睿，是謂不聖，思心者，心思慮也。睿，寬也。孔子曰「居上不寬，吾何以觀之哉」，言上不寬大包容臣下，則不能居聖位。』以寬訓容，明是容字；今本作睿誤。據志文引傳作睿誤，知前引經作『思心曰睿』亦誤。應劭注曰：『睿，通也。古文作睿。』正言古文作睿，與今文作容異；今本《漢書》與注皆誤作睿，非容非睿，義不可通。據《漢志》作睿誤，知《史記》作睿亦誤，史公雖於〈洪範〉多古文說，其字不當作睿也。《今文尚書》當作『思心曰容』，《鴻範五行傳》曰『次五事曰思心，思心之不容，是謂不聖』，鄭注曰：『容當為睿。睿，通也。聖者包貌、言、視、聽而載之以思心者，通以待之。君思心不通，則是非不能心明其事也。思心曰土。志論皆言君不寬容則地動，玄或疑焉；今四行來沴，土地乃動，臣下之相帥，為畔逆之象，君一火通於事所致也；以為不寬容，亦皆為陰勝陽，臣強君之異。』據鄭注則《大傳》容，鄭以為當作睿。志論從今文作容，不寬容則地動；鄭從古文作睿，不睿通則地動，其義甚明。」皮說是也。今本《尚書》作「睿」者，即取鄭玄之說，而《史記》作睿為後人所改也。又考〈秦誓〉云：「其心休休焉其如有容。」《論語》云：「君子尊賢而容眾，嘉善而矜不能；我之大賢與，於人何所不容。」《說文》曰：「思，容也。」老子曰：「容乃公，公乃王。」是古文言思心者，貴其能容，伏生《大傳》以下言〈五行傳〉者皆作容，正合古誼。錢大昕《十駕齋養新錄思曰容條》下云：「〈洪範〉一篇多韻語。貌曰恭，言曰從，視曰明，聽曰聰，思曰容五句皆韻。」據此兩端而言之，則作容者實較勝；鄭康成破容為睿，未必為古文，乃自立一家之言耳。睿、容二字，蓋形近而譌混，《漢書・五行志》作睿，非睿非容，即為明證。

又：〈洪範〉曰：「曰蒙，恒風若。」此引作「霿」者，考《史記・宋世家》作霧，《漢書・五行志》作霿。《說文》十一篇下云：「霿，地气飛天不應曰霿。从雨矝聲。雺，籒文霿省。」又霿下云：「天氣下地不應曰霿；霿，晦也。从雨瞀聲。」《說文》瞀云：「氐目謹視也。从目矝聲。」《釋天疏》引鄭注云「雺，聲近蒙」，《尚書正義》引鄭玄云：「蒙，見冒亂也。」《文獻通考》引鄭注云：「霿，冒也。君臣心有不明，則相蒙冒矣。」《正義》引王肅云：「蒙，瞀蒙。」諸書引文，或作霧、雺、霿、霿、或作瞀，惟鄭玄、王肅言蒙；霧為霿之俗字，雺為籒文霿，而霿與霧義近音同，皆天候之事；據《爾雅・釋天疏》等引鄭注，即鄭本作雺，而以音近蒙而訓為蒙冒，是讀雺為蒙也；王肅亦同。捬諸經文上

四事狂、僭、豫、急，皆指人事，人事行而天候應，然則鄭本作雺，讀雺爲蒙，以人事解之，實有見也。如此則古文本作霿、雺，作霿，瞀者乃同音義近相通作，然皆假借字也。今本《尚書》作蒙，據鄭、王之訓詁字改經字耳。

32. 〈五行傳〉曰：「皇之不極，是謂不建。厥咎眊，厥罰恒陰，厥極弱。時則有射妖，時則有龍蛇之孽，時則有馬禍，時則有下人伐上之痾，時則有日月亂行，星辰逆行。」皇，君也。極，中也。眊，不明也。（〈五行志〉）

按： 此引《洪範五行傳》也。此段乃言皇極不建之應，及所生之妖祥也。〈洪範〉云：「五、皇極。皇建其有極。」此云「皇之不極」，字與今本同。劉昭注引鄭玄云：「王，君也。……王極象天。……射，王極之度……屬王極。」皆作「王」，則鄭注所據本作「王」也。偽孔傳云：「大中之道，大立其有中。」以大訓皇，與鄭注訓君不同。司馬彪以皇訓君，與鄭注同，其下記事云：「又帝（安帝）獨有一子，以爲太子，信讒廢之，是皇不中。」是其所謂皇極，皇建其有極者，乃立君當中人之義也。考之〈洪範〉經云「天子作民父母，以爲天下王」，王既爲民父母，爲世之則，爲天下王，其立必中賢聖，然後能之；由是言之，皇訓爲君，於義爲長。〈馬融傳〉對策曰：「大中之道，在天爲北辰，在地爲人君。」則偽孔傳云「大中之道」者，乃襲取馬融之義也。

又： 此曰「厥咎眊」，鄭注云：「瞀與思心之咎同耳。」則鄭本作「瞀」字；又云與思心之咎同，則瞀與雺（〈洪範〉之蒙）義相近同也（見前條）。《字林》曰：「目少精曰眊。」目少精則視不明，視不明則行亂，故鄭注曰：「眊，亂也。君臣不立，則上下亂矣。」夫思心爲五事之主；思心曰土，土爲五行之主；君爲天下之主，故鄭云「瞀與思心之咎同」也。又鄭注云：「故《傳》曰眊。」陳壽祺云：「鄭注引劉子駿〈五行傳〉以眊釋瞀是也。」又云：「《續漢志》引此注脫子駿二字，今從《文獻通考》。」據陳說則注當作「故《子駿傳》曰眊」，然則劉子駿（劉歆）傳作眊也。此作眊者，或據劉歆本，其於前多引劉歆之說，亦爲佐證。

又： 劉昭引鄭注云：「夏侯勝說『伐』宜爲『代』，書亦或作『代』。」又曰：「天於不中之人，恒耆其味，厚其毒，增以爲病，將以開賢代之。」然則伏生《大傳》有作伐，亦有作代字者，夏侯勝說伐宜爲代，鄭注從之，是鄭取大夏侯之說也。今《漢書·夏侯勝傳》作「伐」，或彼謹守本經，不易其字，唯解作代耳。

33. 贊曰：「皇極惟建，五事剡端，罰咎入沴，逆亂浸干……」（〈五行志〉）

按：此贊曰云云者，即隱括《洪範五行傳》之辭也。（詳見〈五行志〉諸條。）

34. **武功：永平八年復。有太一山，本終南。垂山，本敦物。**（〈郡國志〉）

　　按：〈禹貢〉云：「雍州：弱水既西，涇屬渭汭，漆沮既從，灃水攸同；荊岐既旅，終南惇物，至于鳥鼠。原隰底績，至于豬野。」此云「終南敦物」者，即〈禹貢〉之「終南惇物」也。考《史記·夏本紀》云：「終南敦物，至于鳥鼠。」《集解》引鄭玄曰：「〈地理志〉終南敦物，皆在右扶風武功也。」《漢書·地理志》云：「終南惇物，至于鳥鼠。」又於〈右扶風武功〉云：「太壹山，古文以爲終南；垂山，古文以爲敦物；皆在縣東。」皮錫瑞《今文尚書考證》云：「班氏特舉古文之說，則今文說當與古文不同，今文說蓋不以惇物爲山名。〈漢無極山碑〉曰：『有終南之惇物，岱宗之松楊，越之梣口條蕩。』洪适謂『以惇物爲終南所產，與松篠同科；此歐陽、夏侯之說』；程大昌本之謂『終南產物殷阜，故稱惇物，非別有一山』。考〈東方朔傳〉曰：『夫南山，天下之阻也；其地從汧隴以東，商雒以西；其山出玉石金銀銅鐵，豫章、檀、柘異類之物，不可勝原；此百工所取給，萬民所仰也。』是終南之饒物產，至漢猶然。此文與下『原隰底績，至于豬野』對文，惇物正與底績相對。《史記集解》鄭玄曰『〈地理志〉終南敦物，皆在右扶風武功也』，《水經》『終南山，惇物山，在扶風武功縣西南』，皆與今文不合。」皮說可信。然則鄭玄注《書》用古文說，班固本用小夏侯今文說，故於右扶風特注曰古文云云，《水經·山澤》篇以終南、惇物爲山名，亦古文說：今僞孔傳云「三山名」，即取古文說也。此云「太一山，本終南；垂山，本敦物」者，亦用古文說也。

　　又：〈夏本紀〉作「敦」，《漢書》述〈禹貢〉作「惇」，而云古文作「敦物」，段玉裁《古文尚書撰異》云：「志於武功山下云『古文敦物』，而述〈禹貢〉作惇者，淺人所改。」考〈無極山碑〉作惇，則知《尚書》一本作「惇」也；《說文》十篇下云：「憞（惇），厚也。从心臺聲。」三篇下云：「敦，怒也、詆也。一曰誰、何也。从攴臺聲」惇敦並从臺聲，故多通作。今文家其不作山名解者，蓋其字既作惇，解爲豐厚，乃就其字之本義爲說，故與古文不同，然則今文家必作惇矣；〈地理志〉作惇，乃班固守小夏侯本字，是以於右扶風中言「敦物」，特標古文以別之，是古文作敦，今文作惇可知也，段說以爲淺人所改，是不知古今文說之所以不同者，以其字不同故也，其說未允。〈無極山碑〉作惇，即爲今文家作惇之明證。《史記》作敦，或得之于孔安國者也。今本《尚書》作「惇」，而爲山名，非古非今，其謬大矣。此云「垂山，本敦物」作敦者，蓋彼既同古

文說，故其字因之作敦也。

35. 《書》曰：「明試以功，車服以庸。」（〈輿服志〉）

按：〈堯典〉云：「敷奏以言，明試以功，車服以庸。」此稱《書》曰者，即引〈堯典〉之文。

36. 日、月、星辰，山、龍、華蟲，作績；宗彝、藻、火、粉米、黼、黻，絺繡，以五采章施于五色，作服。（〈輿服志〉）

按：〈皋陶謨〉云：「予欲觀古人之象，日、月、星辰、山、龍、華蟲，作會；宗彝、藻、火、粉米、黼、黻，絺繡，以五采彰施于五色，作服，汝明。」此所云云者，正引〈皋陶謨〉之文也。考《隋書·禮儀志》大業元年虞世基奏近代故實依《尚書大傳》「山龍，純青；華蟲，純黃；作繪宗彝，純黑；藻，純白；火，純赤，以此相間而為五采。」《說文》繪字下云：「繪，會五采繡也。从系會聲。〈虞書〉曰：『山龍，華蟲，作繪。』」《周禮·司服注》云：「《書》曰：『予欲觀古人之象，日、月、星辰、山、龍、華蟲，作績；宗彝、藻、火、粉米、黼、黻，希繡。』此古天子冕服十二章。希讀為黹，或作絺，字之誤也。」《春秋左氏傳》昭公廿五年傳正義曰：「鄭玄讀會為績，謂畫也，絺為黹，謂刺也。」《文選·景福殿賦》曰：「命共工使作績，明五采之彰施。」《尚書·釋文》曰：「會，馬鄭本作繪。胡對反。」《尚書正義》曰：「鄭玄云：『謂有日月星辰之章，設日月畫於衣服旌旗也。』」又曰：「鄭玄云『會讀為繪，宗彝謂宗廟之鬱鬯樽也。故虞夏以上，蓋取虎彝、蜼彝而已；粉米，白米也。絺讀為黹，黹，紩也。自日月至黼黻凡十二章；天子以飾祭服。凡畫者為繪，刺者為繡；此繡與繪各有六，衣用繪，裳用繡。』」察乎上述諸條，知經文本作「繪」，據《說文》引〈虞書〉可知；鄭玄本亦作繪；何以明之？《左傳正義》引鄭玄云「讀會為績」，與《尚書正義》引作「會讀為繪」不同；鄭玄既以「繪」訓畫（《尚書正義》），而衣用繪畫，而裳用刺繡，畫與繡二字顯然有別，《說文》訓繪曰「會五采繡」，是繡，不應用於衣，而《說文》績字云「織餘也。一曰畫也。从系貴聲。」是畫義當用績字，故云「繪讀為績」，讀為者易其字也；故當從《左傳正義》所引作「讀繪為績」，今《左傳正義》引作會，乃後人所改，而《尚書正義》改之尤甚；故知鄭本當亦作繪。今本《尚書》之「會」，本亦作「繪」，以其用鄭玄之衣畫裳繡，則字當同鄭本，且孔傳云「會五采也」，與《說文》繪訓同，故其字當為繪，刪《說文》之「繡」字者，乃因用鄭玄衣用畫之義，故去之。《周禮·

司服》鄭注及〈景福殿賦〉引作「繢」者，乃因其所易之字爲文故也。陳喬樅以爲鄭玄《周禮注》所稱《書》是據《今文尙書》，亦三家之異文者，未審。《尙書大傳》作「繪」，則今文亦作「繪」也。今此引作「繢」者，亦據易字而爲之，《續漢志》下云「乘輿備章，日月星辰十二章；三公，諸侯用山龍九章，九卿以下用華蟲七章，皆備五釆……」，是同鄭玄說之明證。

又：《說文》璪字下引〈虞書〉曰「璪、火、黺、米」，又黹部黺下云「衮衣；山龍華蟲。黺，畫粉也，从黹从粉省。衛宏說。」又系部絺下云「繡文如聚細米也」，許叔重於黺下明稱衛宏說，則其爲古文必矣；然則今本作「藻」、「粉」璧中古文作「璪」、「黺」也。又鄭注絺作希者，段玉裁《古文尙書撰異》云：「《尙書正義》引鄭注云『希讀爲黹，黹，紩也』，此與《周禮》注合；鄭本《尙書》作希繡，與《周官》希冕字同。」又曰：「今《說文》無希字，而絺稀晞睎豨莃郗等字皆以希爲聲，以〈虞夏書〉希繡，《周官》希冕斷之，則希者古文黹字也，从巾，所紩也，从爻，象繡文也，俗借爲稀少字；鄭君讀希爲黹，是以今字易古文。」然則古文本當作希，段說可從；今本作絺者，即鄭注云字之誤也。

又：據鄭注言十二章，日一、月二、星辰三、山四、龍五、華蟲六，此六者繢之於衣也；宗彝七、藻八、火九、粉米十、黼十一、黻十二，此六者，繡之於裳也。然據《大傳》引以五色分，不以繢繡；以山龍爲一，華蟲爲一，作繪宗彝爲一、藻爲一、火爲一，上無日月星，下缺粉米黼黻；二說不同。陳道祥《禮書》引鄭注云：「華蟲，五色之蟲而以爲黃，璪，水艸蒼色而以爲白，玄或疑焉。」是鄭氏不從《大傳》之說也。

37. 贊曰：車輅各庸。（〈輿服志〉）

按：〈皋陶謨〉云：「賦納以言，明庶以功，車服以庸。」此云「車輅各庸」者，即驪括〈皋陶謨〉之文。

重要參考書目

甲、經學之屬

一、一般類

1. 《毛詩正義》、毛亨傳、鄭玄箋、孔穎達正義，東昇出版事業公司。
2. 《儀禮注疏》、鄭玄注、賈公彥疏，東昇出版事業公司。
3. 《周易正義》，王弼、康伯注、孔穎達正義，東昇出版事業公司。
4. 《禮記正義》，鄭玄注、孔穎達正義，東昇出版事業公司。
5. 《春秋左傳正義》，杜預集解、孔穎達正義，東昇出版事業公司。
6. 《論語注疏》，何晏集解、邢昺疏，東昇出版事業公司。
7. 《孟子注疏》，趙歧注，東昇出版事業公司。
8. 《爾雅注疏》，郭璞注，邢昺疏，東昇出版事業公司。
9. 《九經古義》，惠棟（皇清經解正編），漢京文化事業有限公司。
10. 《經義述聞》，王引之（皇清經解正編），漢京文化事業有限公司。
11. 《群經平議》，俞樾（皇清經解續編），漢京文化事業有限公司。
12. 《漢碑引經考》，皮錫瑞，文海出版社。

二、《尚書》類

1. 《尚書正義》，舊題孔安國傳、孔穎達正義，東昇出版事業公司。
2. 《書集傳》，蔡沈（通志堂經解），漢京文化事業有限公司。
3. 《尚書考異》，梅鷟（四庫珍本九集），商務印書館。
4. 《古文尚書考》，惠棟（皇清經解正編），漢京文化事業有限公司。
5. 《尚書集注音疏》，江聲（皇清經解正編），漢京文化事業有限公司。
6. 《尚書後案》，王鳴盛（皇清經解正編），漢京文化事業有限公司。
7. 《古文尚書撰異》，段玉裁（皇清經解正編），漢京文化事業有限公司。

8. 《尚書今古文注疏》，孫聲衍（皇清經解正編），漢京文化事業有限公司。

9. 《尚書大傳輯校》，伏勝撰，鄭玄注、陳壽祺輯校（皇清經解續編），漢京文化事業有限公司。

10. 《尚書餘論》，丁晏（皇清經解續編），漢京文化事業有限公司。

11. 《今文尚書經說考》，陳喬樅（皇清經解續編），漢京文化事業有限公司。

12. 《尚書歐陽夏侯遺說考》，陳喬樅（皇清經解續編），漢京文化事業有限公司。

13. 《今文尚書敘錄》，陳喬樅（皇清經解續編），漢京文化事業有限公司。

14. 《晚書訂疑》，程廷祚（皇清經解續編），漢京文化事業有限公司。

15. 《尚書今古文集解》，劉逢祿（皇清經解續編），漢京文化事業有限公司。

16. 《今文尚書考證》，皮錫瑞（師伏堂刊本），藝文印書館。

17. 《尚書古注便讀》，朱駿聲，廣文書局。

18. 《清儒書經彙解》，鼎文書局。

19. 《尚書新證》，于省吾，藝文印書館。

20. 《尚書釋義》，屈萬里，華岡出版部。

21. 〈漢石經《尚書》殘字集證〉，屈萬里，中央研究院歷史語言研究所專刊之四十九。

22. 《尚書異文彙錄》，屈萬里，聯經出版事業公司。

23. 《尚書集釋》，屈萬里，聯經出版事業公司。

24. 《閻毛古文《尚書》公案》，戴君仁，國立編譯館。

25. 〈先秦典籍引《尚書》考〉，許師錟輝，（自印本）。

26. 《尚書鄭氏學》，陳品卿，（自印本）。

27. 《尚書異文集證》，朱延獻，中華書局。

28. 《漢書《尚書》說考徵》，駱文琦，（自印本）。

三、文字小學類

1. 《說文解字注》，許慎撰、段玉裁注，黎明文化事業公司。

2. 《廣韻》，陳彭年等重修，聯貫出版社。

3. 《說文通訓定聲》，朱駿聲，藝文印書館。

4. 《經籍纂詁》，阮元譔集，偉成出版社。

5. 《三代吉金文存》，羅振玉撰，文華出版公司。

乙、史部之屬

一、一般類

1. 《史記集解》，司馬遷撰、裴駰集解，藝文印書館。

2. 《漢書補注》，班固撰、顏師古注、王先謙補注，藝文印書館。

3. 《晉書》，房喬等撰，鼎文書局。

4. 《宋書》，沈約等撰，鼎文書局。

5. 《史通通釋》，劉知幾撰，浦起龍釋，里仁書局。

6. 《十七史商榷》，王鳴盛，廣文書局。

7. 《二十二史劄記》，趙翼，商務印書館。

8. 《二十五史述要》，楊家駱，鼎文書局。

二、《後漢書》類

1. 《後漢書集解》，范曄、司馬彪著，李賢注，王先謙集解，藝文印書館。

2. 《後漢書附東觀漢記七家後漢書》，范曄、司馬彪著，鼎文書局。

丙、子部之屬

1. 《墨子閒詁》，舊題墨子撰，孫詒讓閒詁，河洛圖書出版社。

2. 《山海經校注》，舊題大禹、伯益記，袁珂注，里仁書局。

3. 《春秋繁露》，董仲舒撰，中華書局。

丁、雜著之屬

1. 《經學歷史》，皮錫瑞，河洛圖書出版社。

2. 《觀堂集林》，王國維，河洛圖書出版社。

3. 《兩漢經學今古文平議》，錢穆，三民書局。

4. 《國學概論》，程發軔，正中書局。

5. 《六十年來之國學》，程發軔主編，正中書局。

戊、論文之屬

1. 〈尚書源流考〉劉師培（劉申叔先生遺書），大新書局。

2. 〈與吳承仕論《尚書》古今文書〉，章太炎，《華國月刊》二卷七、七期。

3. 〈尚書傳孔王異同考〉，吳承仕，《華國月刊》二卷七、十期。

4. 〈古文尚書作者研究〉，戴君仁，《孔孟學報》第一期。

5. 〈《今文泰誓》疏證〉，許師錟輝，高郵高仲華先生秩華誕特刊。

6. 〈尚書流衍述要〉，李振興，《孔孟學報》四十一期。

7. 〈《史記》引《尚書》文考釋〉，黃盛雄，《台中師專學報》第七期。

8. 《尚書研究論集》，劉德漢等撰，黎明文化事業公司。